中国教育科学

ZHONGGUO JIAOYU KEXUE

2015年

第1辑

中国教育学会教育学分会　组编

人民教育出版社

·北京·

图书在版编目（CIP）数据

中国教育科学. 2015 年. 第 1 辑 / 中国教育学会教育学分会组编. —北京：人民教育出版社，2015. 1
ISBN 978-7-107-23018-9

Ⅰ. ①中… Ⅱ. ①中… Ⅲ. ①教育科学—中国—文集
Ⅳ. ①G40-03

中国版本图书馆 CIP 数据核字（2015）第 008061 号

人民教育出版社 出版发行
网址： http://www.pep.com.cn
北京盛通印刷股份有限公司印装　全国新华书店经销
2015 年 1 月第 1 版　2015 年 1 月第 1 次印刷
开本：787 毫米×1 092 毫米　1/16　印张：14.5　字数：314 千字
定价：30.00 元

中国教育科学 2015年第1辑（总第9辑）

目 录

2013年创办
每 年 四 辑

联系电话
010-58758980
传真
010-58758991
电子邮箱
zgjykx@pep.com.cn
邮编地址
100081 北京市海淀区
中关村南大街17号院
1号楼

吕 达 1944年生于山东。上海师范大学本科毕业（1966）、北京师范大学教育学硕士（1981）、博士（1988）。1981年起，历任人民教育出版社编辑、副编审、编审，课程研究室副主任、主任、副总编辑，教育部课程教材研究所常务副所长、研究员；兼任国家基础教育课程改革专家组成员、全国教育科学规划领导小组基础教育组成员、中国教育学会教育学分会理事长暨课程学术委员会理事长、博士生导师、《课程·教材·教法》杂志主编等职。是享受国务院特殊津贴的有突出贡献的专家，并被评为“全国百佳出版工作者”。主持或参与主持全国教育科学“八五”至“十一五”规划重点课题多项。主要著作有《课程史论》（专著）、《课程概论》（主撰）、《独木桥？阳关道？——未来中小学课程面面观》（主撰）、《教育大辞典·课程与教学分册》（副主编）、《中国教育大百科全书》（教材与教学论负责人）、《英汉教育大词典》（主编）、《当代外国教育改革著名文献》（主编）、《杜威教育文集》（主编）、《教育科学分支学科丛书》（副主编）、《中国近代教育论著丛书》（副总主编）等。

刘立德 1965年生，河南永城人。1984年起在北京师范大学学习，先后获得教育学学士、硕士和博士学位。1991年至今在人民教育出版社工作。现任教育编辑室主任、编审。兼任课程教材研究所教师教育课程教材研究开发中心主任、研究员，中国教育学会教育学分会副理事长、秘书长等职。主编或合作编著有《中国教育史纲要》、《新中国扫盲教育史纲》、《中国近代教育史》、《课程概论》、《杜威教育文集》、《舒新城教育论著选》等。在《课程·教材·教法》等期刊发表论文20多篇。

《我国课程论奠基人陈侠先生的教育学术贡献》导读

【编者按】陈侠先生系我国现代著名课程学家、教育学家和编辑出版家。这位课程论学科一代宗师，曾担任人民教育出版社教育编辑室主任、《课程·教材·教法》编委会副主任兼副主编、课程研究室负责人和课程教材研究所常务学术委员等职，也是中国教育学会教育学分会前身全国教育学研究会的主要创办人和卓越领导人之一。2015 年 2 月 6 日是陈侠先生诞辰 100 周年。为使读者全面了解陈侠先生在课程论等领域的丰功伟绩，本刊特发表吕达、刘立德撰写的《我国课程论奠基人陈侠先生的教育学术贡献》一文，以资缅怀和纪念。

我国课程论奠基人陈侠先生的教育学术贡献

——纪念陈侠先生诞辰 100 周年

吕　达　刘立德

【摘要】陈侠先生对我国课程论重建的先驱性奠基性贡献，可以归纳为五个“第一”：撰写了我国第一部《课程论》专著；在我国新时代《教育大辞典》中第一次主持撰写了课程和各科教学分卷；在多所高校开讲课程论他是第一人；参与创办并主持执编了我国第一本课程专业期刊《课程·教材·教法》；主编了我国第一套《课程研究丛书》。他在课程史、教学论、师范教育、外国教育（比较教育）等相关领域的辛勤耕耘和丰硕成果，为课程论重建奠定了坚实的基石。陈侠先生的教育学术贡献还突出地表现在，他是全国教育学研究会的重要发起人和首任秘书长，改革开放初期即组织了一系列研讨会并主编出版了《论教育的本质和职能》等教育学论文集 12 卷，为拨乱反正、正本清源立下了汗马功劳。

【关键词】陈侠；课程论；奠基；教育学术；贡献

陈侠（1915—1992），人民教育出版社资深编审，课程教材研究所研究员，我国现代著名课程学家、教育学家和编辑出版家。这位课程论一代宗师，不仅在人教社主持编辑出版了大批有重要影响的师范教材和教育图书，执编教育期刊，而且孜孜不倦地致力于教育科学研究，撰写了一批有分量的学术论文和著作。陈侠先生不愧是研究型、专家型编辑的典范。叶圣陶先生称他为“认真研究教育的有心人”。他的教育学术成果，极大地充实、丰富了中国教育科学宝库。缅怀他为我国教育科学研究、为教育出版事业、为教育改革和发展作出的杰出贡献，特别是他为建构中国课程论体系和教育学体系而努力作出的业绩，对于进一步深化教育改革，完善中国特色社会主义教育科学体系，都有着十分重要的意义。

一、陈侠先生生平简介

陈侠，字谊正，1915年2月6日生于江苏省扬州市。1927年小学毕业。1933年毕业于江苏省立扬州中学高中师范科，同年起先后任江苏省立南通中学附属实验小学教员、江苏省立界首乡村师范学校教员兼附属小学主任（相当于校长）、江苏省立扬州实验小学低级部主任、江苏省立大港乡村教育实验区《乡村教育》杂志编辑。当时，扬中附小的教师组织“初等教育研究社”，刊发《初等教育通讯周刊》，1934年印行《初等教育研究集》（第一辑）。这本文集作者一共25名，陈侠与朱智贤、沈百英等人一起跻身其中。陈侠从做小学教师开始，一直坚持写心得，坚持教学科研一致的原则，这对他最终成为成就卓著的教育专家起到的作用是非同小可的。1937年全面抗战爆发后，陈侠入内迁到西北的国立北平师范大学（后更名为国立西北师范学院）教育学系学习；1942年毕业，留校任国立西北师范学院教育研究所助教，并师从著名教育家李建勋读研究生。1947年晋升讲师。翌年研究生毕业，获硕士学位。曾兼任该校附小校长，历任该校教育研究所研究员及甘肃《地方教育辅导丛刊》编辑等职。

新中国成立后，陈侠于1950年调入中央人民政府出版总署编审局任编辑。1950年12月1日人民教育出版社成立后转入本社工作，历任教育室（原名编审部教育组）编辑、副主任、主任、编审，《教育译报》副主编。“文革”期间，人民教育出版社被解散，全体人员“下放”到安徽凤阳农村去劳动，五十出头的陈侠也和大家一样，在那里种地、养猪、盖房。“四人帮”被粉碎后，陈侠又回到人教社工作。在十一届三中全会精神鼓舞下，他虽已年过花甲，却以高昂的热情投入编辑出版工作和教育科研工作。1979年，他参与发起全国教育学研究会，任首届常务理事兼秘书长。1980年参与创立人民教育出版社课程教材研究室（课程教材研究所的前身），任研究员。1981年，参与创办《课程·教材·教法》杂志，任副主编，并主持日常编务工作（当时该刊还没有单独的编辑部）。1983年6月10日，教育部党组批准成立课程教材研究所，与人教社合署办公，即一套机构，两块牌子；7月20日，邓小平为研究所题写所名。陈侠任该所学术委员会常务委员；学术委员会中多为全国知名的各学科翘楚，其中包括武永兴、张志公、刘国正（刘征）、苏寿桐、雷树人、陈尔寿、王占春等。课程教材研究所成立后，原课程教材研究室改建为课程研究室，以研究课程理论为主，由陈侠负责；教材研究任务则由各学科编辑室承担。鉴于陈侠在教育学术上的造诣，他还被聘为《中国大百科全书·教育卷》教育学分支学科副主编，河北大学、西北师大等7所高校兼职教授，《教育大辞典》编纂委员会委员兼《课程和各科教学》分册主编，并当选民盟人教支部负责人、民盟北京市委委员兼教育委员会副主任、民盟中央教育委员会副主任等职，为参政议政殚精竭虑。1986年办理退休手续，但他退而不休，仍一如既往地积极主动承担人民教育出版社、课程教材研究所及其他方面的许多编辑工作和研究工作，直至1992年病逝。

陈侠毕生在教育战线尤其是教育出版战线辛勤耕耘。在漫长岁月里，他几十年如一日，一方面兢兢业业地投身教育教学的实际工作，并从事师范院校教材和教育书刊的编辑工作；另一方面，执着地潜心于教育科学研究，发表、出版了一批有价值的教育著述。

中青年时代的陈侠就有大量论著问世，例如：《建国的儿童训练法》、①《近代中国小学课程演变史》、②《国民学校教学实际问题》、③《国民学校教学之改进》等等④。这些著述都是作者结合本职工作撰写出来的，几乎涉及中小学教育的各个方面，诸如教材教法、班主任工作、学校行政、家庭教育、学校与社会的联系等。新中国成立后，特别是改革开放后，陈侠先生著述成果更加丰硕，除了大量教育学术译著外，还发表了大量论文，后结集出版了《论教育规律及其他》、⑤《师范教育和教育科学》等⑥。他还主持选编了两部著名教育家文集（一是《李建勋教育论著选》，一是《傅葆琛教育论著选》）。而最为著称于世、影响深远的传世之作无疑是《课程论》⑦。这是新中国成立后第一部系统完整的课程论专著。

二、我国课程论学科的卓越奠基人

课程有一个漫长的过去，却只有一个简短的历史。美国学者博比特（F. Bobbitt）

---

① 正中书局1941年版。
② 重庆商务印书馆1944年版。
③ 大东书局1946年版。
④ 商务印书馆1948年版。
⑤ 湖南教育出版社1983年版。
⑥ 人民教育出版社1985年版。
⑦ 人民教育出版社1989年版。

1918年出版《课程》这本专著，标志课程论雏形诞生。在上世纪20—40年代的中国，课程论这门学科也曾昙花一现，既有翻译引进的外国课程论著，也有中国学者自己撰写的课程史和课程论著述。

新中国成立后，由于国体和政体的原因，也由于一边倒、学苏联的最高决策，我国的教育学和苏联的教育学一样，从宏观结构看，里面没有关于课程的篇章，只有“教学内容”的章节。“教学内容”章节只是对教学计划、教学大纲和教科书做简略介绍，以便基层教育实际工作者知道并照办，因为苏联和当时我国都认为，教学计划、教学大纲和教科书的研究和编订是国家的事情、中央的事情，都把教学计划、教学大纲和教科书作为国家的指令性文件来颁布，而且全国只有一种教科书，教育实际工作者只要照办就行了，他们无须了解教学计划、教学大纲是怎样制订的，教科书是怎样编写的。

党的十一届三中全会后，从我国处于社会主义初级阶段的基本国情出发，我国进入了改革开放的新时代。经济体制、科技体制、教育体制、文化体制，乃至政治体制的改革不断深化。这一系列改革，既有对“文革”十年动乱的拨乱反正、正本清源，也有对“文革”前十七年社会主义建设中经验教训的总结剖析，包括对一边倒、学苏联的历史反思。我国是一个发展中的大国，历史悠久，地域辽阔，人口众多，多民族聚居，各地经济和社会发展差异很大，很不平衡。教育事业也是如此。改革就是既要有中央的积极性，又要充分调动和发挥地方和学校的积极性。赋予地方和学校更大的自主权，也就是他们要承担比以往更大的责任。为了适应“很不平衡”的基本国情，既要有国家统一的基本要求，又要引导、鼓励和提倡各地区各学校因地制宜，因材施教。就课程教材而言，单有国家课程、单有一套教材远不能适应各地各学校的要求，地方课程、学校课程（校本课程）的研究和开发呼之欲出，“一纲多本”的教材也势在必行。这样，开发课程的人会越来越多，编写教材的人也会越来越多，他们需要课程理论知识。各地教育行政工作者和广大教师也需要课程理论知识，需要懂得什么是课程；课程在教育中的地位、作用、意义、价值是什么；课程应该怎样编订；课程应具有什么样的整体结构和具体结构才有利于教书育人、立德树人；课程内容应该怎样选择和组织，才是科学的、合理的、可行的；课程应怎样实施才能减负增效，提高教育教学质量；课程应怎样管理才能各司其职，各得其所；课程应怎样评价才能促进教与学，等等。不懂得课程，就不可能自觉地、准确地执行课程计划（教学计划）和各科课程标准（教学大纲），更不可能主动地、创造性地开发课程，也不可能恰如其分、恰到好处地选择和使用适合自身情况的教材，以提高教学质量。

陈侠先生正是较早地认识到社会的转型，看到了新时期出现的新矛盾新问题，较早地把视线聚焦到学校的核心问题——课程。一个国家，一个时代，当教育结构（即各级各类教育的比例及其相互关系）问题基本解决后，教育改革必须也必然深化到学校课程领域。课程改革是整体改革，而不是单打一的改革。课程是学校培养未来人才的蓝图。今天学校的课程，就是明天的人才，就是后天的经济和社会发展的愿景。在课程（论）与教学（论）的关系上，显然，以往以教学（论）等同或代替或涵盖课程（论）的理论已站不住脚，在实践中也行不通了。美国学者赛勒（J. G. Saylor）曾用三个比喻来解释课程（论）与教学（论）的关系：课程好像施工的蓝图，教学则是施工的过程；课程好像演奏的乐谱，教学则是演奏的过程；课程好像球赛的方案，教学则是球赛的过程。比喻当然不可能完全准确或确切，但是的确有助于我们的理解和思索。在笔者看来，在解决了为什么教、为什么学的问题的前提下，课程（论）主要解决教什么、学什么的问题，教材（论）主要解决用什么教、用什么学的问题，教学（论）主要解决怎么样教、怎么样学以及教得怎么样、学得怎么样的问题。课程、教材、教学，三者既密切相关，又不能完全等同。（当然，广义的课程，可以包括它的载体——教材。）

众所周知，就全国而言，我国到上世纪80年代中已编订了7套中小学教学计划、教学大纲和教科书。正在此时，我国教育改革迈入了一个重要转折点：1985年，改革开放后第一种全国教育工作会议召开，《中共中央关于教育体制改革的决定》颁布；1986年，我国决定实施九年义务教育。在这样的大背景下，1986年教育部成立了全国中小学教材审定委员会，下设各科教材审查委员会。这是一个历史性的界标，在我国中小学课程史上占有重要地位。这一举措，标志着我国中小学教材由编、审合一走向编、审分开，由国定制走向审定制，由一纲一本走向一纲多本。也就是说，在国家统一的基本要求的前提下，中小学教材实行多样化。需要强调的是，这是我国中小学教材“制度”的重大变革。（这里要澄清两点。一是，此前我国中小学教材也曾有过多样化，而且人教版教材也有过多样化，既有面向大部分地区的教材，也有各具特色、异彩纷呈的实验教材，但国家的教材制度尚未改变。二是，我国中小学教材实行多样化的制度，实由此肇始，当时有所谓八套半之说，而非源于后来的新课改。）教材制度的变革，既与课程改革和教学改革密切相关，又直接影响课程改革和教学改革的发展。

值得注意的是，以下几个事件，均早于1986年这个时间节点。其一，1983年，我国首家课程教材研究所成立，与人民教育出版社合署办公。而在此之前几年，即1980年，人民教育出版社即已设立了课程教材研究室，是为课程教材研究所的前身或雏形。其二，1980年，人民教育出版社开始筹备《课程·教材·教法》杂志。该刊1981年正式创刊，初为丛刊，一年四辑，相当于季刊。该刊是我国第一种以基础教育课程、教材、教学为主要内容的专业性、学术性期刊。该刊甫一创刊，就发表了叶圣陶、戴伯韬、叶立群和陈侠等老一辈教育家有关课程改革的一系列论文。可以毫不夸张地说，这些先驱者们，以该刊为阵地，最早吹响了我国新时期课程改革的号角。

其三，陈侠先生从1984年就开始为多所高校研究生讲授课程论专题课程，可以说他是改革开放后在我国高校开讲课程论的第一人。后来，课程论这门学科正式进入我国高校课程（学科）计划之中，乃至许多高校陆续设置课程学系或课程与教学系，课程与教学论成为越来越多硕士生、博士生攻读的学科和研究方向，应当说，陈侠先生早期开设的课程论是重要的滥觞，具有开先河的意义。

毫无疑问，上述三个事件并非孤立，也绝非偶然。最根本的原因是，社会的发展，时代的变革，为我国新时期课程论的重建提出了急迫要求，呼唤课程论在教育学体系中占有它应有的地位。另一方面，在这个大背景之下，各地中小学课程改革的丰富实践和探索所取得的大量成果，为课程论的重建，提供了源源不断的鲜活的营养。还有一条十分重要的是，当时先后任人民教育出版社主要领导的戴伯韬、叶立群等既高瞻远瞩，洞察时局，又甘当伯乐，知人善任，把编写我国第一本课程论的重担交给了陈侠（按：叶圣陶任人教社社长一直到“文革”初，后改任顾问；戴伯韬自1954年由上海市教育局局长奉调人教社第一副社长兼总编辑后，实际上一直主持人教社工作，并一度是教育部党组成员）。党的高级领导干部有这样的眼光、这样的胸怀，从事业出发，尊重知识尊重人才，与党外高级知识分子这样肝胆相照、推心置腹，是非常值得称道，值得我们发扬光大的。陈侠先生也不负重托，除了不折不扣做好一系列师范教材和教育书刊的编审工作，保质保量完成挂靠人教社的全国教育学研究会秘书长的工作任务之外，经过9年的不懈努力和辛勤耕耘，出色地完成了《课程论》这部专著的撰著任务。

陈侠《课程论》1989年3月由人民教育出版社出版，而该书的主要学术成果在此前几年中已陆续发表于专业期刊或高校讲坛。《课程论》这本书既是一部自成体系、富有创见的学术专著，又是一部深入浅出、通俗易懂的教材，因此可以说是一部专著型的教材。陈侠先生以一己之力独立撰著的这部《课程论》，是新中国第一部课程论专著，也是第一部课程论学科的大学通用教材。这部《课程论》具有以下特点。其一，作者明确把“中国特色”作为目标，紧密结合中国的实际情况进行论述，形成了独具一格的结构体系和话语体系。这是本书最鲜明的特点，也是作者致力于构建中国特色的教育学学科体系的重要尝试。笔者之一在与陈侠先生多年共事的岁月里，曾不止一次听到陈先生对那些言必称希腊，或数典忘祖的人，表示出的不屑，乃至直言抨击。其二，该书不是空谈理论，也不是从理论到理论，而是有的放矢，把学校课程编订与教育目标挂钩，分别阐述学校课程在培养全面发展的人和实施全面发展的教育中的地位和作用，教育目标和课程的性质、任务、类型、编订、实施和评价的关系。其三，该书内容丰富、全面，深入论述了课程论各方面的问题，包括课程研究的对象、目的和方法，中国和外国学校课程的演变，国外课程理论的各种流派，制约学校课程的各种因素，学校课程的编订和实施，学校课程的评价，学校课程编订的发展趋势等。其四，特别具有重要价值的是，该书全面地总结了我国几十年来学校课程编订和实施方面的经验教训，并使这些可贵经验理论化、系统化。这对我国今后的课程改革无疑具有重大的理论引领和实践指导意义。该书把我国几十年来在课程的编订和实施中遇到并争论过的一些难以处理的问题总结概括为应如何正确处理的十大关系：理论与实践的关系；个人全面发展与社会现实需要的关系；传授知识与发展智能的关系；文与道的关系；巩固“双基”与吸收新知的关系；统一要求与适应差异的关系；文科与理科的关系；逻辑系统与心理系统的关系；直线前进与螺旋上升的关系；课内与课外的关系。

综上所述，该书运用辩证唯物主义和历史唯物主义观点对学校课程进行了研究，突出了社会政治经济背景对课程理论和实践的影响，初步确立和奠定了中国课程论学科体系、框架和范式，成为当时和后来课程论的学术研究、课程教学、教材编写的领跑者。该书反映了当时历史条件下我国“课程论”教学和研究水平，它对新中国课程论的重建和发展所建立的筚路蓝缕的开拓奠基之功，是彪炳史册的。同期和此后我国又有一些课程论专著应运而生，陆续出版。课程论研究在我国教育学界渐成热点，甚至一度发展为“显学”。在我国，课程论作为教育学（教育科学）分支学科的地位终于得以重建，形成了独立的研究领域。随后又催生了全国性的课程研究学术组织——课程专业委员会（后改名课程学术委员会，隶属于中国教育学会教育学分会）。饮水思源，我们应当铭记陈侠先生对课程论研究的开拓和引领。

陈侠《课程论》是他一生学术研究的最高成就和主要代表作之一，也是他留给我们的一份最宝贵的学术遗产。该书由于具有突出的学术价值，甫一出版两年内即连续两次获得殊荣：出版当年即荣获全国首届优秀教育理论著作奖，1991 年又荣获《光明日报》“光明杯”全国哲学社会科学优秀著作二等奖。《课程论》出版后深受读者欢迎，多次重印，至今仍被一些高校列为教育学科博士、硕士研究生入学考试的参考书和教学必读书。

在撰著《课程论》的同时，陈侠还主编了新中国第一套《课程研究丛书》，主编了新中国第一部《教育大辞典》中的第一卷，《课程和各科教学》分册包括在其中。这些学术工作在当时对我国课程论重建的奠基，也起到了添砖加瓦的作用。陈侠策划的《课程研究丛书》从 1985 年开始由人民教育出版社陆续出版，选题中既有翻译引进的发达国家的课程专著，又有我国学者自己的课程专著。译著主要包括：英国著名课程论专家丹尼斯·劳顿等人的《课程研究的理论与实践》①，美国著名课程论专家比彻姆的《课程理论》②，日本著名学者伊藤信隆的《学校理科课程论》③，苏联教育

① ［英］丹尼斯·劳顿著，张渭城等译，人民教育出版社 1985 年版。
② ［美］比彻姆著，黄明皖译，人民教育出版社 1989 年版。
③ ［日］伊藤信隆著，邢清泉等译，人民教育出版社 1988 年版。

专家克拉耶夫斯基等人的《普通中等教育内容的理论基础》①。《教育大辞典·课程和各科教学》的编纂工作，正好同人教社各科教材的编辑工作密切相关，陈先生组织各编辑室人员参与其事，实际上成为人教社一项重要的科研活动，既出了成果，又锻炼提升了人才素质。《教育大辞典》编纂工作从1986年开始，历经数年，1992年分册本陆续出齐，后来又出了修订合编本（上下两卷）。

还应当指出的是，我国课程论重建的奠基工作与《课程·教材·教法》杂志的编辑出版工作也是相辅相成、相得益彰的。如前所述，1981年该刊创办后，在戴伯韬、叶立群先后领导下，陈侠既担任副主编，主持编审把关，又在没有独立设置杂志编辑部的情况下兼任杂志日常编务负责人。他一方面在这本杂志上发表了一系列课程论文章，以自己的研究成果与广大读者和作者交流，以文会友，另一方面广泛联系、吸引、凝聚作者和读者的力量，营造课程改革势在必行的社会舆论，为课程改革提供了思想和理论基础。有评论说，这本杂志创刊后发表的一批重头文章，最早吹响了我国新时期课程改革的号角。平心而论，这种说法并不为过。关于刊名，笔者曾问过陈先生：为什么没有定名为《课程教材研究》？这个刊名不是更高雅更学术，而且也与课程教材研究所（前身是人民教育出版社课程教材研究室）更吻合吗？陈先生说，筹备时对刊名的确有过不同的意见，最后决定把“教法”（教学法）放在刊名里，正是为了着眼于教学第一线，面向广大中小学教师和教研员，把他们当作本刊的主要作者和读者群；同时也策励本刊编辑人员时刻牢记理论联系实际的信条，防止和避免脱离实际、空谈理论。这本杂志明确定位、办出特色，越办越大，越做越强，应广大读者和作者的要求，不断扩版，不仅从丛刊（季刊）改为双月刊，又改为月刊，而且加大了开本，增加了印张（从最初4个印张64面，到目前8个印张128面）。该刊被誉为“教师的挚友，教研的助手，教改的参谋”，多次荣获国家级大奖。

概括地说，陈侠先生对我国课程论重建的先驱性、奠基性贡献，可以归纳为五个“第一”：一是撰写了我国第一部《课程论》专著，发表了一批有分量的课程论论文，既提出了课程论的总体架构、学科体系，又探索了课程论的重点问题、发展方向；二是在新中国第一部《教育大辞典》中主持撰写了课程和各科教学分卷，第一次界定或规范了课程和各科教学的有关内容；三是担任河北大学、辽宁师大、哈尔滨师大、西北师大、华南师大、广西师大、杭州大学等高校兼职教授，是在全国高校系统讲授“课程论”的第一人，是为课程论在教育科学中的学科地位得到确立的先河；四是主持执编国内第一本课程专业期刊《课程·教材·教法》，为课程论的重建提供了理论基础和舆论准备；五是主编我国第一套课程学术丛书《课程研究丛书》，为中国特色的课程理论体系的创建和完善提供了学术支撑。

---

① [苏联] 克拉耶夫斯基等编著，金世柏等译，人民教育出版社1989年版。

三、在相关领域的辛勤耕耘及其成就为课程论的重建奠定了基石

课程论的重建不是孤立的，没有相关领域的丰富知识、学养、经验和成就，课程论重建的基石就不可能坚实牢固，课程论重建就只能像海市蜃楼、空中楼阁。陈侠先生之所以能在课程论重建上卓有建树和突破，不可或缺的重要条件是，他在相关领域都进行了不倦的持之以恒的研究，具有广博深厚的学识根基，开阔的学术视野，取得了丰硕的成果，从而为课程论重建打下了坚实的基石。

（一）课程史——昨天、今天与明天：让历史告诉未来

以史为鉴，可以知兴替。历史往往有惊人的“相似”之处。前事不忘，后事之师。没有昨天和前天，就不会有今天。昨日之史，是今日之论必不可少的借镜。不了解历史，既可能把老祖宗早已知悉的道理、行之有效的举措，当作自己的新发现、新发明来炫耀，也可能重蹈覆辙，穿新鞋走老路，或者走弯路甚至走错路，而茫然不知。

陈侠早在70年前的1944年就撰著出版了我国第一部小学课程史专著《近代中国小学课程演变史》。这部专著对近代中国各个历史时期的教育宗旨及目标、课程演变及特色、课程实施及成效进行了认真总结、概括和分析，并进行了点评。全书共六章。第一章为绪论，论述了课程的意义及地位、课程演变的动力和课程演变的分期。陈侠认为，社会需要的变迁、时代思潮的迁嬗、教育学术的演进、教育宗旨的变更和学校制度的改革是促成课程演变的动力。鉴于此，他不是简单地用政治变迁来套用于课程演变，而是依据教育和课程自身发展逻辑，将近代中国小学课程演变过程分为五个时期：草创时期（1902—1911）；因袭时期（1912—1921）；改造时期（1922—1928）；革新时期（1928—1941）；现行小学课程。第二至六章分别对这五个时期的小学课程进行了阐述。60多年之后，该书入选由著名教育学家瞿葆奎先生领衔主编的《二十世纪中国教育名著丛编》（《近代中国小学课程演变史》由李臣之重校，福建教育出版社2007年出版）。这套丛书试图透过所选收重校的著作，重现20世纪中国教育学者的学术智慧，盘点中国教育科学的世纪历程。其《出版说明》指出：“辑入这套《丛编》的，皆历经了50年以上时间检验的、水平较高、影响较大、领学科风骚的著作。”众所周知，20世纪我国教育图书汗牛充栋，浩如烟海，陈侠这本专著能入选这套丛书，在一定程度上反映了其历史地位和意义。应该说，陈侠这本课程史著作，为他40多年后的课程论研究铺垫了道路。

无独有偶。也是约40多年后，作为陈先生的团队成员，笔者（吕达）的博士论文题目恰恰是《论我国近代普通中学课程渊源与沿革及其历史经验》。一个小学，一个中学，看似巧合，实属必然。笔者博士论文选题如果在教育史硕士论文基础上延

伸，相对来说应该是顺理成章、驾轻就熟的。但是笔者没有选通常意义上的教育史题目，而是选了课程史与课程论相结合的题目，应该说是同自己所在的岗位——人民教育出版社（课程教材研究所）课程研究室本职工作密切相关的，也是同陈侠先生治学道路的影响密切相关的。

史论结合，据史立论，论从史出。前天和昨天是今天和明天的必由之路。让历史告诉未来，这就是课程史对课程论必不可少的作用。

（二）教学论——与课程论相辅相成：谁也离不开谁

课程（论）与教学（论）的相互关系有四种说法：一是二元论；二是同心圆论（或曰涵盖论：甲涵盖乙，或乙涵盖甲）；三是交叉论；四是互动论。尽管笔者采互动论之说，但实际上无论哪种说法，都有一个共同点，即课程（论）与教学（论），谁也离不开谁，二者相互依存，相互影响，相辅相成。显然，研究课程论，必须也必然关注教学论，这是题中应有之义。陈侠虽以课程论专家著称于世，但他的目光，自始自终，须臾未曾离开过教学论。

1. 充分发挥儿童的主动性积极性。陈侠早年就有多部教学论专著面世。例如，《建国的儿童训练法》、《国民学校教学实际问题》、《国民学校教学之改进》等。

《国民学校教学实际问题》是一本小学教学论专著。该书对小学教学工作的各个方面作了全面而通俗的阐述，包括编班、选择教科书和教学方法、写教案、排课表、提高儿童学习兴趣、进行个别指导、教育特殊儿童、考试、指导假期作业等 30 个专题。

在该书中，陈侠十分强调教育教学工作要充分发挥儿童的主动性积极性；要了解儿童、爱护儿童、尊重儿童；要启发诱导，要激发儿童的学习兴趣、引起学习动机；要指导儿童自学和讨论；要根据儿童的特点加强个别指导。全书 30 个专题中，有关上面这些内容的就有 11 个专题。他认为："上课时儿童不让教师进行功课，其咎不在儿童而在教师，因为教师未能准备儿童的心向。"① "引起或提高儿童的学习兴趣，不仅是教学的手段或技术，同时也是教学的目标或目的。"② "好问是一个常态儿童应有的特性；儿童知识的增进，经验的增长，除去靠五官四肢直接观察和接触以外，多半要靠发问来听取成人的解答。" "我们处理儿童问题的唯一原则，便是针对其问题，予以适当的解答，并应设法激发其思想，鼓励继续提出新问题。"③ "发问和讨论乃系儿童学习必不可少的活动，所以善于鼓励儿童发问和讨论，乃"是增进教学效率的一种重要技术。"④

《国民学校教学之改进》是一本各科教材教法专著，论述的学科有国语、算术、常识、社会、劳作、绘画、音乐、体育。《建国的儿童训练法》则是一本有关学校德

①②③④ 陈侠著：《国民学校教学实际问题》，大东书局 1946 年版，第 5、65、69、73 页。

育的专著。

2. 兴趣是一切工作的原动力。陈侠1936年在《乡村教育》杂志上发表了《乡村儿童兴趣的调查与研究》一文。该文强调兴趣在儿童教育中具有十分重要的作用。文中说："谁都知道，兴趣是一切工作的原动力。没有兴趣而勉强工作，那么这工作便成了苦工。倘若把每一件事都当作苦工来做，其结果不是敷衍塞责，便是草率从事，决不会有优良的成绩。儿童的学习与活动，便是儿童的工作，倘若儿童对于学习与活动根本没有兴趣，而教师还要勉强儿童学习，迫令儿童活动，那么儿童必定也要把学习与活动当作苦工。草率与敷衍固是不可避免的现象，逃学与规避的事实还有不断发生的可能。"该文用问卷调查的办法调查了869名5—18岁的农村儿童。问卷共提出11个讨论题，如"你最喜欢什么功课?""你最喜欢做什么游戏?""你最喜欢学校里的什么人?""你最喜欢吃什么东西?"等。每个问题中都列有若干具体选项，供孩子们填写。对收回来的问卷，逐项进行统计，并对统计结果进行分析。例如"你最喜欢什么功课?"这个问题，有47.41%的儿童填"国语"，居首位。为什么喜欢国语课的儿童这样多呢？作者认为有以下几个原因：（1）国语书里有许多有趣味的故事；（2）教学国语时常常讲故事；（3）国语教学的时间多；（4）家长或教师重视国语；（5）国语学了有应用的机会；（6）调查的教师是担任国语的。在"你最喜欢做什么游戏?"一问中，填"踢毽子"的儿童最多。这是为什么呢？作者认为有以下几个原因：（1）儿童对于普遍流行的游戏，大都会玩一两种；（2）含有比赛性质的游戏儿童特别喜欢玩；（3）无需游戏器具或只需极简单的游戏器具的游戏最容易普及；（4）简单易学而变化多的游戏也最容易普及。这些分析是很符合当时乡村教育实际情况的。在对逐个问题分析之后，作者还总起来分析什么事物能够引起儿童的兴趣，怎样才能引起儿童的兴趣，儿童的兴趣为什么会发生差异等。

写这篇文章时，陈侠才21岁。作为一个青年教育工作者，他在从事教育实际工作的同时，能重视这种扎扎实实的调查研究工作，这是值得我们今天的教育工作者学习和借鉴的。

3. 关于惩罚问题的研究。针对当时学校教育和家庭教育中盛行惩罚甚至体罚的情形，20岁的陈侠专门写了一篇文章《儿童惩罚问题的讨论》①。文中对当时盛行的"施于可怜弱小的儿童"的"打打骂骂、停止运动、做苦工、坐暗室等种种残酷的刑罚"表示极其愤慨和痛心。他向教师和家长陈述惩罚的危害，呼吁他们不要"再残酷地惩罚儿童"，希望他们"拿出爱护儿童的真心，使用本文所提供的方法来教养儿童。"

4. 关于"全面发展"观点的辨正。"全面发展"是马克思主义教育学说的一个带

---

① 本文载于《江苏小学教师半月刊》1935年第3卷第4期。

根本性的观点，也是我国教育方针的基本内容。但是在上世纪50年代初，也就是新中国成立初期，人们对全面发展含义的理解却是混乱的。苏联凯洛夫主编的《教育学》1948年版最初的中译本把“全面发展”译成了“个性的全面发展”①。陈侠认为这样的译法是不准确的，违反了马克思主义关于人的全面发展学说的原意，给我国教育界造成了许多混乱。陈侠查阅了马克思主义经典著作、教育学著作和辞典等，经过分析、研究，写成《全面发展是指“人”的全面发展》② 一文，指出：全面发展是指“人”的全面发展，而不是指“个性”的全面发展。“人”的全面发展，就是人的智力和体力的全面发展；“个性”的全面发展，则是个人兴趣、爱好、性格、气质、特长的发展，而这样就很难说是全面发展了，尽管人的全面发展包括了发展个性中的积极因素，但不能仅限于这些方面。在当时，由于译文的不确切，许多人写文章讨论“‘个性’的全面发展”时争论不休，得不出正确的结论，师范院校教师和学生在教育学、心理学的教学中也遇到同样的难题。陈侠经过研究，厘清了“全面发展”这个术语的正确译法，随后，1957年，陈侠牵头翻译了1956年版凯洛夫《教育学》。

5. 关于教育、教养和教学的辨正。同样是上世纪50年代初，新中国成立初期，无论是凯洛夫《教育学》最初的中译本，还是我国的教育学著作和教材，把俄语中三个相关的词，译为“教育”、“教养”、“教学”。由于含义不清，难以正确界定和区分，给教育理论研究和教育实际工作，特别是给师范院校师生带来许多麻烦。陈侠经过研究，认为三个词的含义相近，都可统译为广义的“教育”；我们的教育学不必把“教养”这个概念同“教育”和“教学”混在一起，通常只要提“教育”和“教学”两个概念就行了。陈侠在1953年第3期《人民教育》杂志发表的论文中，对这个问题专门做了辨析。在一次讨论师范学校教育学教学大纲的会议上，陈侠提出了上述建议，得到在场的时任教育部党组书记、副部长钱俊瑞的肯定，并在会议中确定下来。从此以后，我国教育界不必再为弄清“教育”、“教养”、“教学”这三个含义不清的概念而困扰和浪费时间了。更重要的是，概念明确了，有关的教育理论研究和教育实践才能顺利进行。

（三）一生心系师范教育——紧紧围绕整个教育的工作“母机”

陈侠早年毕业于高中师范科，后在师范大学接受本科和研究生教育，又当过小学教师和校长，还在出版社长期从事师范教材编辑出版工作。他毕生与师范教育结下了不解之缘，对师范教育一往情深。师范教育是整个教育的工作“母机”，任何教育工作都离不开师范教育，各级各类教育、各项教育工作，都与师范教育息息相关。基础

① ［苏联］凯洛夫著、沈颖等译：《教育学》（上），人民教育出版社1950年版；《教育学》（下），人民教育出版社1951年版。

② 本文载于《人民教育》1956年第12期。

教育课程尤其与师范教育密不可分。一方面，高等师范、中等师范、幼儿师范教育（教师教育）培养出来的教师主要面向中小幼学校，为中小幼学生服务，师范院校课程对中小幼学校影响极大；另一方面，中小幼学校课程改革的一系列工作，包括课程目标、课程开发、课程结构、课程内容、课程实施、课程管理和课程评价等能否落实到位，并取得成效，在很大程度上取决于教师的素质。因此，必然对各级师范教育（教师教育）提出新的挑战、新的要求，促使师范教育（教师教育）进一步深化改革，适应并促进基础教育的发展。研究课程论（这里主要是指基础教育阶段），毫无疑问，必须也必然同师范教育（教师教育）同呼吸共命运。正是基于这种认识，陈侠一生心系师范教育，为之大声疾呼，鸣锣开道。

1. 论师范生。陈侠青年时代在师范科学习时就对师范教育的主体——师范生进行了研究。他在《师范生的修养问题》一文就指出："小学教育是把'生物的人'渡到'社会的人'的唯一桥梁，小学教师是引渡儿童的'使者'，是扶助儿童的'护士'。"① 为了将来成为良好的"使者"和"护士"，师范生在学识方面、道德方面、身心方面都应具有较高的修养。文章条分缕析地阐述了师范生修养的具体目标和达成目标的途径，其中的一些建议对我们今天的师范生仍有一定参考价值。当时的杂志编辑对该文十分欣赏，加了"编者按"称赞该文。

2. 论校长。对于如何当校长，青年时代的陈侠也写了不少文章加以论述。1940年发表于《甘肃教育半月刊》的《校长与教师》一文，集中地表明了他对校长工作的看法。在该文中，他严厉地批评了当时较为常见的校长的官僚主义作风。他主张："校长虽是一个行政首领，却不是一个行政长官。他是教师的朋友，不是教师的上司。他是教育工作的领导者，不是教育工作的指挥者。他应该绝对尊重教师的地位，尊重教师的人格，更要能同情教师的困难，帮助教师去解决。对于教师应得的报酬，不能任意支配或克扣，对于教师工作的成绩，要公正地批评或考核，绝不能因私人的关系，而对教师的态度有亲疏、待遇有厚薄。校长自己更要有献身教育、服务教育的志趣与热情。对于有同样志趣的教师固须引为同志，唯诚相与；对于没有这样志趣的教师，也要用辅导的方法，逐渐引导他们走向同一道路上来。"这些话对于担任校长工作的人来说，的确是至理名言，同时也是陈侠本人品格作风的缩影和写照。在半个多世纪前，一个年青人就敢于这样一针见血地批评某些校长的官僚主义，懂得如何去追求和践行一个好校长的目标，实在是难能可贵的。

3. 论师范教育与教育科学。陈侠先生的师范教育思想集中体现在《师范教育和教育科学》一书中。该书分上、下两编。上编按专题分别探讨了我国师范教育的地位、目标和课程等问题，提出了改革的建议；下编对于教育科学的一系列基本理论问

① 陈侠：《师范生的修养问题》，《江苏学生》1932年第1卷第3期。

题，从不同角度作了深入浅出的阐述，特别强调了师范教育与教育科学的密不可分的关系。作者认为，师范教育和教育科学是相互依赖、相得益彰的；师范教育质量的提高，离不开教育科学的发展；教育科学的普及，也有赖于师范教育的教学和研究。

陈侠十分赞同“政治路线决定之后，干部就是决定的因素”的论断，并认为，这个道理可以引申为：教育方针确定之后，教师就是决定的因素。一个国家教育质量的优劣，从根本说，取决于师范教育的质量如何。历史是最好的见证人。陈侠通过研究总结发达国家近代化进程，指出：经济要起飞，人才是关键，教育是基础，而要打好这个基础，普及义务教育是根本；解决这个根本问题的前提是必须办好师范教育，培养足够数量的合格师资。作为整个教育事业“工作母机”的师范教育的极端重要性，可以说是用不着证明的真理。

《师范教育和教育科学》选收的是陈侠先生1982—1985年所写的20篇文章。出版该书的目的，正如作者在序中所说，是“要想为师范教育的发展和教育科学的繁荣做一些呐喊和呼吁”。在该书中，陈侠热情讴歌党的十一届三中全会以来党和国家对师范教育和教育科学研究的重视及取得的成就，同时也指出存在的问题和不足，并为发展我国师范教育和繁荣教育科学献计献策，提出了具体意见建议。

4. 综合大学与师范大学之辩，师范性与学术性之争。这是一个老问题，但是在新时期新形势下再次引起争论。一些人认为，综合大学培养出来的中学教师比师范院校培养出来的中学教师教学效果好，并“有后劲”，高中毕业的小学教师比师范学校毕业的小学教师教学效果好，并“有后劲”；还认为发达国家已“取消”了师范教育，因此主张我国也应取消师范教育。陈侠自始自终坚决反对这种观点和举措，指出这种比较中包含了许多不可比因素，因此所得出的结论是错误的；所谓发达国家已“取消”了师范教育的说法也是不符合事实的。师范教育不仅不能取消，而且要大大加强；不仅师范院校要继续办下去，而且要在综合大学和理工科大学适当开设教育课程，因为这些学校的毕业生有许多将来也要从事教育工作。在批驳错误论调的同时，他对师范教育的体制、课程等各项工作的改革提出了自己的一整套建议，并为提高教师的政治和物质待遇而大声疾呼。

陈侠曾在许多场合不止一次地对于长期以来流行的高师要向综合大学看齐，中师要向普通高中看齐的说法进行了批驳，他指出，这句话的意思如果是说师范生的入学条件和修业年限都要不低于普通学校，那显然是无的放矢、毫无意义，因为这个要求早在二十年代就已经实现了。而如果说的是高等和中等师范院校中的课程要向综合大学、普通高中看齐，因而轻视课程中的教育学科，认为可有可无，那就大谬不然了。因为作为社会主义现代化建设新时期的一名教师，必须具备的条件之一是应当掌握教育科学知识；没有这一条是当不好教师的。作者进一步指出，实际上综合大学和普通高中每年都有一批毕业生分配到中小学去任教，从这个意义上说，倒是应该提出综合大学向师范大学看齐，普通高中向中等师范看齐，为这些学校的学生开设一些教育学科，使他们懂得一些教育工作的规律，以便在走上教师岗位时，可以多一点自觉性，少一点盲目性。

陈侠对师范教育重要性的认识和强调，并不是偶然有感而发之，而是从几十年来从事教育工作的切身体会中得出的深刻结论。他在上世纪 80 年代写的《再读叶老〈如果我当教师〉》一文中追忆说，自己“是一个双料师范生”，1933 年（18 岁）中师毕业后，当了六年小学教师；1939 年（24 岁）又考入高等师范深造。40 年后当他重温叶老的教诲时，仍然念念不忘这位教育界老前辈早就说过的这样一句浅显而又深刻的至理名言，即：不赞成把教师的职业仅仅说成是“教书”，因为教师绝不只是教书匠，他们更要育人引路。教育者必先受教育，教师要能真正胜任教书育人的职责，就不能不接受师范教育的训练，这是因为我们承认办教育是有规律可循的，而这种规律是可以并且应当通过师范教育的学习而掌握并自觉地运用的。

在笔者看来，名与实相比，实更为重要。我国从师范教育向教师教育的转变，只能理解为师范教育的更加开放，与普通教育更加兼容、更加交融，教师的职前教育与职后教育更加贯通，职前培养与在职培训紧密结合，而决不能意味师范教育的削弱乃至取消；任何削弱乃至取消师范教育的设想和举措，都是一种无知，一种倒退，有百弊而无一利。

5. 改革开放后我国第一套《师范教育丛书》。陈侠曾担任人教社教育编辑室主任多年，期间主要任务就是负责师范院校教材的研究开发工作，主持或参与主持编写和编辑出版教育学科原创教材和教育图书。1954 年 4 月，教育部颁发《教育系暂行教学计划》，并对编写教育学科师范教材工作作了具体部署；6 月，教育部批准了戴伯韬主持起草的《关于人民教育出版社当前任务、编辑方针、组织机构及组织领导的决定》。该文件提出要吸收苏联先进经验，新编、改编师范教材，并重点编译各科教学法、教学参考资料及一般教育理论、教育方法、教育政策等方面的书籍。陈侠担任人教社教育编辑室主任期间主要任务就是贯彻落实这个文件中提出的有关任务。

1952 年秋，教育部师范司向人民教育出版社提出了编写中等师范学校《教育学》和《心理学》课本的要求。人教社领导根据教育编辑室力量情况，决定采取内外结合的办法，组织社内外一批专家编写。陈侠作为教育编辑室的负责人，既是这两部教材编写的组织者之一，又是《教育学》的主要编写者之一，为新中国第一套中师教育学科教材的诞生发挥了重要作用。这两部教材于 1953 年出版。在《教育学》中，陈侠编写了教学原理、小学教学内容、课堂教学三章，是一个学期的教学内容。这两部教材是新中国成立后第一套教育学、心理学教材，在我国曾长期使用，直到改革开放。万事开头难，这两部教材为编写我国自己的教育学和心理学教材迈出了第一步，为以后我国教育学、心理学教材的编写和教育学的学科建设提供了宝贵的经验。陈侠为此作出了开拓性的贡献。

改革开放后，经济和社会发展日新月异，学校教育也出现了新形势新情况。1985年5月27日，《中共中央关于教育体制改革的决定》正式发布。7月，根据该文件提出的必须把“发展师范教育和培训在职教师作为发展教育事业的战略举措”的指示精神，为了适应师范院校教学和研究的需要，陈侠先生不失时机地策划编写一套《师范教育丛书》。这套丛书的定位是：为在职中小学教师、师范院校教师及教育行政干部提供比较系统的教育学科进修用书，并为各级师范学校学生提供教育学科课外读物。这套兼有师范教育进修教材和教育科学普及读物性质的丛书，寄托了陈侠先生对师范教育事业的深厚感情，凝集着这位老教育家的大量心血。陈侠先生身为实际上的主编，但是他没有署名。当时笔者（吕）到人教社工作不久，对这套丛书编辑出版工作是亲历者、参与者、协助者。经过几年的组稿和酝酿切磋，该丛书十卷十一册自1986年起陆续出版，计有：《教育概论》、①《中国教育史纲》、②《外国教育史略》、③《教育心理学》、④《教学理论和方法》、⑤《学校德育》、⑥《学校体育》、⑦《学校管理》、⑧《中小学的劳动技术教育》、⑨《人民教师的道德修养》⑩。这套丛书对十年动乱后的师范院校广大师生来说，无异于雪中送炭。90年代初又再版重印。这套丛书的作者，多为各自领域的一时之选；丛书中不乏呕心沥血的精品力作，大有再次开发的价值。

（四）洋为中用——他山之石，可以攻玉

一门学科的建立（或重建）和发展，既要继承发扬本国优秀的传统文化和历史遗产，又要借鉴吸取国外先进的学术成果和智慧营养。没有继承就难以发展，没有借鉴就难以创新。

1. 领衔翻译1956年版凯洛夫《教育学》及其他。新中国成立初期，陈侠担任人民教育出版社教育编辑室主任，当时恰逢学习苏联的高潮时期。他主持或参与主持翻译出版了一系列苏联的师范教材和教育理论著作。在这段时间前后，人教社翻译出版

---

① 徐国棨著，人民教育出版社1985年版。

② 高时良著，人民教育出版社1991年版；董宝良著：《中国教育史纲　近代之部》，人民教育出版社1993年版。

③ 马骥雄著，人民教育出版社1991年版。

④ 章泽渊、陈科美、钱颖著，人民教育出版社1991年版。

⑤ 董远骞著，人民教育出版社1985年版。

⑥ 李意如、胡筠若著，人民教育出版社1985年版。

⑦ 苏竞存著，人民教育出版社1993年版。

⑧ 刘文修、王恩民著，人民教育出版社1987年版。

⑨ 刘世峰著，人民教育出版社1987年版。

⑩ 王正平著，人民教育出版社1985年版。

的苏联师范教材和教育图书，发行量非常大，对我国师范院校教学、教育干部培训产生了巨大影响，也为我国自编师范教材提供了蓝本。当时翻译出版苏联凯洛夫《教育学》，是一项绕不开的工作。对此，教育学界至今依然见仁见智颇有争议。这要从当时的时代背景说起。

新中国成立初期建设新教育的方针是：以老解放区新教育经验为基础，吸收旧教育某些有用的经验，特别要借助苏联教育的先进经验。这一方针具体地规定了教育改革的方向和步骤，对这一时期教育出版工作也起到了直接的指导作用。早在陈侠来京工作的1949年底，人教社前身之一上海联合出版社就出版了师范院校教学用书《教育学参考资料》。该书由华北人民政府教育部教科书编审委员会（人教社前身之一）编写，附录了不少介绍苏联教育理论和方针政策的文章。1950年12月人教社成立后，把翻译出版苏联师范教材作为一项重要工作。其中影响最大的就是翻译引进凯洛夫《教育学》。凯洛夫总主编的俄文版《教育学》有1939、1948和1956年三个版本。因为该书由当时俄罗斯共和国教育部长凯洛夫任总主编，所以我国学者俗称“凯洛夫教育学”。1950年12月，人教社翻译出版了该书1948年版上册（初版印行5千册，二版1万册，三版2万册），翌年10月，翻译出版了1948年版的下册。1951年3月和1951年12月人教社出版了该书上下册的第一次修订版，1951年12月和1952年12月人教社又出版了该书上下册的第二次修订版。第一次修订版改正了译文的个别词句，第二次修订版对译文做了若干原则性的修订。全国各地的师范院校、各类教师进修学校、教育部门、干部培训部门统一把凯洛夫的《教育学》作为指定教材学习。《人民教育》杂志1952年11期发表社论《进一步学习苏联的先进教育经验》，凯洛夫教育学的影响日益增大。该杂志1953年第3期发表了陈侠先生的专文《凯洛夫〈教育学〉中译本第二次修订述要》。这个时期，在学习凯洛夫教育学的基础上，我国教育学教师和学者也开始尝试自己编写师范院校用的教育学教学大纲和教材。如人教社教育编辑室在组织专家代教育部拟订了《师范学校教育学教学大纲》后，编写出版了中等师范学校课本《教育学》、①《教育学通俗讲座》② 等。其理论体系均类似苏联凯洛夫的《教育学》。这两本书在当时反复重印再版，发行量巨大，影响深远。而前者直到80年代才由顾明远、黄济主编的中师课本《教育学》③ 所取代。

1956年12月30日至1957年1月21日，凯洛夫率领苏联对外文化协会代表团访华。人教社社长叶圣陶专门会见了凯洛夫。在访问期间，凯洛夫向中方透露了新版（1956年版）《教育学》刚刚修订完毕的信息。1956年版出版后，苏联专家于10月

---

① 张凌光、丁浩川、朱智贤、陈选善主编，共四册，人民教育出版社1953—1955年版。

② 曹孚著，人民教育出版社1954年版。

③ 顾明远、黄济主编，人民教育出版社1987年版。

将该书寄到北京，人教社紧锣密鼓地组织翻译。1957年即出版了该书1956年版（凯洛夫总主编，冈察洛夫、叶希波夫、赞科夫主编，陈侠、朱智贤、邵鹤亭、于卓、李沂、熊承涤、郭如琴、张渭城、李子卓、陈友松译，3月第1版，7月第1次印刷，首印精、平装合计13万册）。该书1956年版分总论、教学论、教育理论、学校行政和领导，共四大块。我国后来相当长时间里编写的大部分《教育学》教材都没有超出这个四大块的体系。1949—1989年，这一著作（教材）在中国流行达40年之久，影响时间之久和范围之广，还没有一本其他教育学著作可以与它相比。凯洛夫《教育学》对中国教育理论界的影响，有正面的，也有负面的。正如瞿葆奎先生在《中国教育学百年》中所说："从教育学建设的角度看，原苏联的教育学帮助国人完成了教育学理论模式的格式塔转化，填补了当年社会主义教育理论的空白。当然原苏联的教育学本身有许多不足，如操作性较强，理论性较差；教条性较强，辩论性较差；等等。"①应当说，这位老教育家对"凯洛夫教育学"的评价是切中肯綮的。但是事情好像并没有完结。近年来，为了加强培养学生的创新精神和实践能力，人们在教育改革中重视实践、重视活动，这无疑是正确的。但由此有些地方将"以学生发展为本"与"儿童中心论"混为一谈，杜威教育思想被奉为圭臬。与此同时，赫尔巴特学说再次被等同于学科中心、书本中心、教师中心，全面否定，并株连凯洛夫教育学。这种看法和作法，笔者不认为是历史唯物主义的实事求是的态度。历史发展不是也不应当是翻烙饼。

在陈侠先生担任人教社教育编辑室主任期间，人教社翻译出版的苏联师范教材和教育图书，比较重要和有影响的还有：《教育学原理初译稿》、②《教育学》（苏联中师教材）、③《教育学初级读本》、④《教育学》（苏联师专教材）、⑤《文学教学法》、⑥《教学论》⑦，等等。

当时人教社组织译介出版的苏联教育图书主要有：《苏联学校教育讲座》、⑧《苏

---

① 瞿葆奎：《中国教育学百年》，载瞿葆奎编著：《教育学的探究》，人民教育出版社2004年版，第517页。

② [苏联] 冈察洛夫著，郭从周译，人民教育出版社1951年版。

③ [苏联] 叶希波夫、冈察洛夫著，于卓、王继麟等译：《教育学 上册》，东北教育出版社1952年版；《教育学 下册》，人民教育出版社1953年版。

④ [苏联] 斯米尔诺夫著，陈侠、丁酉成译，人民教育出版社1953年版。

⑤ [苏联] 奥哥洛德尼柯夫、申比廖夫著，陈侠、熊承涤等译，人民教育出版社1955年版。

⑥ [苏联] 果鲁伯柯夫著，方拯、赵洁珍、梁建兴译：《文学教学法 上册》，人民教育出版社1957年版。

⑦ [苏联] 达尼洛夫、叶希波夫编著，北京师范大学外语系1955级学生译，人民教育出版社1961年版。

⑧ [苏联] 索柯洛夫著，小英等译，人民教育出版社1951年版。

维埃学校中的共产主义教育》、①《苏联的教育科学》、②《苏联的初等教育》、③《苏联国民教育法令选集》、④《苏联的人民教育》、⑤《苏联普通教育法令选译》、⑥《苏联的国民教育》、⑦《苏联大百科全书选译·教育学和教育史》⑧。

值得指出的是，1956年1月，人教社还创办了一份双月刊《教育译报》，陈侠任副主编，专门组织翻译介绍苏联教育理论和经验（至1960年停刊）。这一时期，人教社还出版了：《列宁教育文选》、⑨《马克思恩格斯论教育》、⑩《马克思主义经典作家论教育》、⑪《列宁论国民教育》、⑫《克鲁普斯卡雅教育文选》、⑬《论共产主义教育和教学》、⑭《关于苏维埃学校和教育科学问题的几个报告》、⑮《共产主义教育思想》、⑯《教育学讲义》等著作⑰，还翻译出版了马卡连柯的教育文选等一系列教育著作。另外，人教社还编订出版了俄汉对照的《教育学名词》⑱。

据统计，截至1957年11月，我国翻译出版苏联教育书籍共360多种，仅人民教育出版社一家翻译出版的苏联教育书籍就达303种之多。所有这些工作，陈侠先生都不同程度地担当了重要角色，为马列主义教育思想在中国的传播作出了不容低估的贡献。

2. 改革开放后我国第一套《外国教育丛书》及其他。历史在发展，时代在前进。进入改革开放的新时期，陈侠先生虽然重点工作已经转到课程论研究，但是对外国教育、比较教育仍然一如既往地给予关注，倾心投入。这与课程论的研究工作非但不矛盾、不冲突，相反更开阔了视野，提供了借镜，活跃了思想。改革开放后，人们急需

---

① [苏联] 格鲁斯捷夫等著，王易今等译，两册，人民教育出版社1953—1954年版。

② [苏联] 恩·阿·彼得洛夫等编著，陈有信等译，人民教育出版社1959年版。

③ 人民教育杂志社编，人民教育出版社1953年修订版。

④ [苏联] 达列夫编，逸彬等选译，人民教育出版社1951年版。

⑤ [苏联] 米定斯基著，李敬永等译，人民教育出版社1953年版。

⑥ 中华人民共和国教育部翻译室等译，人民教育出版社1955年版。

⑦ [苏] 凯洛夫等主编，人民教育出版社教育编辑室等译，人民教育出版社1958年版。

⑧ 人民教育出版社编译，第1、2、3辑，人民教育出版社1956—1957年版。

⑨ [苏] 人民教育出版社编译，人民教育出版社1957年版。

⑩ 人民教育出版社译，人民教育出版社1958年版。

⑪ [德] 戴白韬（即戴伯韬）等编辑，人民教育出版社1958年版。

⑫ [苏联] 人民教育出版社1958年版。

⑬ [苏联] 克鲁普斯卡雅著，卫嘉译，人民教育出版社1959年版。

⑭ [苏联] 米·伊·加里宁著，陈昌浩，沈颖译，人民教育出版社1957年版。

⑮ [苏联] 凯洛夫著，潘培新等译，人民教育出版社1956年版。

⑯ [苏联] 波波夫著，人民教育出版社1953年版。

⑰ [苏联] 崔可夫著，北京师范大学教育学教研室译：《教育学讲义—上册》，人民教育出版社1954年版。

⑱ 人民教育出版社编订：《教育学名词：俄汉对照试用本》，人民教育出版社1955年版。

了解世界上其他国家（包括发达国家和发展中国家）教育的现状，改革的经验和教训，发展的动态和趋势，为我国社会主义教育事业提供借鉴，急需找到十年动乱后我国与先进国家的差距，把“文革”损失的时间尽快地夺回来。正是基于这种认识，陈侠先生与同室的熊承涤先生牵头，较早地开始筛选、翻译或编译外国教育和比较教育研究中可资借鉴的资料，按专题陆续选编成书，公开出版，以飨读者。笔者（吕）当时已到人教社，与陈先生、熊先生同在一个室工作，也参与其事。该丛书前后编辑出版了34本，署名“人民教育出版社《外国教育丛书》编辑组编”，陈侠先生等人投入了大量的时间、精力和心血，笔者是亲身经历、亲眼目睹的。

值得指出的是，该丛书涉及的外国教育是全方位、多角度的，既介绍发达国家的教育，也介绍发展中国家的教育；在发达国家中，既介绍欧美地区国家，也不忽视苏联；既有宏观的教育制度、教育概况，也有中观、微观的学校管理、教育心理、课程教学等内容；既有基础教育，也有高等教育；既有普通教育，也有师范教育、职业技术教育和业余教育；等等。例如：

——《六国教育概况》、《二十国教育概况》、《美国教育学基础》、《今日美国教育》、《西德的教育》、《西德教育与经济发展》、《日本的教育》、《战后日本教育与经济发展》、《拉丁美洲国家的教育》、《朝鲜罗马尼亚南斯拉夫教育概况》；

——《学前教育》、《九国普及义务教育》、《中等教育结构改革》、《现代化的教学手段》、《中小学教学改革的理论与实际》、《中小学课程和教学》、《教学与课程》、《心理与教育的测量和评价》、《教育行政与学校管理》；

——《六国著名大学》、《高等教育的现状与趋势》、《高等教育与社会发展》、《高等学校的科学研究和研究生教育》、《科技发达时代的大学教育》、《高等教育的发展与改革》、《高等教育经济学》、《高等工程技术教育》；

——《师范教育的现状与趋势》、《师范教育改革问题》、《中等职业技术教育》、《技术教育与职业教育》、《生产劳动教育与职业教育》、《业余教育的制度和措施》；

——《西方思想家论教育》等。

从上述书目可以看出这套丛书的概貌。这套丛书各卷大部分是由外国教育、比较教育最新研究成果选编而成，少数几卷则是外国教育或比较教育专著。译稿经过出版者的精心筛选，并进一步编译或编辑，按专题分门别类，都能切合我国实际需要，极具针对性，因此广受欢迎，并荣获表彰。新华社说，这是最早反映我国对外开放的重要窗口之一。应该说，这种高度评价是恰如其分的。人教版《外国教育丛书》在当时外国教育研究领域是独树一帜的。与此同时，如前所述，陈侠先生主持编辑的《课程研究丛书》的选题中既有美英日的，也有苏联的著作；陈侠先生任副主编的《课程·教材·教法》杂志还开辟了研究资料专栏（后改为“研究与借鉴”）。由此滥觞，人教社后来又陆续推出了《外国教育名著丛书》（俗称绿皮书）、《比较教育丛书》、《比较教育论丛》、《比较教育译丛》、《比较教育文库》、《汉译世界教育经典丛书》等，均享有盛誉。

综上所述，陈侠先生在课程史、教学论、师范教育（教师教育），以及外国教育（比较教育）等领域的辛勤耕耘及其成就，相互关联、相互交融，成为他致力于重建我国课程论奠基工程中的重要基石。

四、全国教育学研究会的重要发起人，教育科学理论的热心传播者

（一）参与发起创立全国教育学研究会

1977年9月9日，再次复出的邓小平与教育部负责人谈话，旗帜鲜明地指出“两个估计”是错误的。1977年11月18日，《人民日报》发表了题为《教育战线的一场大辩论———批判“四人帮”炮制的“两个估计”》的文章。推倒“两个估计”极大地解放了广大知识分子的思想，陈侠先生和其他知识分子一样重新焕发了青春。1978年5月11日，《光明日报》发表特约评论员文章《实践是检验真理的唯一标准》，全国开展了真理标准大讨论。这场讨论的实质是解放思想，实事求是，推倒“两个凡是”，为改革开放提供了思想和舆论准备。陈先生对这场讨论欢欣鼓舞。

值得特别指出的是，在上述大背景下，1978年10月15—30日，人民教育出版社在开封主办全国教育学教材研讨会，25个省（直辖市、自治区）、68所师范院校的教育学教师和特邀教育学工作者共141人与会，讨论了开封师院（今河南大学）、华中师院（今华中师大）、武汉师院（今湖北大学）、湖南师院（今湖南师大）和甘肃师大（今西北师大）五院校合编的公共必修教育学教材（俗称“五院校教育学”）初稿。教育部顾问董纯才到会祝贺并讲话，教育部高教一司副司长肖岩介绍了师范教育形势。陈侠参与主持了这次教育学教材研讨会，并在大会上作了题为《教育实践与教育理论》的学术报告，号召大家充分认识实践是检验真理唯一标准讨论的重大意义，解放思想，敢于坚持真理。陈侠和与会代表共同倡议成立“全国教育学研究会”，并议决成立大会另行召开。教育学研究会筹备组设在人教社，陈侠是筹备组核心成员，参与起草章程等工作。（据此，有学者认为“全国教育学研究会”建立时间可以定为1978年10月30日，这种说法也是其来有自，事出有因，有一定道理的）。

1979年3月23日至4月13日，陈侠在北京参加了第一届全国教育科学规划会议。参加会议的有教育界专家、学者、教育行政部门领导干部269人。在会议结束时的4月13日，全国教育学研究会召开成立大会。（由于头一天即4月12日宣告成立了中国教育学会，全国教育学研究会遂改隶属于下，故后来被更名为中国教育学会教育学研究会，1997年又更名为中国教育学会教育学分会）。陈侠参与主持全国教育学研究会成立大会。戴伯韬当选为第一届理事会理事长，陈元晖为第一副理事长，王

铁、尹德新为副理事长，陈侠为秘书长，戴伯韬、陈元晖、王铁、肖岩、陈侠、周正、尹德新、王其豫、陈心五、许椿生、吴杰、吕方、张家祥、董宝良、张敷荣为常务理事。张健代表教育部在成立大会上讲话，表示祝贺并提出希望；教育部高教一司副司长肖岩就高师教育学科教材建设发言；朱智贤（时任中国教育学会副会长，曾任人教社副总编辑兼教育编辑组组长）代表中国教育学会致贺词，李秉德代表全国教育学研究会第一届学术年会（计划 8 月在兰州举办）筹备组发言；会员代表张敷荣、吴杰、董宝良、许椿生、张家祥等也在大会上发了言。最后由中国教育学会副会长、人教社主持工作的第一副社长兼总编辑、全国教育学研究会理事长戴伯韬讲话，指出了教育学研究会的努力方向和工作重点。

1979 年 7 月 5 日，全国教育学研究会召开第一届常务理事会议，在京 9 位常务理事出席，戴伯韬理事长主持会议。首先由陈元晖报告参观瑞士学校的情况，其次由陈侠报告筹备编辑出版《教育学研究会通讯》和教育学论文集等事宜。会议研究了今明两年学术年会事宜。因工作需要，会议决定增选人教社章炼烽、北师大汪兆悌等 4 人为常务理事，提请第二次理事会追认；增加北师大王策三、人教社熊承涤为副秘书长。1981 年伯韬同志不幸病逝，陈元晖代理事长。

（二）组织编辑出版“教育学论文集”12 卷，为拨乱反正、正本清源立下汗马功劳

1978 年 4 月至 5 月全国教育工作会议召开，邓小平出席开幕式并讲话。这次会议对教育战线拨乱反正起到了重要促进作用。中国社会科学院副院长于光远于 1978 年在一次座谈会上提出，教育现象中虽含有上层建筑的因素，但不能说教育就是上层建筑。他的发言以《重视培养人的研究》为题发表于当年第 3 期《学术研究》杂志，引起很大反响和共鸣。教育界特别是全国教育学研究会各地的会员，掀起了对“教育本质”问题的讨论。实际上，关于教育本质问题的论争，从 1978 年 10 月人教社在开封主办的五院校教育学教材初稿讨论会上就已经开始了。1979 年 4 月全国教育科学规划会议、6 月五院校教育学教材第三稿研讨会，论争仍未有穷期。1979 年 8 月 26—9 月 6 日，全国教育学研究会在兰州如期举行第一届学术年会，中国教育学会副会长、人教社原副社长、著名老教育家辛安亭致开幕词，中国教育学会副会长张健作学术报告。代表们深入学习了《实践是检验真理的唯一标准》，就教育本质、学制改革、思想政治教育和教学论等专题进行了深入研讨。关于教育本质问题的讨论实际上是对过去教育的反思，参加人员之广泛、持续时间之长久都是前所未有的，对教育科学的发展起到了不可估量的作用。通过讨论，人们认识到，教育是培养人的活动；教育的本质是传承文化、创新知识和促进人的发展。教育具有促进人的发展和促进社会发展的双重功能，而促进社会发展是通过促进人的发展来实现的。教育对于社会，不仅有政治功能，而且有经济功能和文化功能等。1981 年 4 月 15—25 日，全国教育学研究会第二届年会在福州举行。陈侠秘书长致开幕词。会上传达了教育部部长蒋南翔

的重要讲话，教育部副部长周林到会祝贺并讲话。会议围绕教育与人的全面发展等主题展开研讨，并探讨了如何建立我国教育学科体系的问题。陈元晖作题为《美育在人的全面发展中的地位和作用》的学术报告，陈侠作题为《关于教育学和教育学的研究》的学术报告。此后学术年会又组织过多次。作为全国教育学研究会初创时期的主要负责人之一，陈侠先生不仅自己率先垂范、身体力行地进行研究，撰写论文，而且参与组织领导了包括教育本质问题讨论在内的一系列学术研讨。这一系列专题学术研讨会，针对"文革"造成的教育思想理论异常混乱的局面，对教育领域的拨乱反正、正本清源，立下了汗马功劳，发挥了历史性作用。

为了巩固和扩大研究成果，让更多的教育工作者和广大师生分享，为教育改革和发展走上正轨进一步扫清道路，在陈侠秘书长主持下，教育学研究会秘书处除了编辑出版《全国教育学研究会通讯》（不定期会刊）外，还将历次教育学术研讨会的论文分门别类精选精编，由人教社出版。主要书目如下：

——《论教育的本质和职能》（1979）、《关于教育本质问题的论争》（1980）、《论教育和国民经济的发展》（1980）；

——《培养全面发展的人》（1979）、《论教育和人的全面发展》（1982）；

——《加强青少年的思想品德教育》（1980）、《新时期的道德教育》（1982）；

——《教学过程的特点与规律》（1979）、《遵循教学规律 提高教学质量》（1980）、《论知识教学和智力发展》（1982）；

——《办好师范教育 发展教育科学》（1980）、《论人民教师》（1981）。

这些论文集，或者说小册子，书小（当时只是小32开），但是意义不小、影响不小。广大读者如同久旱遇甘霖，首版不久即告售罄，人教社又安排了重印。每一个经历过十年动乱的教育工作者都切身体会到，这些论文集的面世，犹如拨开乌云见太阳，使人们重新看到了我国教育改革和发展的正确方向和康庄大道，无不欢欣鼓舞，意气风发。

陈侠与戴伯韬、陈元晖等老一辈教育学家一道，对全国教育学研究会草创时期的贡献居功至伟，历史将永远记住他们。

（三）教育科学理论通俗化、大众化、普及化的热心播种者

马克思在讲到理论与实践的关系时指出，理论不能代替实践，但是，理论对实践有指导作用。关于后面这层意思，他说："……理论一经掌握群众，也会变成物质力量。理论只要说服人，就能掌握群众；而理论只要彻底就能说服人。所谓彻底，就是抓住事物的根本。"① 这个道理，对教育科学理论同样适用。陈侠先生虽然是民主党

① 中共中央马克思恩格斯列宁斯大林著作编译局编译：《马克思恩格斯选集》（第1卷），人民出版社1995年版，第9页。

派人士，但他对马克思主义非常服膺。1983 年，在马克思逝世 100 周年之际，作为秘书长，陈侠先生以全国教育学研究会名义策划了《学习马克思的教育思想——纪念马克思逝世 100 周年文集》一书，组织国内知名学者撰文，从不同角度阐述我国新时期如何贯彻马克思的一系列教育思想。

马克思所说的要“抓住事物的根本”，就是要揭示事物发展的规律。理论要能“说服人”，就要十分注意理论的通俗化、大众化和普及化。教育科学理论同样如此。基于此，陈侠深感，教育科学理论只有从高楼深院的书斋中解放出来，变为广大教育工作者自觉掌握的工具和武器，成为解决教育实际问题的显微镜和解剖刀，才具有真正的社会价值。

众所周知，学会的生命在于活动。如上所述，作为全国教育学研究会首任秘书长，以及民盟中央教育委员会副主任，使陈侠有机会几乎足迹遍及全国各地，接触了各级各类的学校和师生。所到之处，他对当地教育状况必做深入实际的考察，取得大量丰富的第一手资料。生活之树常青，充满活力的教育实践活动，正是教育科学理论研究获得累累硕果的不竭源泉。另一方面，这些亲临教育教学第一线的活动，也为陈侠将教育科学理论通俗化、大众化、普及化提供了广阔的天地。

针对“文革”期间盛行、“文革”以后还存在的不按教育规律办事甚至不承认教育有规律的情况，陈侠十分痛心地说：“为什么养猪、养鸡、养蜂都有专门的研究，有养猪学、养鸡学、养蜂学，就是说承认这些工作必须按规律办事，而对人本身的教育，却不承认它有规律可循呢？这种不重视教育科学研究和不按教育规律办学的情况，在一个社会主义现代国家里是不能容忍的。”他专门撰写了《谈谈社会主义学校教育的几个规律》一文，并从 1979 年 3 月起先后在北京师范学院（今首都师大前身）和芜湖、合肥、天津、兰州、呼和浩特、锡林浩特、西乌珠穆沁旗、保定、乌鲁木齐等地作了演讲。陈侠先生从宏观上总结了我国社会主义教育的 10 条规律，并逐条加以论证。这 10 条规律是：社会主义教育必须促进社会生产力的发展；社会主义教育必须极大地提高人民觉悟，为最终消灭阶级创造条件；社会主义教育必须培养全面发展的人；教育必须适合受教育者的身心发展；学校教育在人的发展中应起主导作用；教师在学校教育中应起主导作用；提倡尊师爱生，建立民主平等的师生关系；校长（包括党委书记等）、教师应当是一个教育集体里平等的成员；学校教育要重视基础理论和基本知识的教学，为学生进一步学习打好基础；教学必须理论联系实际。

他指出，教育的规律当然不只是这些。以上不过是宏观规律的几个例子，也就是教育学理论的几个最基本的原理原则。在教育教学工作的各个层次、各个方面，还有很多规律。例如教学有教学的规律，德育有德育的规律，语文教学有语文教学的规律，数学教学有数学教学的规律，等等。

当时，提倡按教育规律办事的同志还是不少的，但是许多同志感到困难的是：什么是教育规律，似乎说不清楚。他们觉得，教育规律十分抽象，很难一条条地说出来。而陈侠先生一条一条地列出了10条教育规律作为示例，这样，什么是教育规律，如何去发现和总结教育规律，以及如何按教育规律办事，就非常明确、非常具体了，教育规律不再是只能意会不能言传的抽象东西了。叶老为陈侠所著《论教育规律及其他》所写的序言，充分肯定了陈侠的作法。叶老在序言中说："有规律可循，千真万确。……至于可循的规律，我盼望教育研究工作者共同协力，精确地一条一条归纳出来。"

陈侠毫不留情地针砭了教育科学研究领域中"四多四少"的弊端。这些弊端表现为：理论研究多，联系实际少；空洞议论多，总结经验少；引进外论多，整理遗产少；主观臆测多，科学实验少。对此，他有针对性地提出了相应的改革建议，特别强调整理研究祖国教育遗产和总结优秀教师经验的迫切性。他认为，我国是一个文明古国，在漫长的历史上，中华民族历代都涌现了不少出类拔萃、成绩卓著乃至闻名于世的大教育家。他们兴学育才的业绩及其教育思想、理论和学说，给我们留下了丰富的宝藏。发掘这些宝贵的遗产，如同沙里淘金一样，可以而且应当有大量的工作可做。在对外开放的新形势下，我们更应当防止"言必称希腊"的倾向，避免重犯数典忘祖的民族虚无主义错误。继承是为了更好地开拓前进。中国决不是没有布鲁纳、赞科夫、苏霍姆林斯基这样的校长、教师和教育家，问题在于我们还没有花大力气去发现他们、总结他们、宣传和推广他们。提炼优秀教师的先进经验，使之变为千百万教师的共同财富，使那些业已行之有效的经验能在全国各地开花结果，从而也进一步丰富和发展教育理论宝库，这是摆在教育科学研究工作者面前的一项责无旁贷的任务。

教育的根本问题就是要解决为谁培养人，培养什么样的人，怎样培养人的问题。因此，我国的教育工作，既有与世界各国相同的共同规律，又有基于本国社会主义初级阶段基本国情的特殊规律。为了发现教育规律、总结教育规律、遵循教育规律，建立具有中国特色的社会主义教育理论体系，陈侠先生不遗余力地为此奔走呼号，付出了极大的辛劳，也取得了显著的成绩。他的丰富的教育活动和大量教育著述就是他这些辛劳和成绩的记录，其中的学术建树，则是留给我们的宝贵财产。

五、风范长存：善歌者使人继其声，善教者使人继其志

陈侠先生留给我们的除了他的学术思想和学术贡献，更为重要的是他的道德、他的作风 、他的精神。作风好像看不到、摸不着，却是实实在在地存在着，实实在在地发挥着作用。这种无形的力量无时不有、无处不在地影响我们，指引我们如何做人，如何做学问。一个人的作风，一个人的人格，一个人的品德、品质、品格，往往体现在他日常工作和生活的举止言行之中，好像异彩纷呈的"碎片"。但是，细微之

处见精神，而且碎片可以形成完整的图像。笔者（吕）与陈先生晚年共事十年，一直在同一个部门工作，同一个大院生活。陈先生的影响，既是多方面的，又是深远的。这里仅就陈侠先生的思想作风和工作作风，谈几点最深的印象和感受，志以自勉并与同仁共勉。

（一）以诚待人，与人为善，提携后进，大家风范

笔者（吕）1981年获硕士学位分配到人教社，原本是希望到教育编辑室，但是后来进了课程研究室，应该说，陈先生对我有知遇之恩。当年笔者忐忑不安地初见陈先生时，没有想到，从此自己的学术生涯开始进入了一个新的拐点。嗣后与陈先生朝夕相处约十年。陈先生当时兼任全国教育学研究会首任秘书长，既率先垂范，身先士卒，又善于发动全室同仁一起干。可能是因为平均年龄居全社之首，当时课程研究室有个雅号叫“老头儿（老太太）组”，室内三位老先生都70岁左右（除陈、熊二位先生，还有曾任高教社副总编的于卓先生），两位女士都60岁上下，笔者（吕）40岁左右，算最年轻的。陈先生提名同室的熊先生任副秘书长，室内其他老同志就戏称为一秘、二秘，我是小字辈敬陪末座，戏称三秘。陈先生应聘担任《教育大辞典》课程和各科教学部分的主编，延聘我为副主编，给我压担子，实际上是提携我。（约20年后，《中国教育大百科全书》聘我为中小学各科教材教学分卷主编，陈先生的工作作风对我十分受用。）1985年笔者（吕）接棒主持课程研究室工作，陈先生一如既往扶持我、关心我。陈先生对同事如此，对社外的编辑同行或各级各类学校的老师甚至青年学子同样如此。当时我国研究生培养刚刚起步，各校导师不足，研究生盛行到外地尤其是北京访学游学，每年都有好几拨。陈先生在繁忙的工作之余，宁可少一点休息，也要对这些初出茅庐的后进学子热情接待，精心指导。伯韬同志、老叶（立群）同志都是个性很鲜明、很强势的高级领导，运筹帷幄，一言九鼎，一般员工对他们多抱有敬畏感，但他们都对陈侠很器重、很信任，赋予重任，陈侠对他们也很尊重、很佩服，相互之间关系融洽。这是一个很好的范例。我想除了其他原因，出以公心，相互以诚相待是极为重要的一条。

（二）敢于直言，坦诚相见，坚持真理，文如其人

陈先生敢说话，敢说真话、说实话，是相当出名的。但是敢说话，不是为了别的，而是为了坚持真理；敢说话，是说真话实话心里话，是坦诚相见，以理服人，而不是以势压人。无欲则刚，有容乃大。心底无私天地宽。他虽然是民主党派人士，但为了做好工作，为了教育事业的健康发展，将个人的得失置之度外。他针砭教育时弊，往往一针见血，毫不含糊。鸦片战争时期，因力主禁烟而被贬戍伊犁的林则徐，在起程时曾随口吟诵了一首诗赠别家人，其中有这样脍炙人口的两句：“苟利国家生死以，岂因祸福避趋之！”意思是说，只要对国家有利，我个人生死都可以置之度外，不管怎样也要去做，怎能因为个人祸福而回避甚至退却呢？在陈先生的工作室

里，笔者看到他常年悬挂着自己手书的这两句诗，作为座右铭以自勉。他努力以自己的言行来实践这位近代伟大爱国者的格言。敢于直言，一针见血，陈先生的文章是这样，在日常工作和生活中也是这样，真是文如其人！林则徐的那两句诗，恰恰也是陈先生品格的生动写照。

（三）善于学习，勤于耕耘，抓住机遇，敢为人先

陈先生的勤奋，对工作的极端热忱和极端负责，是人所共知的。一分耕耘，一分收获，功夫不负有心人。正像他在《课程论》自序中所言，笨鸟先飞，勤能补拙。譬如积薪，后来居上。陈先生所取得的学术成就，是与他几十年如一日的不倦学习与辛勤耕耘分不开的；也是与他视野开阔，洞察大局，掌握脉动，抓住机遇分不开的。他无论是在编审出版岗位，还是高校讲坛；也无论是在教育编辑室，还是课程研究室；无论是编书，还是办刊物，总是兢兢业业，孜孜不倦，得心应手，业绩卓著。他不仅策划、编辑出版了一批具有引领作用、至今仍令人称道的好书，无愧于出版界的领军人，而且还源源不断地写出了一批具有真知灼见、至今仍发挥影响的论文和专著，堪称教育科学研究的先行者。他搞研究也好、做编审也好，抓的选题总是敢为人先，善为人先，富于前瞻性、创新性。这说明，要干成一件事，不仅要有才干，而且首先要有广博深厚的学养，敏锐的眼光和足够的胆识，也就是说，学、识、才，缺一不可。陈先生干一行，爱一行，专一行。他的学术研究，总是与本职岗位密切结合。他的本职岗位是编审，但是这一点儿也不妨碍他成为我国著名的教育学家、成为我国课程论的重要奠基人。编、研一体，做专家型、学术型编辑，正是我们应该大力提倡的方向。上世纪三四十年代，我国就涌现出一批集编辑出版家与作家于一身的学者，星汉灿烂，引人瞩目。提倡做专家型、学术型的编辑，决非不务正业，恰恰相反，他们既编书，又读书、写书；既当编者，又当读者、作者；更能理解读者的需求，更能体会作者的甘苦。这样的编辑，决不是只满足于领受任务，囿于自己的一亩三分地，等因奉此地埋头于案头编辑工作，而是必然把视角聚焦一线，把目光投向市场，熟悉教改趋向，谙于竞争态势，精于策划选题，善于组织作者。把编辑工作与研究工作结合起来，把编辑工作与编写工作结合起来；基础研究、应用研究、开发研究，三环相连，紧紧相扣。这正是陈先生成功之路给予我们的重要启示，也是人教社一贯提倡的方向。作为一个成功的典范，陈侠先生是当之无愧的。

（四）志向高远，脚踏实地，大处着眼，小处着手

从陈侠先生的履历看，“淡泊以明志，宁静以致远”是他一生矢志不渝的追求。他青年时代就有志于把教育作为终身奋斗的事业，成果初现。新中国成立，改天换地，陈先生热情满腔，成果迭出。而最辉煌的岁月，无疑是改革开放以来。改革开放的大好时代到来时，陈先生历经沧桑，已年过花甲，但是他没有“夕阳无限好，只是近黄昏”的慨然兴叹，而是愈发积极乐观，以强烈的使命感、责任感，以只争朝夕的

精神，为世人奉献出丰硕、多彩的成果。一个人的生命“长度”是有限的，但是你可以尽量拓展生命的“宽度”，使生命得以增值。陈先生是个急性子的人，但是他在笔者眼里，为人，总是那样从容不迫；处事，总是那样有条不紊。笔者一直很佩服陈先生今日事、今日毕的习惯，感佩他有信必复的习惯，敬佩他一丝不苟的习惯。期刊的文稿也好，图书教材的书稿也好，经陈先生娴熟之手，驾轻就熟，删繁就简，犹如画龙点睛，锦上添花，恰到好处。在陈先生手里，从不压稿。哪怕不用，也必有回复，使作者免除悬念，甚至为之指点迷津，使之豁然开朗、获益匪浅。对于来信，同行、朋友自不必说，即使是素未谋面甚至是素不相识的读者、作者，陈先生也从不怠慢。俗话说顾客是上帝。同样，读者和作者是编者、出版者的衣食父母。编者、出版者同读者和作者是须臾不可分离的。对于编者、出版者来说，没有作者，犹如无源之水，无本之木，无米之炊；而失去读者，就不啻失去立足的根基和生存的意义。陈先生善待读者和作者，不仅是一种习惯，更是一种作风、一种境界。在日常工作中，陈先生出去办事总是向室内相关同事打个招呼，人不在则留个便条。他编书、编刊，撰文、写书，总是做到句句有出处；他为人、处事，协作、共事，总是做到事事有着落。这些习惯，在有些人看来似乎是“小儿科”，是微不足道的小节，不去做，也不想做。但是须知，一个人外显的习惯，是其内隐的素质、素养的反映和体现。小处不可随便。细节可以决定成败，性格可以决定命运。好习惯的养成，要从小做起、从小事做起。把每一件简单的事做好就是不简单，把每一件平凡的事做好就是不平凡。陈先生决不是那种拘泥于小事、谨小慎微、唯唯诺诺、举轻若重的人，他是立志做大事而不是做大官的人，因此他终于成为大师。而做大事，正是从一点一滴的小事开始，从脚踏实地、扎扎实实地一步一步做起。“不积跬步，无以至千里；不积小流，无以成江海。”（《荀子·劝学》）诚哉斯言。陈先生一生做了不少大事，编了不少大书好书，写了不少大书好书，有些书连主编或编审的名字也没署。但是一个人名头再多、官职再大，也终究是过眼烟云，而谁的德行为人楷模，谁的业绩造福百姓，谁的著述富有灼见，则将流传后世，有口皆碑。正如《左传》所言，立德、立功、立言，“虽久不废，此之谓不朽。”

陈侠先生把毕生的精力都献给了祖国的教育科学事业和教育出版事业。晚年，他常用“烈士暮年，壮心不已，老骥伏枥，志在千里”自励。他身患癌症仍自强不息，坚持工作，承担着课程教材研究所交给的研究任务，《课程·教材·教法》杂志副主编的任务，《教育大辞典》第一分卷主编的任务等繁重工作。他的《课程论》也是这期间最后完成的。他以顽强的意志与病魔搏斗。他感谢领导、同事和家属让他好好休息的劝慰，但是工作已经成为他生活不可或缺的内容，他常说：“活着就要工作，不工作活着有什么意义！”甚至在他弥留之际，他还在考虑出版社的工作，向前去看望他的社领导提建议。他用他的一生模范践行了人民教育出版社的社训：敬业、严谨、团结、创新。

“善歌者使人继其声，善教者使人继其志”。今天，我们纪念陈侠先生100周年诞辰，就是要铭记、缅怀他的杰出贡献，不断学习研究、继承发扬他的学术思想和优良作风，继往开来，改革创新，为进一步促进我国教育事业的繁荣发展而不懈奋斗！长江后浪推前浪。面向未来，明天一定会更好！

附言：本文撰写过程中参考或引用了肖云瑞先生等的有关纪念文章和资料，并征求了有关同志的意见，特此鸣谢！谨向陈侠先生的亲属致谢，向陈侠先生曾经工作过的人民教育出版社的领导和有关部门同仁致谢！（2014年7月至10月续成，六稿）

（责任编辑　许洁英）

杨汉麟 1947年生，上海崇明人。现任华中师范大学教育学院教授、博士生导师。曾任中国教育学会教育史分会理事及湖北省教育学会教育史专业委员会理事长。美国内勃拉斯加州立大学访问学者（1992—1993），英国雷丁大学高级访问学者（2002）。曾被英国罗汉普顿大学及我国曲阜师范大学等校聘为兼职教授。主要研究领域为外国教育史、外国幼儿教育史、近现代外国教育思潮等。曾主持全国教育科学规划重点课题“外国教育实验史研究”、“外国教师教育理论及实践的历史研究”。主要著作有《夸美纽斯评传》（1992）、《外国幼儿教育史》（1993，合著）、《外国学前教育史》（主编之一，1999）、《西方教育学名著提要》（主编之一，2000）、《外国教育思想通史》（分卷主编，2002）、《外国教育实验史》（主编，2005）、《外国幼儿教育名著选读》（主编，2008）、《中外教育思想概览》（副主编，2009）、《外国教育名家思想》（2010）、《外国幼儿教育史》（普通高等教育“十一五”国家级规划教材，2011）。译著有《教育漫话》（2006）、《罗素论教育》（2009）、《行为主义的幼儿教育》（2014）等。此外还在国内外学术杂志上发表论文70余篇。参编（译）著作10余部。部分成果获省部级奖项。

《学者本色　大师风范——任钟印先生生平及教育学术贡献》导读

学者本色 大师风范

——任钟印先生生平及教育学术贡献

杨汉麟

【摘要】 任钟印先生是我国学贯中西的著名教育史学家和教育著作翻译家。本文介绍了其富有传奇色彩的生平，尤其是对其学术创见、学术成果及教书育人的经验做了探讨、总结。其重要学术贡献是：结合现实，对一些马克思主义教育观点做了诠释、解读，力求回归原貌；对史前教育做了新的探索；对古代东方教育及中西教育史比较做了深入探讨，力求破除西方中心论；揭示中西文化教育体系差异的历史渊源及各自优点，提倡在求异的同时努力求同，以达成“和而不同”的和谐世界。

【关键词】 任钟印；生平；学术创见；大师风范

一、从草根族登上学术高峰的传奇

任钟印（1926—2012）是我国教育史学界所熟知的一位勤奋笃实、善于独立思考、治学严谨而又平易近人的大师级的学者。其祖籍湖南岳阳，出生于一个多子女的贫苦农民家庭。青少年时代他从事过多种职业，甚至“蹑足行伍之间，而崛起阡陌之中”①，故造就强健体魄及坚韧意志；又曾入免费的教会学校学习，虽未皈依宗教，却奠定扎实外文功底。依靠自己的刻苦努力与自强不息，他陆续完成了中等及高等教育，并精通或粗通英、俄、德、日、拉丁文 5 门外国语。他 1949 年湖南大学法律系肄业，1951 年中原大学（华中师范大学前身之一）教育学院研究生毕业。他的一生堪称从身处社会底层的草根族登上学术高峰的一个传奇。

1951 年后，任钟印先生一直从事教学及科研工作，曾先后任华中高等师范学校、

---

① 人民教育出版社编：《古代散文》上册，人民教育出版社 1963 年版，第 158 页。

华中师范学院、华中师范大学助教、讲师、副教授、教授，研究生导师；还担任过教育系学术委员会主席、校学术委员会委员、教育史教研室主任、全国教育史研究会常务理事、杨贤江教育思想研究会常务理事、湖北省教育史研究会理事长等职务。

任钟印先生学贯中西，博古通今，著述等身。他撰写、主编及参与著述的书籍众多，不乏鸿篇巨制。其中包括《外国教育家评传》、《外国教育通史》、《中外教育比较史纲》、《世界教育名著通览》、《夸美纽斯教育论著选》、《西方近代教育论著选》、《外国教育思想通史》、《杨贤江全集》、《教育大辞典》等。这些书出版后，在国内享有很高的声誉，有的获得了教育部人文社会科学优秀成果奖及国家级图书大奖。

任钟印先生是著名教育史学家和教育著作翻译家。他依靠其语言天赋及深厚文化底蕴，在译著上建树独特。他能将艰深的外国古代教育文献翻译成明白流畅的现代汉语。他的译著有《昆体良教育论著选》、《外国教育史料》、《学校与社会》、《明日之学校》、《西方的100位教育家》、《文艺复兴时期的教育》等。他所翻译的作品都以文笔典雅、流畅通达著称，具有高度的史料价值及文学价值。此外，他还在全国学术刊物上发表了大量具有独特见解的中、外教育史论文、书评及大气磅礴、意境悠远的古典诗词。

此外，为提携后进及弘扬学术，任先生还应学生、友人请求为一些著作写“序”。他撰写的序绝非应景之作，除奖掖后进外，还往往借题发挥、抒发己见，有着深刻的内容和独特的见解，故这些序大都成为其著述中一道亮丽的风景线。20世纪90年代，一位江西的学子因读到任先生为喻本伐、熊贤君合著《中国教育发展史》所写的序，为任先生深邃思想、精到的见解折服，兴奋不已，专程来到武汉，要就教于任先生门下，攻读他的博士，一时传为佳话。

据我们粗略统计，任钟印先生的著述及译著总字数已超过一千万字，且主要是在20世纪70年代末以后（即“文革”结束后）完成的。

特别令人惊叹的是，任先生进入耄耋之年后，或许是感到青年时代蹉跎太久，或许是感到老之将至、时不我待，其学术研究及著述、翻译的热情不减反升，胜比壮年。“莫道桑榆晚，红霞正满天。”在他逝世前的五六年中，几乎每一两年就有一部新著问世。例如，上面提到的《西方的100位教育家》、《文艺复兴时期的教育》等70多万字译著就是他2009—2012年应北京大学出版社之邀而翻译出版的。他还有一本70多万字的译著《西方教育经典文献》（收入人民教育出版社《汉译世界教育经典丛书》）也是在80岁以后完成的。

任先生在学术求索的生涯中，有着自己一贯的独特风格和信念：博学精思，求真尚实，独立思考，推陈出新。在60多年的职业生涯中，他本着这种信念，在教育领域默默耕耘、勤奋探索，在教育理论、学科建设和人才培养上作出了弥足称道的贡献。

二、厚积“爆”发，知天命之年学术成就方始凸显

上面已提及，任先生诉诸文字的科研成果主要是在20世纪70年代末期后取得的。生前他曾不止一次对弟子们沉痛地说，他青年时代由于受到种种政治运动干扰，有心而无力潜下心来认真从事学术研究，遑论发表有独立思想的论著。只有到“文革”结束后，他才重新焕发了青春，并成功地厚积“爆”发，尽管此时已进入知天命之年。下面主要从四个方面概述任钟印先生在学术上的成就。

（一）对马克思主义教育思想的研究

对马克思主义教育思想的研究，是任钟印先生学术工作的重点之一。早在20世纪50—60年代，任先生就下了极大力气去钻研马列原著，颇有心得。在此基础上，先生对马克思主义教育思想的许多理论的诠释、解读，极富现实意义。

1. 对《巴黎手稿》的研究：全面阐释马克思的早期教育思想及其与后来有关思想的关联性，批驳回到青年马克思的错误观念，填补了马克思教育思想研究中的一个空白。

马克思的读书笔记《1844年经济学哲学手稿》于20世纪30年代初在巴黎被发现，因而该手稿又称《巴黎手稿》。各国学者对《巴黎手稿》的研究，大多侧重哲学层面，特别侧重热点问题“异化”。他们大谈马克思的异化理论，认为那才是真正的马克思主义，而马克思以后的著作是从《巴黎手稿》倒退。他们提出要回到《巴黎手稿》，即所谓回到青年马克思，以淡化马克思的剩余价值学说和科学社会主义理论，否定成熟的马克思主义。也有少数学者从经济学或心理学的角度研究《巴黎手稿》。但是，从教育理论的角度研究《巴黎手稿》的著作极为罕见。

任钟印先生独具慧眼，另辟蹊径，率先从教育理论研究的角度在《巴黎手稿》中探索马克思的教育思想的最早萌芽。他的论文《〈巴黎手稿〉与新教育观的萌芽》1995年在《湖北大学学报》连载后，立即被人大复印资料转载，后来又全文收入《华中师范大学教育理念文选》。在该文中，任先生以马克思对“人”的论述为中轴，深入阐释了《巴黎手稿》中关于异化劳动、个人与社会、主动和受动、主体和客体、人性中的智和愚、善和恶、理论和实践、人的片面发展和人的解放等一系列教育理论中的根本原理，探讨了马克思早期教育思想的过渡性及其对后来发展的意义，批驳了回到青年马克思的错误观点。这一开拓性的研究填补了马克思教育思想研究中的一个空白，具有重要的理论意义。正如《华中师范大学教育理念文选》的编者所说，该文“是当时从教育研究的视角探索《巴黎手稿》的代表作”①。

---

① 沈振煜、王坤庆主编：《华中师范大学教育理念文选》，华中师范大学出版社2003年版，第5页。

2. 理论上的正本清源：批驳思想战线背离马克思主义原理，在一系列涉及基本原理、知识的价值及知识分子的社会属性、体脑差别及结合问题上的错误观念。

马克思主义是指导我们思想的理论基础。如果对马克思主义的理论观点的诠释、理解出了偏差，就会产生严重的后果。新中国成立以后，在这方面人们吃够了苦头，马克思主义的纯洁性和威望也因此而遭到损害。在路线和政策上拨乱反正以后，为了吸取历史的经验教训，思想、理论上的正本清源便成了十分迫切的任务。任钟印先生始终牢记一个负责任的学者的职责，并利用自己深厚的学养，在有关问题上发表拨乱反正的意见。他指出，我们在实践上所犯的许多急躁冒进的错误，都是源于在理论认识上离开了马克思主义。他说："在生产力和生产关系之间的关系上，片面夸大生产关系的作用，试图通过不停地调整生产关系来促进生产力，实际远远脱离了生产力发展的水平。在经济基础和上层建筑的关系上，片面夸大上层建筑的能动作用，超越经济基础发展的水平，提出不适当的口号。在物质和精神的关系上，片面夸大人的主观意志的能动作用，形成不顾客观条件的唯意志论，盲动蛮干。例如，提出'人有多大胆，地有多大产'的主观唯心主义的口号。……这些理论、方针、政策上的失误，不能不对教育实践产生影响，……教育战线上一度邪说横行，真伪难辨，使广大教育工作者陷入茫然、困惑，甚至麻木的随波逐流。"①

新中国成立以后的很长一个时期中，在对知识的价值和知识分子的社会属性的认识上的非马克思主义观点使教育战线成为受害最烈的重灾区之一。任钟印先生的论文《马克思恩格斯论知识的价值和知识分子的属性》深入钻研了马克思恩格斯的原著，力图正本清源，恢复马克思主义的本来面目。针对"知识越多越反动"的谬论，任钟印先生指出："知识提高人的自觉性和征服自然的能力，促进生产力的发展，推动社会进步，提高人类的文明程度，使人离动物更远。重视知识，尊重知识，就是尊重人，尊重文明，尊重社会进步。"②

为了澄清把脑力劳动者列入资产阶级剥削者的偏见，任钟印先生在认真消化马克思、恩格斯原著的基础上明确指出："生产的物质产品不只是作为体力劳动者的生产工人的劳动成果，而且也是生产工人和以脑力劳动为主的生产者共同创造的成果。以脑力劳动参加生产过程的人不是单纯的社会物质财富的消费者、享用者，而且是社会物质财富的共同创造者。以脑力劳动为主的生产者和以体力劳动为主的生产者同是雇

① 任钟印：《论邓小平关于社会主义社会初级阶段的教育思想》，载宋恩荣、吕达主编：《当代中国教育史论》，人民教育出版社2004年版，第45页。

② 任钟印：《马克思恩格斯论知识的价值和知识分子的属性》，《郑州铁路教育学院学报》1999年第3期。

佣劳动者，同是生产工人，同样受资本家的剥削。”①

针对根据人的世界观划分阶级成分的偏见，任先生指出：“在资本主义社会中，脑力劳动者的世界观、人生观、思想意识和生活习惯不可避免地要受到生活于其中的社会的熏陶，这是不可否认的事实。但是一个人的社会属性、阶级属性决定于他在生产关系中的地位，而不是决定于他的世界观。世界观和人生观上的缺陷不能改变脑力劳动者是生产劳动者，是雇佣劳动者，而且在生产中创造更多价值、作出更多贡献这一客观事实。”②任钟印先生研究了马克思、恩格斯对教师的看法，并有针对性地指出：“如果在资本主义社会中的农村学校教师被称为‘无产者’，在社会主义制度下，把社会主义学校自己培养出来的教师称为资产阶级知识分子，这就离马克思、恩格斯太远了。”③

关于体力劳动和脑力劳动之间的差别和结合的问题，是文教战线上被搅得最混乱的问题之一。在很长一段时间中，人们不顾客观条件，人为地硬性消灭体力劳动和脑力劳动的差别。他们认为，把大学教授赶到乡下去挑大粪，在田间赶麻雀，同时让文盲、半文盲占领上层建筑，管理学校，或“上、管、改”，就是体力劳动和脑力劳动的结合。这种愚昧的蛮干，背离了马克思主义的基本原理，造成了难以弥补的后果。任钟印先生深入钻研了马、恩、列的著作，分析了体力劳动和脑力劳动分工的历史原因和必然性、必要性，二者之间分工的历史作用、消除体脑分离的历史条件，等等。他指出，在目前的生产力发展水平条件下，企图在全民中实现体脑结合，就是如同列宁所说的“叫 4 岁小孩学高等数学”，是一种“左倾”的幼稚病。

3. 关于人的全面发展问题：厘清了在此问题上流行的各类不确切或错误观念，包括不承认氏族公社成员是片面发展，只承认生产关系而忽视生产关系对人的发展的制约，以及对人的全面发展的片面理解等。

关于人的全面发展是马克思主义教育学说中的重要问题之一。但新中国成立后，直至 20 世纪 80 年代初，在一些教育学教科书和论文中，对此问题的阐释不够确切，甚至荒腔走板。任先生在《华中师范学院学报（哲学社会科学版）》1982 第 1 期发表《马克思主义关于人的全面发展的理论》，针对时弊，对此问题提出自己的见解。

任先生指出：马克思、恩格斯关于人的全面发展的理论，是就克服人的片面发展而言的，近年来国内对人的全面发展理论产生许多分歧，究其原因，往往是脱离了马克思、恩格斯关于人的片面发展的论述。其中一种代表性观点是：在理论上，仅仅承认私有制的生产关系对人的发展的制约性，不承认生产力的发展水平对人的发展更强有力的制约性，加之奉行教条主义，担心唯恐损害原始共产主义制度的形象，以致不

---

①②③ 任钟印：《马克思恩格斯论知识的价值和知识分子的属性》，《郑州铁路教育学院学报》1999 年第 3 期。

敢堂而皇之地承认没有阶级、剥削的原始氏族公社成员是片面发展的。

任先生还将人的片面发展分为三个阶段，并指出，只有将人的片面发展看作一个历史发展的过程，从人片面发展的各个方面去考察，才能把握问题实质。如果仅仅从生产关系去解释和探讨人的片面发展，必然走入死胡同，得出不正确的结论。只有到共产主义的高级阶段，才能真正克服人的片面发展，人的全面发展才有可能。

任先生还从正面阐述了马克思、恩格斯关于人的全面发展的理论，指出全面发展的人是体、智得到充分发展和运用的人，是全面发展了自己才能的人，具有以下基本特征：①不再有地域性、民族性、阶级性局限；②体力劳动与脑力劳动结合；③不再终身束缚于一种职业；④通晓生产的整个体系，可根据需要及爱好流动。任先生指出，过去有人将人的全面发展仅仅归结为体力劳动与脑力劳动的结合，这是一种简单化、庸俗化的做法。也有人从全面发展中排除体脑结合，抽象地谈论人的能力、才华的多方面发展，同样背离马克思、恩格斯的原意①。

任先生还详细引证马列原著，对实现人的全面发展的条件做了阐述，强调了消灭私有制以及生产力的高度发展为必要条件。

任先生的该文在20世纪80年代初发表，对于理顺马克思主义关于人的全面发展的理论，厘清理论界的一些错误观念发挥了很大作用。此后，在我国出版的教育学或教育史书籍（特别是教科书）中，再也见不到他批驳的错误观念了。这种进步虽然不能完全归之于任先生一人之功，但毋庸置疑，他是拨乱反正、作出重大贡献之人。

此外，任钟印教授对列宁所说的使学校成为无产阶级专政的工具的观点、对毛泽东在1934年提出的苏维埃文化教育总方针和新民主主义文教方针、对邓小平提出的教育要三个面向等问题，都有独特的理解和诠释，引人深思。

（二）对史前教育史的研究

任钟印先生对史前教育史的研究颇多创见，更新了人们对史前教育史的认识，澄清了许多长期存在的悖谬。

1. 批判了苏联教育史学家教育起源于劳动的论点，提出教育起源于人类童年（正在形成中的人）的新论。

苏联教育史学家米丁斯基关于教育起源于劳动的论点长期在我国流传。米丁斯基说：“只有从恩格斯的‘劳动创造了人类本身’这个著名的原则出发，才能了解教育的起源，教育也是在劳动过程中产生的。”② 任钟印先生著文，指出了米丁斯基的悖论。他指出，米丁斯基的论断和恩格斯的原则毫不相干，因为恩格斯所说的创造了

① 任钟印：《马克思主义关于人的全面发展的理论》，《华中师范学院学报（哲学社会科学版）》1982年第1期。

② ［苏联］米丁斯基著，叶文雄译：《世界教育史》，三联书店1950年版，第3页。

“人”的“劳动”，是指正在形成中的人利用天然工具进行的简单劳动，是不完全意义上的“劳动”；而米丁斯基所说的劳动，是指已经形成的人使用制造的工具所从事的人的劳动。这是两种不同性质的“劳动”，怎能从恩格斯的原则推论出米丁斯基的结论呢?①任钟印先生提出教育起源于“人类的童年”，起源于“正在形成中的人”，即起源于从猿到人转变过程中的“过渡性的生物”的观点。他指出：

正在形成中的人虽然还不能制造工具，但已经知道利用天然的工具木棒、石块从事简单的劳动，正是这种简单的劳动，成了从猿到人发展的推动力量，推动正在形成中的人的手、各种身体器官、脑、思维、语言和社会性的发展，为了个体生命的维持和群体生命的延续，必须将已积累的原始劳动经验、个体在群体中的相互关系、简单的行为规范传授给下一代，这就需要进行教育②。

教育的必要性还决定于人类的生物学上的特征，即“人类的出生婴儿是软弱而不能自助的，需要有一个较长的婴幼儿时期，由成年人加以照料、教育”③。但是要使教育得以实现，还必须有最起码的工具——交流思想、传递信息的手段，这就是语言，而分音节的语言产生于“人类的童年”④。所以，正在形成中的人，即从猿到人发展过程中的“过渡性的生物”，既已有了教育的需要，又具备了实施教育的最起码的条件，于是教育就产生了。

2. 另辟蹊径，提出研究无文字记载的原始社会的新方法。

历来的教育史著作在追溯教育思想发生的源头时，都是从有文字记载的教育思想出发。至于没有文字记载的初民社会，其教育思想被认为是不可知的领域。

任钟印教授突破了这种局限性。他提出了一种新的理论观点：“人类的行为都要通过自己的头脑、受思想支配。思想先于行为，行为和行为的后果是思想的载体。人们可以通过人的行为和行为的结果了解行为者的思想。这一理论观点为我们研究没有文字记载的教育思想提供了方法论的依据。”⑤

任先生指出：“人类社会存在了数百万年，而文字的历史不到一万年。……对于漫长的历史时期中没有文字记载的教育思想，我们可以通过当时的交易活动、教育习俗、传统、教育制度乃至各种神话传说去研究，以重现教育思想发展第一阶段的原貌，补写那一段无文字记载的教育思想史。”⑥

任钟印先生从初民社会的教育活动、习俗、传统、制度乃至神话，研究了原始社会的人性论、人生观教育、儿童观、人才观（包括知识教育、伦理教育、健康教育、艺术教育、生产教育）。这一前无古人的研究成果，恢复了历史的真貌，补充、丰富

---

① 任钟印：《略论教育的起源》，《江汉大学学报》1991 年第 3 期。

②③④⑤⑥ 吴式颖、任钟印主编：《外国教育思想通史》第 1 卷，湖南教育出版社 2000 年版，第 5、5—6、6—8、3、24 页。

了教育思想发展史，是一个可贵的贡献。

3. 赋予原始社会成年礼以教育含义，并进行全新诠释。

在原始社会中，各地区、各人种都普遍存在着“成年礼”（或称“成丁礼”）。历来的教育史著作都是将成年礼看作一种对将要成年的青少年的检验、“考试”，以考验他们是否已具备作为社会正式成员的资格。任钟印教授经过研究，特别是根据各地区、各人种的成年礼举行的年龄、成年礼持续进行的时间长短、成年礼期间的系统训练等特征，从中得出新的结论：“从成年礼的全部内容来看，它显然不仅是考试、检验，而是一种有目的、有计划的系统教育。成年礼从8—10岁开始，持续的时间长达数周、数月甚至5年以上，成年礼必须伴以系统的培养、训练、锻炼。这些都充分说明，成年礼是系统的教育，而不仅仅是考验。成年礼也可以看作文明社会中义务教育的前身、学校教育的胚胎、教育制度的雏形。它说明在文字产生以前，原始人的教育观已发展到相当高的水平。”① 这种观点不啻为一种去旧图新的观念。

（三）对古代东方教育的研究

1. 批判史学领域的西方中心论，论证古代东方是世界文化教育的发源地。

在史学领域，有些西方学者长期推销“西方中心论”。他们不知道或不承认，在人类文明的黎明时期，古代东方人所做的巨大贡献及其对西方世界的重大影响。这个问题也存在于教育史研究领域。任钟印教授花了很大力气正本清源，恢复历史的原貌。在他主编的《中外教育比较史纲》古代卷中，第一章就是《古代东方是世界文化教育的发源地》。他指出，世界上最早的文字、最早的学校、最早的书籍、最早的大教育家、最早的教育文献，都产生于古代东方。他根据西方古籍的记载，详述了“东学西渐”的实际情况，说明古代希腊的文字、科学、哲学、医学、神话都是从东方传入，古代希腊最早的学者大都游历过东方各国。据此任先生指出：“古代东方是世界文明的发源地，是世界文化教育的摇篮。当古代希腊人和整个西方世界还沉睡在原始蛮荒状态时，古代东方的文化教育早已高度发达，光芒四射，成为人类文明的灯塔。是古代东方人把人类领进文明世纪。如果没有东方人的智慧和贡献，人类不知道还要在黑暗中摸索多少个世纪才能找到光明。”②

任钟印先生还指出，最早的人类导师不是苏格拉底、柏拉图和亚里士多德，而是古代东方的乔达摩·悉达多（释迦牟尼）和孔子。

2. 对古代东方的文化教育成果进行了开拓性的探讨及总结，令人耳目一新。

为了深入探讨古代东方在世界教育史上的卓越贡献，在与吴式颖共同任总主编的10卷本《外国教育思想通史》中，任钟印先生同时担任第1卷（即《古代东方的教

---

① 吴式颖、任钟印主编：《外国教育思想通史》第1卷，湖南教育出版社2000年版，第31页。

② 张瑞璠、王承绪主编：《中外教育比较史纲》古代卷，山东教育出版社1997年版，第4页。

育思想》卷）的主编。该卷详细探讨了古代两河流域、古代埃及、古代希伯来和古代印度、古代波斯的教育思想①。这项研究成果来之不易。因为时代久远，资料匮乏，加之语言障碍之故，历来是我国外国教育史研究的薄弱环节。任先生身体力行，除亲自撰写原始社会及古代波斯的教育外，同时到北大等高校求助，联合国内有关领域专家，共同努力，齐襄盛举，克服诸多困难，终于完成了有关研究。这项研究具有十分重要的意义，它开拓了教育思想史研究的新领域，丰富了教育思想史的内容，不仅在我国外国教育史研究中历来薄弱的一个环节有重大突破，同时有力地批驳了“西方中心论”。任钟印先生在教育史领域破除“西方中心论”及迎难而上的努力，得到了国内学者的肯定性评价②。

（四）对中西教育史的比较研究

1. 明确提出文明古国中，其他国家都有断层，唯有华夏文明源远流长的论断。

中西文化和中西教育的比较研究由来已久，不乏深刻的见解和珍贵的成果。但是中西教育史的比较研究则是晚近的事。任钟印先生在中外教育史比较研究中颇多创见。早在1990年，任先生在为喻本伐、熊贤君合著的《中国教育发展史》所写的那篇脍炙人口的序言中，即对中外教育史做了比较。他指出，四大文明古国埃及、巴比伦、中国和印度都是古代文化教育发达最早的国家，对人类早期文明作出了不朽贡献。但由于各种历史原因，除中国外，其余三个文明古国的文化教育都发生了历史中断。他们的文化教育都古老而不常青，源远而不流长。唯有中国的文化教育发源极早，而且一直绵延不断，历久弥新，一直延续至今，更加繁荣兴旺。这是世界文明古国中独有的现象，是华夏民族的文化教育具有强大的生命力、适应力并与时俱进的有力证明。这是中国教育史的特点，也是中国教育史的优点③。任钟印先生的这一论断发前人所未发，具有重要的理论意义和现实意义。

2. 揭示了中西文化教育体系的三大主要差异：入世与出世，学与教，独立思考与盲目服从。

西方的文化教育起步较晚，而且是在东方文化教育的早期影响下发展起来的，后来发展成为一种独特的西方文化教育体系。任钟印先生在东西两种文化教育体系的比较中，揭示了其间几个主要差异。一是中国传统文化教育是入世的，着眼于现实的人生，现实主义居于统治地位；西方的文化教育在1500年中是出世的，着眼于来生，神学居于统治地位。二是中国的教育传统重在学生的“学”，把个人的主观努力提到

① 因是外国教育思想通史，所以不包括中国。

② 参见王炳照：《楷模永驻我心中——纪念滕大春先生逝世三周年》，载贺国庆、朱文富主编：《滕大春先生纪念文集》，河北大学出版社2005年版，第7页。

③ 喻本伐、熊贤君著：《中国教育发展史》，华中师范大学出版社2011年版，序，第2页。

极高的地位；西方的教育重在教师的“教”，学生是被动地接受铸造。三是在漫长的中世纪，中国教育家提倡独立思考，不信权威，敢于另立新论；西方教育在漫长的中世纪盛行崇拜权威，盲目服从，背诵教条。12世纪时，朱熹的教学法思想是世界上最先进、最高水平的教学理论。

任先生在肯定中国传统文化教育优点的同时也坦承，可惜的是，到了近代，中国落伍了，中国古代教育所特有的长处却被西方人继承发展，成了他们的优胜之点。这是历史的尴尬，发人深省。

3. 揭示了中西文化教育体系差异的历史渊源及各自优点，提倡在求异的同时努力求同，以达成“和而不同”的和谐世界。

在《中外教育比较史纲》的古代卷中，任钟印先生对孔子和苏格拉底的教育思想、荀子和柏拉图的教育思想做了系统、深入的比较分析。在论述中、西入世和出世教育思想在古代的渊源时，他指出：“中西两大教育体系中入世与出世这两种截然不同的特点，都可以从古代找到涓涓细流的源泉。这两种不同的涓涓细流在适宜的历史环境中曲折流淌，终于形成滔滔江河。”①

世界文化斑驳陆离，五彩缤纷。正是这种多样性才铸成了世界文化的丰富性和引人入胜。在中外教育史的比较研究中应寻找各种教育体系之间的差异，各种教育所独有的特色和优胜之处，以便取长补短、相得益彰、共同提高。但是，任钟印先生认为，在求异的同时，也要努力求同，即发掘、寻找各种教育体系之间的相近、相同、相通之处，因为“人类的社会生活又是异中有同，有其共同的规律。人类的思想发展必有其共同的规律，不同文化背景下的人仍然可以也必然在许多问题上达到相同或相近的结论，甚至有许多惊人的相似”②。“同”是客观存在，“同”是超越时空的普遍真理，具有更高的价值。求同，才能找到各个民族、各种信仰、各种文化之间的相通点及联结点，增加彼此之间的了解、认同和亲和力，增加感情上的交融，以便经过若干世纪的努力，达成一个“和而不同”的和谐世界。

本着这一贯彻国际大视野的理念，任钟印先生在翻译西方古典教育名著时，经常引用中国古代教育资料作为对比。他发现，古代东西方人在许多问题上有相同或近似的观点，甚至举的例子也有雷同。更加令人吃惊的是，“北美印第安人的伦理观，澳洲和太平洋各岛屿的原始居民的伦理观，和中国古代儒家的伦理观息息相通”③。对于这种历史现象，任先生引证美国民族学家摩尔根的观点来解释。摩尔根说过两段经典的话。一段是：“由于人类起源只有一个，所以经历基本相同，他们在各个大陆上

---

①② 张瑞璠、王承绪主编：《中外教育比较史纲》古代卷，山东教育出版社1997年版，第53、38页。

③ 吴式颖、任钟印主编：《外国教育思想通史》第1卷，湖南教育出版社2000年版，第21页。

的发展，情况虽有所不同，但途径是一样的，凡是达到同等进步状态的部落和民族，其发展极为相似。”① 另一段是：“人类的心灵，特别是人类所有的个人、所有的部落和民族所共同具有的心灵，其力量的范围是有限度的，因此，这种心灵的活动所遵循的途径是（而且必须是）彼此一致的。在空间远离的地区，在时间远隔的不同时代，这种心灵活动的结果把人类共同的经验连成了一条在逻辑上前后相连的索链。在这种人类经验的伟大会合中，仍然可以辨认出少许原始的思想根芽。这些根芽根据人类的原始需要而发展，经历自然发展的过程以后，终于产生了如此丰硕的成果。”②后一段话被任先生全文引用③。

在教育史比较研究中，如果一味求“异”，各个民族、各种文化、信仰之间的距离就会渐行渐远，会推动世界的分裂。努力求“同”，就会拉近各民族、各种文化、信仰之间的距离，消除隔膜，使人类成为真正的和睦相处的大家庭。“求同存异”，这是事物的本性。

在国际纷争、民族纷争、文化纷争日益加剧的今天，我们重温任先生一以贯之的这些观点，会深切感到其深邃远大的国际视野和弘扬人文主义的强烈的历史使命感。

（五）其他

任钟印教授对中西最早的教育文献进行了比较分析④，在夸美纽斯研究、杜威研究、苏联教育史研究等领域，任先生也都有重要建树⑤。任先生能用生动、凝练而犀利的语言，对有关人物的历史地位做精辟界定，不时会提出一些若非经过专门研究及认真思考断不可能得出的新观点。例如，在《杜威简论》这篇论文中，他对过去人们耳熟能详的杜威教育思想的代表性观点“教育即生活”、“教育即生长”、“教育即经验改造”做了全新诠释及分析。过去杜威研究者往往将这三句话分别诠释，但任先生却将这三句话作为整体看待，分出层次，并做如下排序：“教育即生长”、“教育即经验改造”、“教育即生活”。任先生将“教育即生长”（生长论）及“教育即经验的改造”（经验论）分别作为杜威教育思想的心理学及哲学（认识论）基础，并将“教育即生活”（以及“学校即社会”）作为论证的核心。这一诠释充满新意，符合逻辑，对于人们更好地理解杜威的教育思想无疑是有利的。

上面仅举一例。作为一位智者，凡是任先生涉及的领域，都会踏雪留痕，乃至风生水起。即使是客串，也会留下不同凡响的袅袅余音。

---

①② ［美］摩尔根著，杨东莼等译：《古代社会》上册，商务印书馆 1997 年版，第 3、254 页。

③ 吴式颖、任钟印主编：《外国教育思想通史》第 1 卷，湖南教育出版社 2000 年版，第 21—22 页。

④ 参见任钟印：《中西最早教育文献的比较分析》，《教育史研究》2004 年第 3 期。

⑤ 参见：任钟印：《夸美纽斯教育论著选》简介，人民教育出版社 2005 年版；任钟印：《杜威简论》，《华中师范大学学报（哲学社会科学版）》1986 年第 6 期。

三、对外国教育史学科建设的贡献

教育史研究的基础在史料。丰富和翔实的史料是研究结论的可信性的保证。所以，教育史学科建设的基础工程是史料建设。在这方面，中国教育史具有得天独厚的有利条件，但外国教育史则基础薄弱，相形见绌。

任钟印先生毕生致力于改善这种状况，他一直将外国教育史料建设置于重要的地位，并在许多场合大声呼吁学界同人重视这一工作，共同努力，以期改进，改变巧妇难为无米之炊的窘境。

任钟印先生不仅呼吁，而且身体力行，做了大量翻译工作，仅已公开出版的就有《昆体良教育论著选》、《大教学论·教学法解析》、《学校与社会·明日之学校》、《外国教育史料》、《西方的100位教育家》、《文艺复兴时期的教育》等。他还主编了《夸美纽斯教育论著选》、《西方近代教育论著选》。这些都是引用率很高的文献性工具书。

尤值一提的是任钟印先生主编的《世界教育名著通览》。这是一部外国古今教育名著的大全。该书近400万字，汇集了从公元前5世纪至20世纪末，2 500年间89位名家的120种教育论著的精粹，其中有30余种是从英、法、德、俄四种文字新译或增译的，有的是直接从大英博物馆发掘出来的。上述名家出自英、法、德、美、俄（苏联）、意、日和捷克、瑞士、瑞典、西班牙11国。他们有的是教育理论家或教育实践家，有的是哲学家、史学家、思想家、政治家、社会学家、经济学家、心理学家、医学家、数学家、自然科学家、文学家、诗人或神学家。其中一些人是一身而兼具多种学术专长。他们从不同的历史背景、不同的立足点、不同的视角，把探索的目光集中到一个焦点——教育，这就为对教育进行全方位的透视提供了可能。读者一书在手，上下几千年、纵横数万里，历史上各种教育见解尽在于斯。该书既体现了国外教育理论的演变、嬗递的历史轨迹，又是教育理论上百家争鸣的大论坛，为教育史和教育理论研究提供了便利条件。

该书虽然是集体智慧的结晶，但任钟印先生作为主编及主要撰稿人之一，为完成此书堪称呕心沥血，居功甚伟。仅任钟印先生自己翻译的就有艾索克拉低、昆体良、普鲁塔克、哲罗姆、弥尔顿、威廉·配第、贺拉斯·曼、艾略特、杜布洛柳波夫、帕克赫斯特10人的教育论著。由他选编的有夸美纽斯、马克思、恩格斯、列宁的教育论著。

任钟印先生还是《教育大辞典》第11卷（外国教育史卷）的副主编之一。他为该书中有关英、美两国的词条编写也费尽了心血。

“老骥伏枥，志在千里；烈士暮年，壮心不已。”2006年，任钟印先生已入耄耋之年，仍退而不休，应北京大学出版社之约，和诸惠芳合译2卷本、70余万字的《100位大思想家论教育》。2010年，他又翻译出版了《文艺复兴时期的教育》。2012年，他又独自全部重新译毕70余万言的《外国教育史料》，并有望以《西方教育经典文献》之名在不久出版①。这些译作为教育史和教育理论研究提供了许多新的、翔实的史料和信息。

任钟印先生在上述基础工程中的建树，得到了教育理论界的好评，对未来教育史学科的发展将产生长远的有益影响。

四、教学科研结合，大师风采与人格魅力彰显于课堂

任钟印先生不仅是杰出的学者，同时也是优秀的教师，他的课堂教学历来深受听讲者欢迎。无论是青年学生，还是有丰富实践经验的工作人员，凡有幸聆听任先生授课者，无不对其授课赞美有加。有的进修教师说，听任先生讲课，是一种艺术享受。任先生的课堂教学以其丰富的内容、新颖的见解、严密的逻辑、简洁生动的语言、真挚的情感引人入胜。

任钟印先生执教数十载，从不照念老讲稿，而是常教常新。他的一个信条是，要把教学与科研的结合体现在课堂上。课堂是教师口头发表其读书心得和研究成果的场所，教学也是学术交流工作。他认为，教学不只是传授知识，更要更新知识，启发思维，以教师的示范激发学生的独立思考能力。任先生历来主张学生不应盲从教师。在学术上，他鼓励学生对老师的见解提出不同意见。只要言之成理、持之有故，就要不迷信权威，要敢于争鸣，以活跃学术空气，发展创造性思维。

任钟印先生善于总结教学经验，不断完善自己，提高教学质量。他在年轻时，总要把备课、讲课中遇到而尚未解决或者有待进一步思考的问题、学生提出的问题、作业和试卷中暴露出来的问题，都一一记录下来，以便作为进一步学习、思考、研究的重点。学生提出不明白的问题，或在作业、试卷中暴露出来的问题，说明教师在讲课时没有交代清楚，下一次讲课就要特别注意。这样教师的讲课就更加自觉、更加有针对性，把可能出现的问题预先消除，预先防止。每教一遍，就有一遍改进、提高，步上一个新台阶。任钟印先生也把这一经验传授给青年教师。

任钟印先生的循循善诱及教学智慧给笔者留下了深刻印象。这里不妨说一件本人

---

① 该书原选编者系美国著名教育史学家克伯雷，原名《教育史读本》，极具史料价值。因大多为古代文献，翻译难度大。1990年由任钟印先生组织国内学界同人翻译后，以《外国教育史料》之名，由华中师范大学出版社出版。但由于译者及译文良莠不齐，任先生并不满意，于是决定自己重新翻译，2012年译毕后改名为《西方教育经典文献》。据悉，人民教育出版社将其纳入《汉译世界教育经典丛书》，即将出版。

亲身经历的事。那是1978年的金秋，丹桂飘香的日子，本人作为华中师院教育系“文革”后第一批通过高考招收的大学生，迎来了任先生主讲的外国教育史首堂课。当时，笔者所在班上的学生老少混杂，年轻的不到20岁，年长的则已过而立之年。任先生在讲课中，激情四射，当涉及某个话题时，借题发挥，大谈“三十年前好用功”的道理，班上年轻的同学听了血脉贲张，备受鼓舞。但年龄大的同学听了则垂头丧气，感叹韶华已逝，难有作为。课间休息时，有的同学向任先生反映了自己的苦恼。就在下节课开始后，只见任先生以如椽之笔的气势在黑板上大书了“大器晚成”四个字，并详细解释了其中的道理。他还大声说：“这四个字是送给年龄大的同学的。”愁眉苦脸的同学顿时释然，大家都露出了会心的微笑。

在华中师大教育学院，学生们最感兴趣的一件事是参加有任先生参加的研究生论文答辩会。任先生总是一袭粗布大褂，剪着板寸头，面孔黧黑，犹如老农，乍一看，似全无名教授风采；但他一旦发言，其动人的智慧及魅力则立即显露。他一般用纯正的武汉腔发言，字正腔圆，说话诙谐，妙语连珠，绝无官话套话，无论是褒扬还是批评，都直达问题核心，令听者心悦诚服。类似的对任先生的评价我在外校也时常听到。

任先生早年的学生，现语文教学专家杨再隋教授在庆祝任先生八十华诞的纪念文章《我心目中的任钟印教授》中回顾当年聆听任先生的授课情景时这样写道：

任老师才华横溢，学贯东西。他不仅对马克思主义经典著作有深入的研究，对西方各种有影响的哲学流派了如指掌，而且对中华传统文化，尤其是对先哲的哲学思想也颇有研究。因此，他主讲的《世界教育史》是把‘教育’置于特定的历史文化背景之上，从一个独特的视角进行剖析。同学们反映，任老师的课具有开阔的文化视野和深厚的文化底蕴。他用哲学家的深邃目光和教育家的人文关怀审视和解读世界教育史，给我们勾勒了一幅世界哲学史和世界文化思想史的蓝图。半个世纪过去了，任老师讲述的夸美纽斯、卢梭、洛克、裴斯泰洛齐、赫尔巴特、杜威，以及乌申斯基、马卡连柯……依然浮现在我们的脑海里。人物是鲜活的，立体的，贴近现实的。似感遥远，犹可亲近；虽觉高深，但不神秘。同学们渐渐走进了教育史，了解了教育家们博大精深的教育思想。任老师的博学睿智为大家所公认。上课时，他很少看讲稿，娓娓道来，旁征博引，历史细节，信手拈来；人物掌故，如数家珍，并从中提炼出许多思想观点。有时兴之所至，发表独特见解，‘粪土当年万户侯’；有时，又幽默风趣，调侃经院主义哲学‘一个针尖上有几个天使’跳舞；有时，慷慨陈词，鞭笞中世纪教会学校的体罚，严厉驳斥‘鞭挞肉体正是为了拯救灵魂’的谬论……任老师的语言十分精练，条分缕析，逻辑严密，从中使我们感到理论的活力和人格的魅力。同学们不仅学习了知识，还学习了许多有用的思想方法，学习了任老师严谨的治学态度和具有创新精神的治学风格。

这段话也反映了所有有幸聆听其教诲的历届学生的心声。

五、结语

任钟印先生的风格及特点是：求真务实，博学深思；独立思考，不落窠臼；殚精竭虑，推陈出新；淡泊名利，与世无争；清廉自守，生活简朴；学而不厌，诲人不倦；奖掖后进，甘做人梯；诙谐幽默，深藏不露；老骥伏枥，笔耕不辍，钻研学术，老而弥坚；钟情于此，不知老之将至。其为学为师之道，均堪称学界楷模，大师风范，令人高山仰止，景行行止。

在任钟印先生于2012年12月30日去世后，曾在华中师大攻读博士学位，多次就教于任先生门下，自称“徒孙”的曲阜师大广少奎教授撰写祭文，表达对任先生的无限怀念。该祭文情真意切，读来令人动容。现抄录部分祭文如下，作为本文的结束语：

维公元二〇一三年，岁次辰龙，元月某日，孙少奎致祭于任老先生之灵前曰：冰雪严冬，云翳低垂；忽闻师祖，驾鹤西归！徒恨天之不吊，哲人其萎；唯愧孙之不孝，未曾执帷！感天之生人，厥赋维同；民之秉彝，独厚我公。仰先生学养深厚兮，巨著煌煌；年高德劭兮，行止泱泱。雍容足式，足馈世之德望；杖履逍遥，曾乐岁之舒张。嗟夫！念昔年之提携后进，如在眼前；恨今日之杳隔黄泉，风木凄然。读高论而解颐兮，感功业之悠长；瞻灵帷而心痛兮，思道范之难忘。回顾彷徨，衰草芊芊；音容何适，欲见无缘！师祖辞尘，百喊不闻；泪湿衣巾，怎把言陈！爰具悼文，奠祭东方；仰祈灵觋，能察衷肠。呜呼，哀哉！

（笔者附识：撰写本文之际，正值任钟印先生逝世2周年。智者驾鹤西归，而昔日音容教诲宛若在眼前。抚今忆昔，令人不胜唏嘘。谨以本文作为对恩师的深切怀念。）

（责任编辑　刘　捷）

檀传宝 1962年生，安徽怀宁人。北京师范大学教育学部教授、博士生导师、公民与道德教育研究中心主任，新疆维吾尔自治区“天山学者”特聘教授（兼聘），中国教育学会教育学分会常务理事暨德育学术委员会理事长。著有《德育美学观》、《信仰教育与道德教育》、《小学教育学》、《学校道德教育原理》、《教师伦理学专题》、《美善相谐的教育》、《让德育成为美丽的风景——欣赏型德育模式的理念与操作》、《走向新师德》、《公民教育引论》、《学校德育诊断案例研究》、《教师德育专业化读本》、《浪漫：自由与责任——檀传宝德育十讲》、《当代东西方德育发展要览》、《中外德育思想流派》、《德育原理》，以及文学作品集《作为一棵风中的树——檀传宝诗文自选集》等。

《美学是未来的教育学——兼论现代教育的审美救赎》导读

美学是未来的教育学*

——兼论现代教育的审美救赎

檀传宝

【摘要】德育美学观、欣赏型德育模式的根本追求是德育观念的变革、境界的提升。美学能够给教育带来的最重要的灵魂性启示不仅仅是某些审美技巧的应用，而是教育活动应有的主体自由精神的修复。教育理论与实践都应当自觉建立审美标准，审美救赎更是我们走出应试教育等现代教育异化困境最重要的选择之一。

【关键词】德育美学观；欣赏型德育；教育异化；审美自由

我非常高兴和大家分享与“德育美学观”、“欣赏型德育模式”有关的心得。我想把今天的演讲主要分成两部分：第一个部分，回顾一下我所一直倡导的“德育美学观”、“欣赏性德育”，算是温故而知新。第二个部分，分享“美学是未来的教育学——现代教育的审美救赎”。大标题“美学是未来的教育学”是加了引号的，有两个原因：这句话是一个隐喻。你若以为未来只需要美学而不要教育学，那当然不行；另外，这句话算是用典，它实际上修改自高尔基在小说《母亲》里的一句格言“美学是未来的伦理学”。① 我坚信：人类生活实践最终、最高的境界，都与美、审美有内在关联。故就最高境界来讲，美学可以是任何领域未来的“××学”！所以，这里我就用了“美学是未来的教育学”这样加引号的一个命题。其实我认为，美学是未来的教育学，也应当是当下的教育学。总之，今天我想集中讨论，美对教育，到底、真正意味着什么。

---

* 本文原系作者于2013年3月2日在北京师范大学第二附属中学演讲记录。后经李思齐整理、演讲者（作者）本人审阅修订。本文修订工作等得到北京师范大学教育学部2014年度科研业务费专项资金资助。

① 中国美学家也有类似倡导，如陈望衡文《美学是未来的伦理学》，《江海学刊》1997年第4期。

一、德育美学观与欣赏型德育的基本构想

我20多年来一直宣传“德育美学观”和“欣赏型德育模式”。德育美学观、欣赏型德育模式的建构仍然是一个未竟的事业——如何在教育、德育过程中真正借鉴审美精神，对德育中的师生关系、教学、活动做审美化改造，如何处理艺术手段的应用问题等等，仍然需要大家不断探索。我相信，越往后大家就越可以明确地体会到：德育美学观、欣赏性德育模式所追求的方向是合乎时代潮流的。所以，有一批沿这个线索去推进德育乃至教育境界提升的学校非常重要。我确信：整个中国，这个时代，都需要有一批教育工作者率先开展“美学是未来的教育学，也是当下的教育学”这样一个思路的探索。

我之所以研究德育美学观、后来提出欣赏性德育模式，最根本原因是我对中国德育的弊病的一个判断。我认为：世俗意义上的（粗俗的）功利主义是中国德育以至整个教育的最突出的毛病之一。（严格意义上讲到现在我也不知道用什么词去表达这一乱象。我在学校讲课的时候，曾经有学生问我，这里的功利主义和穆尔、边沁等伦理学家的功利主义是不是一回事？我认为有联系，但好像不完全一样。我后来想过用实利主义、实用主义，但都不是非常合适，所以姑且还用“功利主义”一词。）我认为德育问题的罪魁祸首就是这个功利主义。

我所谓的功利主义，其实就是中国社会当下普遍存在的最庸俗的实利主义，一种赤裸裸的、物质的、充满欲望的功利主义，一种只求“来现的”功利主义。我认为影响德育实效的重要原因之一就在此处。比如，德育这么重要的一个事业，在一定意义上说，始终仅仅被当作工具来看——在一些人眼里，它只是达成某种社会政治目的的工具。而只要只是做工具的，那肯定是可要可不要、要怎么摆弄就怎么摆弄的。这样就肯定没有什么独立性、规律性，没有绝对价值可言。如果没有一个最根本的原则被尊重、什么东西都可以权宜的话，那个事情肯定做不好。中国的德育、教育，都有这个问题。

另外一种功利主义的表现就是在日常生活中，我们以“解放自我”为名义，慢慢地把自己导向和动物越来越近的方向，就是赤裸裸的生物欲望所代表的那个方向。这种方向也是对德育的一种侵害。当这些东西被看作最重要时，所有的高级需要及其追求就都会被边缘化，也就不可能有真正的德育效果了。人类道德，比如说父慈子孝、兄友弟恭、尊师爱生，都是让我们更为高贵而非更为猥琐，让我们脱离动物界，而不是任由丛林法则起作用。

为什么要想到用美学来解决功利主义问题、建构德育美学观呢？一个很重要的原因在于审美本身具有的超越性特质。或者说，审美本身具有非功利性。比如，当你欣

赏一个人体模特时，欣赏的视角一定是指向人体的形式方面，女性皮肤的光洁、形体的匀称，或者男性的肌肉所表达的力量感，等等，这些都是事物的形式的方面。如果你走向了实用或性欲望满足的方面，你也可以兴奋起来，但那已经不是审美。再如，当我们说一个水杯“漂亮”的时候，我们指的是这个水杯的颜色、质地、造型等，而不是指这个水杯能装多少水、能如何解渴。所以，审美本身具有非功利性、超功利性。而我最早关注美育和德育、美学和教育学的交叉，是因为我觉得“功利主义的救赎必须从非功利、超功利”的逻辑开始。

按照这个思路，我建构了“德育美学观”的三个基本理论：“审美育德论（即证明美育可以增进品德发展）”、“立美德育论（讨论德育如何审美化）”、“至境德育论（讨论德育应当追求的境界）”。我的“德育美学观”核心内容其实就是这“三论”。（参见《德育美学观》，山西教育出版社 1996 年版；教育科学出版社 2006 年版。）这三个部分，都有对教育、德育的审美精神的追求。

“审美育德论”认为，只要符合审美属性的东西，就对人格的修复、人性的养成有积极的增进作用；但是，美学并不能完全取代德育。这就像间接的德育课程很重要，比如数学，但再怎么言传身教，数学老师终究不能完全取代思想品德老师。因为数学课老师既没有时间、也没有专业能力去系统讲授国家宪法之类的课题。同理，美育特别重要，只要在做美育，在某种意义上讲就是在做德育；同时，美育不等于德育，不能也不应该取代德育，美育更不能异化为德育。实际上，德育、美育都不能相互取代。

“立美德育论”主要讨论三个问题。即如何应用美学原理看：学生和教师、德育之“德”、德育之“育”（及其变革）。如果我们能够把对学生的视角调成审美的视角，如果我们以审美的视角看待德育的内容与形式，就会有两个方面的作用。第一个维度，就是她会极大地强化我们教育生命的意义，使每一个从事德育和教育的人，有生命的充实感和幸福感。因为你会觉得这些东西是非常生动、美好，能够肯定我们主体价值的东西。首先，教师最大的幸福，莫过于关照到自己学生的成长，而且这种成长是与自己有联系的成长。不管那个教师有没有用“幸福”这个词，只要他班上的学生有所成就，那么学生成就本身于他就是幸福的。还有呢，当一个教师为自己的教育形式、教育风格自豪的时候，他能让自己的学生在自己的课堂上不亦乐乎的时候，他一定是幸福的。他能够有高度的自信，展示自己的优雅的时候，他一定是幸福的。而幸福感和美感有时候是一个事物的两个侧面而已。你会发现，“立美育德”不光是对学生发展而言，对我们自己的教育人生来说也是非常有意义的。还有一方面，如果你参透其中的美学奥秘，迁移到我们的日常工作上，成为自己的教育观、方法论，我们就能发现：原来我们可以这样改造我们的教育，我们可以以审美或欣赏的眼光去看待学生，我们可以用审美的原则去改造自己的形象、教育活动的内容与形式，使之发挥最大的教育功能、德育功能！我们可以用审美的原则去改造我们的教学内容和形式，使之成为有境界的、有教育乐趣的、能够让学生“乐在其中”的乐学的对象。你会发现，虽然“立美德育论”从某种意义上讲还是教育学的理论，还是集中讲对德育实效的提升，不过这一实效远高于科学意义上的绩效，它远超过那个东西。所以，立美德育论对于德育来讲，首先是非常重要的一个教育观、方法论。它跟美育育德的不同之处在于，美育育德是在德育过程之外，而如果要由外到内，则首先是德育过程的审美化改造——首先是学生、教师，还有师生德育互动的内容、形式的改造，等等。

“至境德育论”是境界追求的问题。道德教育，我们在教育上所用的方法是存在不同境界的。第一种境界，我们可能会“贿赂”某些年龄段的学生去追寻道德。品德心理学中也阐述了在某些年龄段，有一个道德判断的惩罚定向、互利互惠阶段，就是说在一定阶段为了让孩子知道对错，你通过贴一朵小红花，或者说是更物质的，给点压岁钱、买个小玩具之类的刺激，确实也能起到一定的德育作用。但是要知道，那种境界肯定不是德育的最高境界。因为那种境界在品德发展里面，属于“前”道德阶段，个体根本还没有领悟到道德规范本身的意义，即教育是用道德以外的东西去诱导人的，所以我称之为“贿赂”。第二种境界，是我们用片面的社会规范去“规范”学生。这已经涉及到道德本身了，因为是用道德规范本身去约束我们的学生。但是这种道德教育所宣扬的所谓的社会规范，往往只是赤裸裸的强制以及一味单方面强调家庭、社会、国家的重要性。我们当然不能说家庭、社会、国家的利益不重要，但如果这些利害与个体、肉身没有关系，它就会违反了基本人性，也会显得非常没趣、失去生动。所以，最好的德育境界肯定不是这种境界。我坚定地认为：只有当一种教育，能够让我们的学生充分欣赏到道德人格之美、道德智慧之美、道德生活之美，对道德生活的高贵与自由心向往之，没有任何牵强、非常乐意去接受社会规范对他的约束（或指导、帮助），非常高兴、自豪、精神上非常愉悦地接受道德教育内容的时候，那种德育才是最好的德育。这就是我所主张的“欣赏型德育”。

大美学家、美育家席勒的《美育书简》应当是每一位教育工作者的必读书。席勒曾经用三种“国度”——“力量的国度”、“伦理的国度”、“审美的国度”来描述三种教育或人生境界。“力量的国度”只有自然法则、丛林法则。没有道德的动物式生存，那肯定不好。“伦理的国度”，有道德规范，但是太过强制，显然也不是理想的人生。所以，他认为人性如果要真实、完整，人生就应当像儿童沉浸在游戏中一样，陶醉在自己的工作中、学习中。那个时候的人性才是最充盈、最完整的。这就是所谓的“审美的国度”。审美的国度在他那里也被称为自由的国度。德育美学观、欣赏型德育模式所追求的最高境界，正是这个审美或自由的教育境界。

二、欣赏型模式让德育成为最美丽的风景

欣赏型德育模式最主要的理论基础，是上述德育美学观中的“审美育德论”、“立美德育论”、“至境德育论”。我在讲“欣赏型德育模式”的时候，一直有一个感性的口号，就是要“让学校德育成为一道最美丽的风景”，这就类似于开头所讲的“美学是未来的教育学”了。

欣赏型德育模式反对实用主义逻辑。我觉得除了功利主义以外，全世界的德育，包括中国的德育，一直在两个极端之间徘徊：要不就是“绝对主义”，要不就是“相对主义”。

什么叫“绝对主义”呢？就是“我是真理，你听我的”。当然，这个“我”可以是国家，可以是学校，可以是某一个班主任、任何一个教师。当教育的一方认为自己握有绝对真理，别人只有听他的时候，那就是所谓的绝对主义。这种在教育形式上最典型的表现就是所谓的强制灌输模式。强制灌输式的德育在我们国家，一直延续到现在，甚至还为很多家长、社会人士、非专业的教育工作者所欣赏。他们认为这样的教育在“效率”上还是挺“管用”的。但事实上，这种德育，这种近乎“力量的国度”的东西，其实就是饮鸩止渴，即使在某一个阶段暂时有效，总体上讲，它也是无效的。比如，一个小孩儿不礼貌，一只手捧茶给爷爷。作为家长，你可以一巴掌打下去，马上就可以改变他的动作，教会这个儿童用双手捧茶给爷爷的礼数。但是，当这个小孩儿抹着眼泪双手把这个水杯再次递给爷爷的时候，就其对爷爷的“孝敬”来讲，肯定是更少而非更多的。双手捧茶水给长者这一礼数所要表达的实质，其实是价值而非规范。而如果情绪上抵制，那么要让他接受这个价值就不可能了。当然，有时候外行的人觉得这还是挺“有效”——你打了他，他马上就照章办理了，怎么没效？这当然有效，只不过这种“效”在某种意义上来讲是“饮鸩止渴”的功效而已。在某些特殊发展阶段或教育情境，偶尔用这种方法未尝不可，但是这终究不是最好的教育形式，没有真正意义上的教育效果。在一个价值多元的社会，在一个互联网时代，这种德育将越来越行不通。因为太多的不同意见在那里，想强制人接受一个也许本来就不怎么样、遭人情绪上反感的价值观，这怎么可能？所以强制灌输是没有未来的。中国在德育上吃苦头最多的，是许多人都坚定认为强制灌输是对的。当然，我批评强制灌输的时候，并不是说中国的德育实践都是强制灌输的。尊重教育规律、反对强制灌输的学校德育是生动、主动的。

“相对主义”的德育，主要存在于欧美一些国家、地区、学校。这一局面形成基本上也有两个原因：一个是在教育内部对儿童的尊重，另一个是教育之外的对思想自由的追求，出发点都是把更多的价值选择权还给儿童。这本来也是对的，因为任何价

值观念的学习，如果离开学习主体的自由选择就是强制灌输。可是有一个问题，如果我们把所有的自由，无条件、一股脑地给孩子们的时候，这种“教育”还能称之为德育吗？如果孩子做什么都行的话，德育当然就没有了！很多西方的德育理论与实践（不是所有的）很容易让人误入歧途。西方社会价值观念的混乱与其过于放任的教育思维密切相关。其实，中国社会也有类似问题。很多在网络、媒体那里自由传播的好像“最先进”的、“最解放”的思想，往往是最粗俗也是最落后的。比如马诺姑娘讲的那句话“宁愿在宝马车里哭，也不愿在自行车后面笑”，就曾经让国人愕然。这种时候你就会发现，为什么她敢那样讲？因为她认为在价值观上自己比他人都“先进”：你们太老旧了、太老套了、太落后了，我才是“最先进”的！不然的话，你想在众目睽睽的电视节目里，她怎么能够那么自豪地鼓吹买椟还珠这种极其弱智、错误的价值选择呢？总而言之，中国当下的社会和教育环境里，相对主义也越来越多了。但是，相对主义的结果往往是没有底线的，什么都行——尽管事实上，任何社会都不允许什么都行，即便是自然法则也不允许什么都行。人类社会最低的要求也是要过一个区别于动物的生活，最高的要求是越来越高贵的生活。为此我们肯定要对自己的社会生活有所要求。所以，这个相对主义的教育形式（自由放任），跟绝对主义的教育形式（强制灌输）都会导致德育效果的降低。

那么，怎么才能使德育取得它应有的效果呢？我觉得德育既不能绝对主义，也不能相对主义，我们应该找一个中间道路：你既教人，但又不强迫人；你所施教的，又正是能够使人不亦乐乎的。这样，你便既照顾了学习者的兴趣、主动性、创造性，又教会了别人某些有价值的东西。你教了，区别于相对主义；学生在接受你所教的东西时不亦乐乎，这又区别于强制灌输。

因此，欣赏型德育模式有一个基本假设是：如果德育的内容与形式能够经过审美化改造，德育就能够成为一幅美丽的画、一曲动听的歌的话，那么与这幅画、这首歌相遇的人，就会在欣赏中间自由地接纳这幅画、这首歌的内涵。

如此，刚才讲的绝对主义和相对主义的毛病，都会在对德育美的自由欣赏中自动消解，因为自由、审美地欣赏区别于强制灌输。这种审美活动又有特定的对象，所以他一定会接受特定的某种教育。最关键的问题在于，德育的形式和内容有没有成为那幅画或那首诗？换言之呢，我们的教育内容有没有可能具有“可欣赏性”？因为审美的前提是美的存在。

欣赏型德育模式是不是就是“赏识德育”？其实欣赏型德育跟赏识德育有很多区别。最基本的区别就是，只要做正确的事情你都可以“赏识”，而“欣赏”的前提是所关注的对象有审美意义上的“可欣赏性”。换言之，欣赏具有审美意味，欣赏的要求要比简单的“赏识”高很多。比如，你看见一个经常愁眉苦脸，但合乎规范的学生，你可以表扬或者“赏识”他：你今天很不错、合乎规范，但对于这个被动、勉强遵守纪律的学生，你绝对不会“欣赏”他。你欣赏的学生，一定是那种流露出近乎天性的道德之美的孩子，淳朴、善良、有教养，等等。因为，这个时候在这个学生身上我们不仅发现了道德，而且感受到了道德的自由。

简言之，如果我们能够使德育内容与形式进行审美化改造而具有审美意义上的“可欣赏性”，那么欣赏型德育模式差不多就接近完成了。

我们可以用一些例子讲有没有可欣赏性。比如说，我们教的那些道德规范，你纯粹从伦理规范角度去阐释它，也是一个教育的思路。但如果你把它从一个智慧的角度去看呢？学生的内在学习兴趣就会被大大激发起来。道德规范实际上是你为自己人生着想的应然选择。试想，我们立一个无谓的社会规范来纯粹约束自己、让自己不痛快，怎么可能？人类不可能愚蠢到这种程度。所有为我们自身制定的这些道德规范，它都有合目的性。问题在于，我们如何让学生在这些伦理规范中看到合乎我们人性、合乎幸福生活目的性的东西。

孔子在《论语·宪问》里说学习有两种途径：“古之学者为己，今之学者为人。”孔夫子认为现在很多人学习是为别人学的，比如，今天来开会的某些人可能仅仅是因为要签到、要符合考评要求而来，并非为了追求学习的内在乐趣而来。而真正的学习，肯定是“为己”的：为自己人生境界的提升、为自己安身立命服务。所有教育学专业知识技能的学习，如果只是校长命令你去学的，你肯定是不愉快的。相反呢，你觉得自己要把教学琢磨好，要使课堂教学变好，你就会兴趣盎然地学习了。所以，在不同的课堂，教育的“气象”完全不同，一个是非常异化的空间，另一个则是自由的空间。学习成为你自己的事情，你自己愿意做的事情，这就是“为己之学”。同理，当道德成为“为己”之德的时候，道德就不再是我们的敌人。所有的道德规范，只有把他的“为己”性给学生揭示出来，让学生认识到这是人生智慧的时候，学生才会豁然开朗去想：原来是这样啊，原来应该这样看待事情！

我们可以举很多例子，比如说我很欣赏老子的话：“生而不有，为而不恃。”①《道德经》本来就没多长，但这句话在不同的地方一共重复了三次以上。其中一次，老子是做了详细解释的。他说：你去看啊，大地会生长出万事万物，但是大地并不试图占有它。你看大地有多大的功德，但是它从来不吹牛、骄傲！创造而不占有，有为而不自大，这才是最玄妙、最根本的道德，即“玄德”。这个时候，你会不会觉得道德具有美感？你会否心向往之？相反，如果你只是简单地让一个学生遵守某个道德规范，不去做这种合目的性的解读，任何让人限制自身利益与本能的道德要求的达成都很困难。你让他超越私利，你让他公而无私，本来都是比较难的。可是，从老子这个角度来讲，从这一刻，他会有感动、感悟，原来可以这样思维，于是很多事情全想开

---

①《道德经》第二章。

了！相反呢，我忘记是哪位哲学家所言，一个吝啬的人对财富就像是一只手攥着一把沙子，你攥得越紧，沙子流失得越快。当道德的规范、价值的观念，成为一种文化智慧被学生欣赏的时候，其实它就具有可欣赏性了。

同理，道德人格、境界等也一样可以做审美化处理。在我们的德育活动中，如果我们能够把道德智慧、道德人格、道德境界等等，那种人性的光芒展现出来，就是美好的实践！德育就可能犹如那西施本身的美、那幅画本身的美、那首歌本身的美，会用自身的魅力自动、自然地吸引学生，根本不需要我们有任何强制。当然，再好的德育也需要一个长期涵养的过程。但如果我们能坚持这样做的话，实质的功效，肯定会比在短期内那种饮鸩止渴的方法要好很多。最为关键的是，这种德育，是一种最合乎人性的教育方式。因此德育实效的真实提升，就不光是当下绩效的改进，而是让教育最终目的实现角度上最有效的教育！

以上是德育内容的处理。我们再来看德育形式的审美化改造。

德育形式是我们特别要注意，又要特别警惕的东西。“德育”，有“德”、“育”两个字组成。德的问题是德育的内容，如前所述我们是可以做审美化处理的。如果我们想办法对教育内容做审美化处理的话，那道德智慧、人格也就比较“美”好，道德境界也就比较令人心向往之。这些都可以理解为“德”的改造。那么，“育”的改造呢？“育”的改造，当然就是教育形式的改造。关于德育形式的审美化改造，教育家们很早就考虑过，中国古代就有“诗教”跟“乐教”之说——古人就认为我们可以用诗歌、音乐去教化民众和学生。古代教育当然没有现在的德育、智育、体育这样逻辑化的区分，教育就是整体人的教化。而人的教养的形成可以通过诗歌去完成，通过音乐去完成。你看孔子的“兴于诗，立于礼，成于乐”，就是一个最典型的例子。孔夫子告诉我们，只要稍微运用一些审美手段，就可以使我们的教育或德育变得很有趣、很生动、很美妙。所以，教育的外观也可以是非常美的。

《论语》中还有一个非常美的案例，就是“（曾点）曰，‘暮春者，春服既成，冠者五六人，童子六七人，浴乎沂，风乎舞雩，咏而归。’夫子喟然曰，‘吾与点也。’”① 现在我们的教育形式已经变了，因为以前是比较个别化的教育，那个时候“冠者五六人，童子六七人”，那是“游学”，那时非常高也非常美的境界。我们今天是班级社会制占主导的一种教育体制，只有在很少的情况下我们才能带着我们的三五个学生到某个风景优美的地方，有这种美妙的瞬间。大多数情况下，我们都是常规的班级制。但是这不等于说，我们一定没有机会达到孔夫子非常赞同的“浴乎沂，风乎舞雩，咏而归”的教育境界。可能形式变了，但是那种教育的美好依然是可能存在的。所以，以教育形式来讲，最重要就两个东西，一个是用一些技法让我们的教育变

①《论语·先进》。

得生动；另外一个就是，最终生成的教育的结果、教育的境界是美好或是美丽的，或是具有“可欣赏性”的。

我们在欣赏型德育的学习与实践当中也积累了一些例子可以确证以上结论。

比如说对于爱国主义教育的处理——“在地球上旅行”。苏霍姆林斯基“在地球上旅行”，就是带着小朋友沿着铁道线想象着在祖国各地旅行。这是把牵强的爱国主义教育变成让祖国自身的美好来自然增强孩子对于祖国的归属感、亲近感的宝贵探索。我们曾经用这个案例的原理去推动了一些地方（如珠海、杭州等地）类似德育活动的审美化改进。在地球上旅行看起来好像只是一个具体的做法，可是背后啊，在我看来就根本不是一个偶然的教育案例，其机理完全符合德育美学观、欣赏型德育的基本原理，非常有前途。

另外一个案例就是“美丽整洁的校园也有你的一份功劳”。这是香港一所小学的标语，可能是无意识写的，但它却把多重德育欣赏关系都巧妙地展示出来了。这里所谓“欣赏关系”，至少有三种以上：第一种，是“美丽整洁的校园”这几个字的意味。在某种意义上讲，“美丽整洁的校园”就是孩子们的作品。因此，这里有孩子们对他们的道德、劳动作品的欣赏。通过对作品的欣赏促进孩子的正向价值观念，是非常重要的德育方式。第二种，是有对道德智慧的欣赏。什么叫智慧呢？这幅标语实际上是在告诉孩子们，其实我们每一个人只要稍微注意一下言行，学校就这么干净。一句简单、朴素的口号，有“只要我们稍稍注意，生活就更美好”的道德智慧的宣传！第三种，这个标语明确强调美丽整洁的校园有“你”一份功劳，是指向孩子们自己对自己的一种欣赏。从“美丽整洁的校园也有你的一份功劳”这个角度鼓励孩子对自我道德成长进行欣赏。所以，尽管香港那所学校未必是自觉的，但是这一标语背后的机理是德育美学观、欣赏型德育。在欣赏型德育模式的试验中，我们应用这个案例开展了许多德育活动的审美化改造。

从孔夫子时代一直到今天，我们对于“欣赏型德育模式”的建议有充足的理论与现实基础。许多学校已经有实质性收获，即使探索还不很成熟，以北京师范大学第二附属中学为例。二附中可能还有一些缺点，但是有非常了不起的地方。例如，他们对欣赏型德育的追求是非常自觉的。有一次，曹校长跟我讲，作为一所高中，学校不重视高考是不可能的；但是我们北师大二附中认为，高考成绩的提高，应该是孩子全面、自由、健康发展的当然产物！他原来的表达当然不会像我现在这样文绉绉，但意思是这样的。我觉得这种认识是最现实、最具智慧、最有境界的一种选择。很多学校改革之时，最怕的是高考升学率掉下来。在我看来，关键问题是什么样的改。很多学校强调一个对的东西，可是那个对的东西只是必要条件之一，不是充分条件。这时如果把这个必要条件无限夸大，虽然这个东西重要，但是由于忽略了别的东西，真的可能导致高考升学率降低，这一点并不奇怪。怎样让这种变革的可能性经过我们自己的努力变成现实？就欣赏型德育模式的探索而言，到目前为止，我们还有许多稚嫩的地方，但很多方面已经有了踏踏实实的进步。比如由于欣赏型德育模式的探索，在班级文化的改造上面，在学校文化的改造方面，二附中已经有非常大的变革。当然，二附中一直有重视人文精神培育的传统，这也跟我们欣赏型德育所追求的方向是完全契合的。

现在所谓的好学校，这个“好”字有太多的含义：有时候是教育学生全面发展的好；有时候仅仅意味着升学率比较高。比如某一个省升学率最“好”的学校，就是上课“零抬头”的“好”。像这样的学校，高考升学率再高，一定是教育的“恶”，是全世界教育学家一致批评的“恶”，而不是真正的“好”。当然迄今为止，还有一些家长认为能让自己的孩子上北大、上清华就是“好”的。所以，我觉得需要反复强调一点：教育学生全面发展的好、合乎教育规律的好，才是教育发展的正确方向，才是真正意义上的好。而更重要的是：美好，美好，最终是要因美而好才行！

以上所讲的都是“欣赏型德育”模式，下面，让我们再回到最大的命题“美学是未来的教育学”。

三、建立教育活动评价的“美”的标准

前面已经说过，高尔基有一个非常好的命题：“美学是未来的伦理学”。他的意思是说，伦理要真正发挥现实作用，一定要让伦理之美发挥效用，然后人们才能自由接纳道德规范与价值，也才可能有真正有效的伦理实践。所以，美学的确是未来的伦理学。这里，我把它改成“美学是未来的教育学”，意思是类似的：教育学只有获得美学的灵性，才是真正、完整的教育学，才能具有真正提升教育的品格。

十多年前，我曾经在《中国教育报》上发表过《教育活动评价的第三标准》①一文。到目前为止，对教育活动的评价，一般来讲只承认两个标准。一个是合乎目的性标准，即“善”的标准，认为教育要合乎社会发展的需要，要合乎孩子们成长的需要，要办人民满意的教育，等等。另一个是合规律性标准，即“真”的标准，如尊重儿童发展的规律，尊重课程理论、教学理论、教育规律，等等。但是教育学一直有个常识性的疏忽，那就是，我们强调“善”、强调“真”，却很少强调“美”！实际上教育实践不仅需要一个合乎规律性的标准、合乎目的性的标准，而且必须有一个合乎“规律性与目的性相统一”的标准，那就是“美”的标准！其实，人类社会所有的实践都应当有“真、善、美”三个标准乃是一个常识，可奇怪的是，我们教育活动往往只谈“真”与“善”。所以，从那个时候起，我就一直呼吁要建立教育活动的

① 檀传宝：《教育活动评价的第三标准》，1997年2月27日《中国教育报》。

第三标准。

我在《中国教育报》上强调那个命题、发那些感慨的时候，想没想德育、德育美学观呢？当然想到了。但是不是只是讲德育呢？断然不仅仅是！因为所谓“教育活动评价的第三标准”应当是覆盖所有的教育活动，覆盖德、智、体、美、劳全部教育领域。所有的教育实践都应该遵循审美的原则。现在的问题是，教育学教科书缺乏美学常识，现实的教育实践中美育也最不受重视。所以我一直认为，在这个意义上说，迄今为止的教育学理论和实践都处在格调较低的、粗放型的历史阶段。

四、实利主义社会问题下的现代教育的异化

教育者应当经常问自己：教育是什么？教育有问题吗？有什么问题？

答案当然是中国的教育、全世界的教育都有问题。中国教育的问题，我们可以从正面去讲，也可以从反面去讲。如从反面说起，一个最典型的例子就是“应试教育”这个顽疾。从某种意义上讲，很多时候我们都是应试教育的帮凶。的确，应试教育与其说是教育问题，不如说是社会问题。应试教育的形成与挥之不去，教育只能负很小的责任。为什么？因为全社会都是这样一个逻辑：不要输在起跑线上！“好的幼儿园”为什么要重金进去？主要是因为要进“好的小学”。为什么要不惜代价去竞争“好的中学”？是为了“好的大学”。“好的大学”仍然是工具性的，上好大学是为找到“好的工作”。最后“好的工作”也是工具性的，所谓“好的工作”就是那些赚钱比较多、又比较轻松的工作。很多年以前，我有一个学生，我过问他的就业情况。他说“工作好找，好工作难找”。我说什么叫“好工作”？他最后表达的意思也是这个意思。简单一点就是“拿钱很多，干活很少”。于是，我就冷不丁对他说，你的意思，简而言之就是“少劳、多得”，或者不劳而获、投机取巧?！这样一讲，就点醒了他。

按照康德的说法，一个伦理，如果不能普遍化，它肯定不是健康、理性的规则。试问，如果每个人都奉行“少劳、多得”这个原则，那多得的那个部分从哪里得来的呢？你多得的部分一定是从别人那里拿来的！这一定是一个剥削的、不公正的逻辑，怎么会成为一个选择职业的标准?！还有一个最关键问题是，好的小学、好的中学、好的大学、好的工作、好的生活，不是一个没有破绽的逻辑。因为到最后，在“好的工作”跟“好的生活”之间有可能断裂!①“好的生活”肯定应该是幸福的生活，可是事实是高收入未必等于生活幸福。很多收入很高的人，并不幸福，怎么办？最后这个链条一旦断裂的话，你会发现前面的一系列逻辑关系就会失去基础。

所以，从一开始我们就要问，教育到底应该、能够给孩子什么？所有的教育活

---

① 檀传宝：《以专业的德育提升生活的品质》，《人民教育》2010 年第 15—16 期。

动，对于孩子来讲，都是为了他生活质量的提高，换言之，实际上最重要的标准就是生活幸福。而“幸福”既是一个伦理的范畴，又是一个美学的范畴。孩子们失去当下及未来的幸福，教育就没有意义。

在我看来为什么应试教育挥之不去，实质上就是因为我们这个社会充满了实利主义！大家全是应试教育或者实利主义的逻辑，不管这个人的外包装怎样，基本上中国大多数家长是“实利主义”的逻辑。当这种逻辑不改变，这种社会哲学不改变，整个社会风气都不改变，全社会都在为上课“零抬头”的学校鼓掌的时候，很多学校就都经不起这种诱惑或压力，就会走应试教育那条路。大家一起为虎作伥当然是不对的。但最大的根源是，推动为虎作伥的这个机制之一，本质上我觉得是社会心理的问题，是社会哲学，即实利主义的社会哲学问题。如果社会文化、社会哲学不改变，应试教育也就很难在我们国家得到根本的改变。当然，我们教育系统也可以做适当努力，尽量使我们所在学校的教育水平相对高一点、教育异化相对少一些，这也是可能的。但是如果整个社会，这个土壤不变的话，我们会遇到很大的麻烦。所以我觉得应试教育之所以摧残学生，而且明明知道摧残学生，而且全社会都是表面上大声疾呼，但实际上相应的改革却落不到实处，根本不是那些技术性的教育问题，根本的问题在于社会观念，社会哲学（实利主义哲学）的问题。我们可能需要进一步发问：实利主义的社会观念如何改变?

上面是一种反面的教育批判。第二个方面，我们正面看。中国现在经济实力一直往上升，但如果处在“来料加工”的厂子比其他发展中国家多一点的水平，就会让我们忧虑。所以，钱学森之问“为什么我们的教育培养不了大师”令人深思。根本原因到底在哪里？我们很少去反思。其实“独立人格”“创造性人格”这两个问题，差不多就是一回事，独立人格更具价值性，创造性人格更具工具性。如果一个学生，没有独立人格，老师讲什么就听什么，他是不会有真正的创造性的。如果大学教授，什么东西都要依据上级指示办事的话，也就没有独立的学术可言。换言之，失去独立人格，我们就不可能有真正意义上的创造性。

到目前为止，在体制上讲我们国家有两个问题。一个是我们自己的问题，另一个是全球性的问题，都是非常难以超越的。

我们自己的问题是历史遗留的官僚体制、专制文化问题。如果自由的翅膀被约束，完全是以人身依附为逻辑的社会约束太多的话，是不可能有独立人格的。如果这个东西不改变，创造性人格也许偶尔会有，但是大规模地培育创造性人才，是不可能的。我们会发现发达国家的教育也可能是很糟糕的。例如，一些学生太过自由、散漫。但是恰恰他的自由、散漫在这个意义上来讲可能会造就独立人格、创造性人格。

全球性的问题是工业化、现代性膨胀的问题。独立人格、创造性人格培育在全球范围内遭遇到的最大的问题是什么？就是工业化、现代性的逻辑，把所有的人都磨平，变成标准件、变成“单向度的人”。有些是我们无奈的，有些则是我们无意识地强化了这种无奈。什么是无奈的教育问题？比如我们想把班级授课制、集体教学体制取消掉，短期内看不到希望，就是发达如美国也做不到。因为你有那么多人，社会负担不起个别化教学的成本。其实班级授课制就相当于工厂的流水线作业，你会发现，泯灭人的个性的教育异化与机器大工业时代的来临有密切的关系。而美学明确反对这一异化的逻辑，从席勒开始直到今天，两百年、三百年矢志不渝。当然现在还有后现代的哲学批判。许多后现代思想家明确反对确定性，反对过死的规律性，反对机械特征，反对流水线思维。一方面流水线作为生产线，是一个伟大的进步，因为它能批量生产，大大促进了生产力的发展。但是另外一个方面呢，人之所以不同于动物，是因为人具有非常独立的人格、非常自由的意志。人格的本质特征是自由，而现代性所扼杀的恰恰就是人的本质、人的自由。所以，工具逻辑上来讲，没有自由，就没有创造性人格；本体意义上讲，没有自由，就没有人的本质存在。

马克思在《1844 年经济学哲学手稿》中言：“人的类本质是自由自觉的活动。”我觉得这是马克思关于人的本质的最好概括。虽然马克思也讲，人的本质就其现实性而言是人的关系的总和。我认为人的本质与人的本质形成的条件是两回事。我觉得概括性地讲，最精辟的本质应当是与其他动物相比的“类本质”。动物是按照动物的法则在生存，而人可以超越自然法则，当然是“自由、自觉的活动”。所以，我觉得如果从这个意义上来讲，现代教育尤其是我们中国教育问题多多，重要原因在于我刚才讲的第一种历史遗留的官僚体制、专制文化对我们的约束，以及我们和全世界都共享的现代社会的现代性对我们的压迫。独立性人格、创造性人格为什么不能产生？根源是社会的异化，然后再导致教育的异化。

异化是指“劳动异化”。按照马克思的讲法，异化就是人的劳动所创造的东西反而变成奴役自己的力量的现象。比如说货币是人创造的，结果货币可以成为人生活的主宰。房子是人创造的，结果许多人居然成为房奴。劳动本该是因主动、创造而愉悦的事情，结果却变成了一个被剥削、被奴役的状态。这种本末倒置、违背自然的东西就叫异化。我们再进一步想想，我们教育有没有异化？我觉得我们不是有没有异化的问题，而是现在教育异化的成分太大、太多、不胜枚举的问题！教育到底要干什么？我觉得教育至少是要帮助人、解放人的。可是结果呢？扪心自问，我们是在帮助人还是约束人?！教育应该是让我们的孩子更有创造力，让他们张开想象的翅膀的，可是我们一天一天枯燥地机械训练，是让他们的翅膀长得更开吗？

我曾经对一位校长说，学校要变革，首先要烧掉所有的练习册。我还记得我在上世纪 80 年代的从教经验。我曾经在一个农村普通完全中学工作过，我的学生高考成绩非常好的原因，可能是因为教师那时根本没有电脑、没有 PPT，印卷子前要刻钢板。那时就算搞“应试教育”，至少教师首先得把天南海北的复习资料汇在一起，挑出所谓的“好”题目，再刻钢板给学生们做。在那种落后条件下，教育的机制反而是对症下药、因材施教的。因为我刻钢板的同时，对那些练习题是有筛选的。我是把好的题目、合适的题目筛选出来给我的学生练的。现在出版社、印刷厂大量印制的复习手册，有哪一个是为我们某一所学校某一个班级准备的？那是不可能的！但我们现在很多学校，最简单的做法就是买一大堆复习资料，高三学生那个案头啊，山一样！我每次看到他们的案头堆得那么高，心里都充满了痛苦。我是觉得都几十年过去了，我们的社会更先进了，我们的技术手段更先进了，可是我们孩子实际得到的教育（即使是在应试教育的标准之下）提高了吗？所以，我觉得当前中国教育异化是非常严重的。在这种情况下再去想“应试教育”的问题、独立人格的问题以及创造性人格的问题，为什么那么严重、那么挥之不去，你就很容易想通。

五、幸福与审美是同一事物从不同角度的定义

现代教育的救赎之路在哪儿呢？这是与幸福的概念有关系的问题。教育工作者必须经常问自己一个问题，这就是“你幸福吗?”。这个问题是个重要的、永恒的人生追问。

幸福到底是什么？我一直认为，幸福既是一个伦理的范畴，又是一个审美的范畴。幸福概念是应该加以澄清的，不然就极容易被误解。比如，幸福到底是什么？有钱就是幸福吗？我房子比你大，那我就比你更幸福吗？又比如，我很多的欲望没有得到满足，我还能幸福吗？这些幸福的追问，往往都是缺失性需要是否得到满足。所以在这种情况下，你问农民工，人家农民工收入很低，他幸福什么？实际上，这样问是有一些道理的：一些农民工为什么不幸福？是所有农民工都不幸福吗？

在伦理学上，幸福应该如何定义？我认为，幸福是一种主体意义得以自由实现的人生状态；或者说，幸福是人之为人的本质自由实现时的主体生存状态。什么是幸福？就是一位教师在他在课堂上能够非常自由地展现教学才华的时候，虽然下课的时候他会很累，但是他却觉得“棒极了”，这就是幸福。所以当一个主体的自由本质得到实现的时候，这个主体生存状态就是幸福。这是伦理学意义上的幸福。因此，伦理上的幸福与人的自由及其实现有非常内在的关系。

美学上的幸福，就是人生的惬意、美好，具有审美色彩。虽然苏格拉底说给美下定义是特别难的，不过很多美学家都赞成，美与自由有着内在的关系。比如，黑格尔说什么是美呢？他举了一个例子：当一个小孩在池塘边将石头往池子里扔，当他惊奇地看到那个石头激起的涟漪一圈一圈的时候，那个时候就可能有美和审美！后来他又解释说，为什么那个时候会产生美感、产生美呢？是因为，那个孩子在那一圈一圈的涟漪里看到了自己。看到了什么样的自己？马克思有两个非常精彩的表达。第一个就

是“本质力量的对象化”。就是说，我们在对象中看到了“人的本质力量”，所以我们可能就有美感，对方就是美的。所有美好的事物，包括自然物，包括纯粹的形式，他都是我们在对象当中看到了自己，我们才能在客观对象当中读懂他、欣赏他，对方才是美的。本质力量是什么？本质力量的对象化又是什么？马克思的另外一句话，我自己也十分推崇的一个命题就是“人的类本质，是自由、自觉的活动”。我认为人最重要的本质就是自由。换言之，不管什么东西，一个活动也好，一个现象也好，如果我们能从对象中间观察到人的自由本质，那么美就有可能发生，对象就能被我们读懂，因而她就是美的！当然，自由在不同的人那里表述是不一样的。比如审美自由与政治上的自由概念就是有区分的。政治自由是指摆脱奴役，按照自主的意识去行动（当然也要为这个行动负责任）。它更多的是表达自主意志。但审美自由不完全是这个意思，审美自由是什么呢？当一个活动你说他是自由的，就意味着他不可能只是机械地“合乎规律”的。比如说一个教师上课的美，或者真正意义上的审美自由，就是我们觉得他“棒极了”的那种教育者主体的自由。这个庖丁解牛一样的教师，他的教育美之所以成立，是因为他有教育活动的主体自由。自由在形式上的特征也就是“合规律性与合目的性统一”。马克思说“动物按照自己固有的尺度去活动”。而人呢，不仅按照内在固有的尺度去活动，而且“按照任何物种的尺度”去活动。我们不是鸟，我们本不能飞啊，但后来我们却比所有的鸟儿都飞翔得更高；我们没有鱼鳍，但我们也能比任何鱼类都能游泳！人类跟别的物种最大的区别就在于他的自由特性。当然，这种美学意义上的自由，并不是你想干什么就干什么。庖丁解牛，他游刃有余的关键，是由于他完全熟知牛的骨骼。因此，合规律性、合目的性的完全统一才是美学意义上的自由。

所以，如果在伦理上讲，主体自由本质的实现可能导致幸福；而如果从审美意义上来讲，他可能产生美。换言之，对美的生活或者幸福生活，我们可以用不同的形式去表达。

我在上个世纪 90 年代做德育美学观研究的时候，学习过许多种关于美的定义。当时中国美学家中的多数人是按照马克思的“本质力量对象化”或人的“自由的对象化”这个理路去阐释美的。而“自由的对象化”在我们国家有很多种表达，有人说“自由的象征”，有人说“自由的形象”。高尔泰先生表达的是“自由的象征”——这个事物我们之所以欣赏他，是因为我们主观上看到我们人的优越与自由。蒋孔阳先生说，这个事物之所以美是因为他一方面展现了人类自由，另一方面他又有另一个形象给你看。我在德育美学观的论述中采用的美的定义是李泽厚先生的“美是自由的形式”。这是什么意思呢？它跟象征、形象有什么区别呢？我认为“象征”的主观性太强，对美的客观属性关照不够；而“形象”我又觉得太窄了，比如数学美、科学美就不一定能以形象表达，它会表现为某种抽象的逻辑美。比如说一个数学公式的推理有简洁、明快等美感，但那种美感不可能是一种形象，它是一种明快的逻辑，一种理念性质的东西！这种理念性质的东西的出现作为智慧形式当然会被学生所欣赏，也有智慧美，可是它却不能归结为形象。所以，我觉得“自由的形式”是比较合适的。

如果我们把美定义成“自由的形式”，而所谓“自由的形式”就是“合规律性与合目的性的统一”的话，我们就会发现这个结论是非常有用的。美学家赵宋光先生有一个很好的观点。他说，这个美的存在以及审美活动发生的时候，事物本身一定要有美的形式，叫“中介结构”。事物那个美的中介结构，与我们发生关系的时候我们才能看到美，因为美本身是个非常抽象的东西。所谓“中介结构”其实就是“合规律性与合目的性相统一”的形式。

依据这一理论，我认为“中介结构”在德育美的解释有两种情况，第一种情况是中介结构的外化方面，“以真为形式，以善为内容”。需要说明的是，这个“真”与“善”同我们的日常用语是两回事——“真”就是“合规律性”，“善”就是“合目的性”。美的规律不同于纯粹“真”的规律之处，在于它的合规律性中间包含了合目的性。他在向我们“许诺自由”。他所表达的是一种许诺的自由的美。什么叫许诺的自由呢？就是它不一定是现实的自由，但你按照这个原则去办事的话，你就能获得自由。德育内容里道德的智慧美就是最典型“许诺自由”的例子。比如“信近于义，言可复也”——就是你对别人的承诺，如果程度恰当就比较容易兑现；如果你总是兑现承诺，人家就当然信赖你，那就“言可复”也。“恭近于礼，远耻辱也”也是一样，你对长者的恭敬保持一定的分寸以后，你就远离耻辱——因为过于傲慢，会导致耻辱；阿谀奉承同样会自陷于耻辱。所以你对人的恭敬在礼法之内的话，你就远离耻辱！你会发现，礼是规律，义是规律，可是当我们把这些伦理规范“许诺自由”（合规律性后面的合目的性）的性质展示出来的时候，就会发现那是伟大的伦理智慧。如果这样做，你会获得自由，这就叫“许诺自由”。

其实任何教育活动，如果我们能兼顾到审美的角度的话，促成“乐学”的几率都会大大提高。在日常教育生活中，我们往往浪费很多教育的机会。比如，劳动课结束的时候，很多老师会习惯地说“赶紧把东西收拾好，走人！”其实劳动结束时是最好的审美的时机。你想，经过打扫，原来乱糟糟的教室，现在窗明几净，让大家看看“我们的教室多么漂亮”是多么美好。教师哪怕只有一句提示的话，而不是让大家“赶紧走人”！很多时候，“异化”跟恢复正常的生活逻辑其实就是一念之差。

另外一种美，指的是“中介结构”的能动方面。打个比方，如果前面是解释“德”（解释教育内容）的话，后面这个中介结构解释的是能动的形式——即教育实践之美或者“育”之美。前面所说的外化或客观方面，你首先看到的就是合规律性，然后才是合目的性。这里所说的能动方面则相反，它“以善为形式，以真为内容”。

比如庖丁解牛，让人首先感觉到的是好像他要怎样就怎样。但美的活动不同于纯粹的善的活动的地方，就在于合目的性后面存有主体活动的合规律性。因此活动之美，是在形式上实践自由，在现实活动中“施展自由”。一位教师出神入化地教学，就是在“施展自由”。

“合规律性与合目的性的统一”，还可以解释很多东西，比如说人格美。一个学生的道德成长被你欣赏，不只是说他合乎规范，而是你发现他对道德规范的遵守近乎展示他天性良善的境界，那也是庖丁解牛！同理，你会发现“孔颜之乐”的妙处在哪里，仍然是合规律性与合目的性的统一。“孔颜之乐”是伦理的境界，更是美学的境界。“饭疏食饮水，曲肱而枕之，乐亦在其中矣。不义而富且贵，于我如浮云”。这个“乐”可以理解为今天的幸福。他为什么能做到前面那句话所表述的（饭疏食饮水，曲肱而枕之，乐亦在其中），关键就在后面的那句话（不义而富且贵，于我如浮云）！不管怎样，没有道德的自由，就没有这种人格的美。

在日常德育中，最重要的审美要素实际上就这么几个。首先是人格美。如果我们教师的师表形象能够做到那种程度的话，那学生就是如沐春风。学生也是。如果学生身上那些道德的美好被我们发现，并且被我们不断强化的话，这就是最美好的德育，是教学相长的美好人生。其次是“德”美或是教育内容之美。如果枯燥的社会规范学习，居然能还原成一个有趣的东西，还原成智慧上既有挑战又有精神享用性的东西，那么德育美就已经出现。这就是德育内容美。另外一种德育美是在德育活动的外观形式美，就是刚才说的“施展自由”之美。我们要想办法，在我们的教学上、在班主任工作中、在学生教育工作中，创造“施展自由”的美好。第三是教育境界之美。境界就是超越具象的东西，但也是合规律性、合目的性的统一。

无论是教育活动、教育内容、还是道德人格，其最高境界都是审美自由。而失去自由即失去一切美的可能。在很多观摩教学中间，会出现这样一种情况。比如说，一位教师看另一位教师的课特别精彩，步骤简单却淋漓尽致，自己回去也按照这个模子套下去，亦步亦趋地教学，结果肯定没有预期的美好。于是这位教师就会失望，就没有那种教育的幸福感。究其原因可能主要因为，对其他教师来说是“施展自由”的模式，而因为简单套用、东施效颦，于这位教师却是失去自由（受约束、被奴役）的模式了。主体自由的存不存在，是德育美、教学美存不存在的关键。

换言之，“你幸福吗?”不如换成“（在审美意义上）你自由吗?”。自由意味着什么？自由首先意味着你的生活必须有某种目的性——你必须想干点什么，你想干点什么你才是自由的。另外呢，你的目的还要能实现，这才是真正现实的自由。对于我们教育者来说，幸福的两个条件是什么？第一，我们要想把教育工作当重要的事情做，当事业做，我们希望成就一番教育事业。比如，如果我是小学数学教师，我就要想将小学数学教得最精彩。你必须要有这样的想法，不然你就没有教育幸福的可能性。因为如果我把我的数学教好一点，在努力探索后，我真的教得比以前好，那教育之“乐”就出来了。今天演讲的最大目的之一，就是希望将我所理解的幸福和审美的这个秘密展示给大家。

经常有人问我，我们搞点外在的艺术形式放进去，是不是德育的审美化？德育美学观也好，欣赏型德育模式也好，最要害的部分在哪里？现在大家都应该能正确回答了这些提问了：自由的形式的实现，才是审美创造最要害的东西。其他的东西都是辅助性的。就像某些外在的艺术形式的使用，如果失去主体自由，也一样会变成教学的丑。比如，不该有音乐的时候，音乐出来啦，那不是添乱吗？那是不可能有“教学美”的！音乐本身是美的，但如果它妨碍了你的教学自由，那肯定是“教学丑”。

许多人听说我倡导德育美学观、欣赏型德育模式，所能想象到的，要不就是简单的“赏识教育”，要不就是在德育过程中加上点戏剧，搞点音乐、搞点美术什么的。虽然我也并不排斥这种佐料性质的东西，但我所要强调的主要理念，当然首先不是这些浅表的理解，我的教育思辨是从哲学（美学）反思开始的。我并不排斥蒋孔阳先生的理论（美是自由的形象），很多时候我们教育的确要有有魅力的外观，最好是形象的东西，尤其对中小学学生来讲，德育内容与形式生动、具体、形象十分重要。但是切记：德育美学观、欣赏型德育的核心追求是道德、教育与审美的自由。这，才是最为重要的教育命题！

六、教育生活审美化：现代教育的审美救赎

以上是从正面或美的构建的角度讨论的，这个角度当然是非常重要的。我们反过来再回到另外一个维度，那就是：现代教育的审美救赎。

为什么说，我们的现代教育、现代德育需要有美的救赎？在我看来，简而言之，是因为对教育异化（如片面发展、强制灌输、剿灭生机等）的根治特别需要通过审美改造去完成。

前面我列举过席勒所论述的“力量的国度”、“伦理的国度”和“审美的国度”。其实席勒所讲的也正是这个以审美救赎现代社会的思路。席勒等人当时关注的是一种现代人的异化。工业生产、商品经济常常将人类朝两个方向引领，一个朝机械的、奴役的方向去，让人变成片面的人、被工业文明压制的人。另外一个方向，实际上也是一种异化，就是把人导向动物，人越来越低级，远离人的高贵。席勒当然希望有一个更美好的社会——“审美的国度”。在审美的国度里，人的高贵，是通过合规律性和合目的性相统一的形式予以养成的。在这种状态中，人的高贵得以养成的同时，人的自由也得以保全。或者说，高贵的人格是通过自由的教育所培育的。这种现代人的修复，实际上是完整人性的修复，也就是现代教育的审美救赎。

审美救赎很重要。那么，美作为自由的形式，审美作为对自由的关照，在实践当中我们怎么去应用呢？我认为在实际教育生活中，审美的教育可能有以下三种存在方式。

第一种方式当然是“美育”。这里的“美育”是广义概念，远大于艺术教育。任何教育如果具有审美意义，都属于美育。在这个意义上讲，我愿意介绍另外一个概念。珠海有一个非常好的实验学校，他们在研读了德育美学观以后，2000年前后，探索、创造了一个概念叫“德—美育”。不是德育，也不是美育，而是“德美育”！当然，一般来讲，我们现实的美育形式还主要是艺术类课程，而且艺术教育课程也严重不足——这是目前中国教育格调低下的表现之一。

第二种方式是审美技艺的教育应用。在教育过程中用点音乐、用点美术，讲点课堂设计、节奏的美感等等。我们可以在很多艺术形态里找到的可供教育活动应用的艺术、审美的工具。比如说，有的教师戏剧修养很强，他可以在戏剧里找到可以运用于教育的元素；音乐修养强的，可以为教学找一些背景音乐什么的；舞蹈元素、FLASH，所有审美元素都是可以发掘出来为我所用的。如果我们能建立艺术或审美技艺库，需要对教育活动做审美化改造的时候，一定会比较方便。

第三种方式是全部教育活动对审美精神、审美境界的追求。对于教育的改造来说，审美最重要的不是那些工具性质的东西。尽管工具也很重要，甚至有时候探索一些小工具也并不容易，但是最重要的是工具背后要有审美的灵魂。如果工具的东西组合起来反而失去了美的灵魂、美的本质的话，就会出现这样一种状况：工具本身是美的，但整个的教学却是丑的。这样讲吧，美学是未来的教育学，首先是精神上的，首先从本体论意义上来讲的：他能修复人性，解放学生，让师生双方自由、幸福。修复人性就是要能活得像人，就要强调“趣味”、“游戏”、“自由”、“解放”等等。

比如说“趣味”，一个异化的教育当然没有趣味，而健康教育应该是让人不亦乐乎、充满趣味的。通过艺术技艺的使用，通过审美精神的落实，合乎审美法则的教育应该是怎样的呢？当然应该是有”趣味“的教育！那“趣味”是什么。美学家朱光潜先生认为有两个意思。第一个是“有趣”。比如诗歌小说等等，能给人带来愉悦、有趣。第二个特征叫“纯正”。用我表达的话，这两个特征一个是“有趣”，一个是“有格”，就是有境界。我认为我这样的表达合乎朱先生的意思。他说人们愿意看小说，而不愿意看诗歌的原因，是因为在鸳鸯蝴蝶派的小说里能找到生活粗痞的形式。而朱先生所主张的审美趣味是排斥这个的。他认为所谓审美趣味应当同时有两个特征：一个是有趣，一个是纯正，而非仅仅“有趣”。我认为这才是美学、审美学对教育活动所要做到的“趣味”。教育要让儿童不亦乐乎，而这个不亦乐乎又不是低级趣味。很多年前，曾经有人提倡过“快乐教育”。让儿童快乐当然好，但这个快乐教育不认真定义的话，是极其危险的。因为某些低级趣味的活动也可能带来“快乐”，而那个“趣味”更不是我们美学所倡导的“趣味”。真正审美上的“趣味”一定是有趣的，一定是生动活泼的，一定是孩子乐在其中、主体性得到弘扬的，但它绝不是朝低俗的方向去。审美，而非审丑。

某种意义上来讲，美学对教育实践的指导意义，就在于审美原则的运用能带来教育的“趣味”，能够使学习变成一种高尚的游戏。学习与游戏到底什么关系？一方面，学习跟游戏就像光谱的两极，学习就是学习，游戏就是游戏。但换一种思维，最好的学习又近乎游戏，而最好的游戏也等同于学习。真正的游戏状态，其实是人性丰满、人的主体性弘扬非常重要的表征。因为人在游戏的时候，其主体性、自由本质表现最为充分。

曾经就有美学家这样界定美，认为美就是一种游戏。虽然我觉得游戏太具象，跟美是人的自由本质的对象化比，我更倾向后者。但是在审美的帮助下，一旦教育的游戏特征在某种意义上得以恢复的话，教育的生动性也就得以恢复，完整的人性也就得以恢复。当孩子们以游戏的心态，不亦可乎地从事学习这个智力游戏的时候，智力活动不光使他们的完整人性得到肯定，不光使他们学习更有趣味，学习成绩、教学效率也自然会提高。

其实，好教师的标志之一，是他有本事“忽悠”自己的学生乐此不疲、兴味盎然地从事学习！因为在那种状态下，师生双方的主体性都得到了最优越的体现。当然，趣味也好、游戏也好，本质上就是要让学习者在教育过程中获得自由、解放——审美意义上的自由、解放，即“合乎规律性和合乎目的性的统一”。其实，审美上的自由跟政治上的自由也有某种内在的联系。因为真正好的政治自由也是要对自己的行为负责任的。维基百科上对政治自由的解释就是摆脱奴役，按照自己的意识去行动，并对自己的行为负责任。

总之，我认为健康的教育应该让学生当下自由和幸福，并且通过当下自由和幸福地学习去获得建构未来自由和幸福生活的主观能力。这才是我们的教育应该努力的工作。实际上教育的全部意义，终极的意义都在于此。

但非常不幸的是，实际生活中的教育常常是压制学生、约束学生，甚至是残害学生的勾当——这些就是前面所说的教育的异化！面对教育异化，我们常常推诿责任，常常说诸多教育异化都是由于社会的原因、体制的原因、历史的局限性，如此等等。但是如果很多客观的东西不能马上改变的话，那么那些操之在我的东西呢，我们是不是应当马上做，而不是将来做?！所以，最后我想用《论语》里面的一段话做一个呼吁，也给我自己做共勉——“吾欲仁，斯仁至矣！”① 孔夫子教导我们说：践行仁德其实并是不是很远的事情。如果你愿意，马上就可以践行仁德！今天我提议将这句话

①《论语·季氏》。

改成："我欲美，斯美至矣"！

前面提到《中国教育报》上关于教育活动审美标准的那篇文章发表后，我的一位老师曾经在电话里对我说：你在鼓吹一种教育理想啊。我们的教育，哪里还有审美可言，能按基本规范办事就已经不错了！我回答说："首先，老师你讲得很对，教育活动审美标准的建立，一方面的确是一种理想。不过，另外一方面，教育活动的审美化又不完全是未来的事情，而应该是当下的事情。"因为孔夫子等伟大的教育家早在在两千年前就有过诗教、乐教的理想与实践成就。而在现实中，我相信几乎任何一个教师都体验过教育生活的幸福。而依照刚才的原理（教育幸福就等同于教育美），如果教育生活中你曾经"幸福"过，你就一定已经创造过"教育美"，只不过你没有意识到那是美的创造带来的惬意，你也并不一定是用狭义的美（艺术美）的创造方式去获得这一美感体验而已。当一个教师非常轻松地完成一堂课的教学，当他乐滋滋地走出教室的时候，他当然已经无意识地创造了教育教学的美！所以具有审美性质的教育活动一方面是解放孩子，另外一方面也是解放我们自己。具有审美性质的教育活动能够让我们自己从日常的、琐碎的、庸俗不堪、为生计所迫的奴役性劳动状态上升到一个为自己的事业、为自己生命意义的提升去拼搏的生活样态。因此，教育生活的审美化，对教师自身是最人道的选择。

全世界的教师在经济上可能都不是最富有的，但我们有一点是任何其他行业都不能与之相比的伟大——教师是幸福人生的批量"再生产"者。从某种意义上讲，几乎所有的幸福人生是都可能是从我们的课堂里开始生根、发芽、开花、结果的。也正是因为这一点，我们就有可能获得人生最大的意义的幸福感。世界上如果有一个最高的美的话，我认为那应该是教育之美！为了我们自己，为了我们的孩子，为了国家与中国社会的健康发展，我们需要有"我欲美，斯美至矣"的勇气和实践。

（责任编辑　李红梅）

程　亮　1979年生，安徽岳西人。教育学博士。华东师范大学教育科学学院教育学系副教授、硕士生导师，教育部人文社科重点研究基地基础教育改革与发展研究所研究员。主要从事教育基本理论、教育伦理学、教育研究方法论等方面的教学与研究。近年来，在《教育研究》、《华东师范大学学报（教育科学版）》、*Journal of Curriculum Studies* 等学术期刊上发表论文二十余篇，著有《教育学的“理论—实践”观》，合作主编有《中国教育研究新进展》，译有《教学与社会变革》、《教育研究方法》等。其中，《中国教育学的发展趋向》（合撰）获第八届上海市哲学社会科学优秀成果奖论文类三等奖（2006），《教育学的“理论—实践”观》获第十届上海市哲学社会科学优秀成果奖著作类三等奖（2010）。独立主持省部级科研项目四项，参与国家和省部级重点项目多项。入选上海市晨光计划（2009）、上海市浦江人才计划（2012）。2010—2011年，在美国伊利诺伊大学香槟分校（UIUC）访问研修。

《“教育学史”：概念与维度》导读

“教育学史”：概念与维度*

程　亮

【摘要】历史地看，“教育学史”这个概念最初是“教育思想史”或“教育学说史”的别称，只是在20世纪80年代中期以来我国有关教育学的学科反思中逐渐变为“学科史”的范畴。“教育学史”作为一个研究领域，大体上形成于20世纪60年代，而在90年代以来进入了一个重要的发展期：有关教育学的国别研究在不断扩大；在研究视角上逐渐从认识论的层面走向社会史和跨文化比较的分析；而且，有关“教育学史”的研究也开始呈现出专题化和制度化的倾向。综观这些研究，可以发现，当代“教育学史”主要包括三个内在关联的维度：学科称谓史、知识建构史和学科制度史。

【关键词】教育学；教育学史；学科制度

我们要认识一个人，须读他的传记；我们要认识一门学问，也须读它的历史。

——丹麦哲学史家赫夫丁（Höffding）

有关教育问题的思考与探究，从来就不是件容易的事情。德国哲学家康德（Kant，I.）就曾感喟：“在人类的种种发明中，有两件事是最困难的，一是政治的艺术，一是教育的艺术。”① 也许正是因为“教育的艺术”的困难，专门以这门“艺术”为对象领域的“教育学”，其概念化和制度化的过程都相对滞后于其他学术同侪（包括专门以“政治的艺术”为研究对象的政治学）：作为指称“教育知识体系”的“教育学”概念大体发轫于18世纪，而“教育学”作为课程或教席，也是出现在这

---

*本文是上海市浦江人才计划C类“当代中国教育知识生产机制研究”［12PJC026］的成果之一。

① Groothoft，H. H. and Reimers，E.（Eds.），Ansgewählte Schrifter zur Pädagodik und ihrer Begrundung［Selected writings about education and its foundations］，(Edited by) Paderborn，Schöningh，1963. Cited from Kanz，H.，*Immanuel Kant*，International Bureau of Education，1993.

一时期德国大学之中①。但是，经过两个多世纪的发展，教育学逐渐从弥散的探究领域，转变成具有独立知识体系和独特社会功能的学科；而且，逐渐在大学设立了专属的系科和课程，拥有自己的专业协会和出版物，以及各种学术研究和交流的平台，形成了各种以“教育学”为中心的专业共同体。从这种意义上说，教育学无论是在知识生产层面还是在学术建制层面，都取得了前所未有的进展。

尽管如此，直到今天，教育学作为一门学术性学科（academic discipline）的身份和地位仍然不时地遭到各方面的质疑和挑战。譬如在西方，谢弗勒（Scheffler，I.）、彼得斯（Peters，R. S.）、米勒（Miller，J. R.）、扬（Young，J. I.）等人都对“教育学是一门（学术性）学科”表示质疑②；在我国，也有否认教育学作为一门独立学科的所谓“教育学的终结”论，从而强调教育（学）仅仅是一个问题领域或研究领域而已③。来自其他学科领域的有些学者，甚至不愿意将教育学列入学科分类的体系，如迪韦尔热（Duverger）、维耶（Viet）、克劳斯纳（Klausner）、皮亚杰（Piaget，J. P.）等④。霍斯金（Hoskin，K. W.）就说：“‘教育学’不是一门学科。今天，即使是把教育学视为一门学科的想法，也会使人感到不安和难堪。教育学是一种次等学科（sub-discipline），把其他‘真正’的学科共冶一炉，所以在其他严谨的学术同侪眼中，根本不屑一顾。在讨论科学问题的真正学术著作中，你不会找到‘教育学’这一项目。”⑤ 不仅如此，来自学科领域内部的许多教育研究者和实践者也常常轻视

① Villke，I.，Origins of Education as a Field of Study. Husen，T. & Postlethwaite（Eds.），*The International Encyclopedia of Education*（2nd Edition）. Elsevier Science Ltd.，1995；黄向阳：《教育知识学科称谓的演变：从“教学论”到“教理学”》，载瞿葆奎主编：《元教育学研究》，浙江教育出版社1999年版。

② Walton，J. &Kuethe，J. L.（Eds.），*The Discipline of Education*，The University of Wisconsin，1963；Soltis，J. F.，*An Introduction to the Analysis of Educational Concept*，Addison-Wesley Publishing Company，2nd printing 1978，pp. 22—30；范国睿、瞿葆奎：《西方教育学史略》，载瞿葆奎主编：《元教育学研究》，浙江教育出版社1999年版，第341—343页。但是，索尔蒂斯（Soltis，J. F.）、麦克默里（McMurry，G. F.）、沃尔顿（Walton，J.）、基西（Kuethe，J. L.）、贝思（Belth，M.）等人也对此进行了批驳。

③ 吴钢：《论教育学的终结》，载《教育研究》1995年第7期；劳凯声：《中国教育学研究的问题转向》，载《教育研究》2004年第4期；等等。但也有学者进行了回应。（如郑金洲：《教育学终结了吗？——与吴钢的对话》，载《教育研究》1996年第3期；周浩波：《论教育学的命运》，载《教育研究》1997年第2期。）

④ Olivera，C. E.，Comparative Education：Towards a Basic Thoery. In *Prospects*，Vol. 18，No. 2，1988，p. 177.

⑤ 参见［美］华勒斯坦等著，刘健芝等编译：《学科·知识·权力》，生活·读书·新知三联书店1999年版，第43页。

教育学的学术品质和实践效用①。

面对这些严峻的挑战，教育学者自然不能不审慎地思考这些关切自身的"安身立命"的问题：教育学是否已经是一门独立的学科？如果是，它是一门什么样的学科？如果迄今仍然不是，那么是否需要（或能够）这样一门独立的学科呢？如果有必要，那么怎样才能使它成为一门独立的学科？它怎样才能赢得其他学科的尊重和教育从业者的认可呢？如此等等。这些似乎是长期以来教育学者奋力解决却又未能完满解决的重要问题，以至于今天还有许多教育学者在不断追问和探索着。显然，对这些问题的解答，不能只是简单地从理论层面进行抽象的分析，或预先设定某种最终的辩护立场，也许更为重要的是，从历史的角度，在特定社会语境中，考察我们称之为或者当作"教育学"的东西究竟是怎样形成的，又走过了怎样的发展轨迹，其形成和发展的动力是什么，其转换的机制是什么，如此等等。不管教育学是不是已经成为一门学科，但是如果从康德、赫尔巴特以来教育学者的知识探究以及教育学术的制度化过程来看，教育学在过去两百多年所经历的过程本身就是不断寻求自身作为一门独立的学科或知识领域的艰难过程。追溯和描述这个历史过程，即是"教育学史"的任务。

一、"教育学史"：从思想史到学科史

单从作为一个称谓的"教育学史"来说，它并不是什么新鲜事物。其实，在"教育学"概念逐渐确立其稳定的意涵之后不久，"教育学史"的概念就进入了人们的视野，并在某些语言中一直延续至今。例如，德国施密特（Schimidt，K.）的《教育学史》（*Geschichte der Pädagogik*）（1860—1862），美国黑尔曼（Hailman）的《教育学史》（*History of Pedagogy*）（1874），法国孔佩雷（Compayre，G.）的《教育学史》（*The History of Pedagogy*）（1887）② 等等，都是西方教育学领域较早以"教育学史"为名称的著作。其后，相对于英语、法语等而言，德文中的"教育学史"（Geschichte der Pädagogik）概念仍然广泛存在于教育史类的著述中③。随着 19 世纪末 20

① Cf. Wilson，J.，*Educational Theory and the Preparation of Teachers*，1975. Hartnett，A. & Naish，M.（Eds.），*Theory and the Practice of Education*，1976. 亦可参见瞿葆奎主编，瞿葆奎、沈剑平选编：《教育学文集·教育与教育学》，人民教育出版社 1993 年版，第 460、533—534 页。

② 该书法文原名为"Histoire Critique des Doctrine de l'Éducation en France depuis le Seizième Siècle"，直译是《16 世纪以来法国教育学说批判史》。1887 年，由美国教育学者佩恩（Payne，W. H.）英译出版，名称改为"The History of Pedagogy"。

③ Blankertz，H.，*Geschichte der Pädagogik*（*Büchse der Pandora*），1982；Böhm，*Geschichte der Pädagogik*；Kirchner，*Geschichte der Pädagogik*；Körner，*Geschichte der Pädagogik*；Moog，W.，*Geschichte der Pädagogik*，Ratingen：Henn；Reincke，*Geschichte der Pädagogik*；Ziegler，*Geschichte der Pädagogik*；Vogel，*Geschichte der Pädagogik als Wissenschaft*；Weimer，von H.，*Geschichte der Pädagogik*，Berlin：Walter de Gruyter，1991；Blattner，Fritz，*Geschichte der Pädagogik*，Heidelberg：Quelle，1956；etc.

世纪初“教育学”及其相关学科的引介，“教育学史”概念也进入中国教育学者的视野。1903年，日本学者金子马治著、陈宗益译的《教育学史》，由上海广智书局出版；1908年，《直隶教育杂志》连载日本学者高岛半三郎讲演、张宗哲编述的《教育学史》。随后，在国人自己撰述的论著中，也开始使用“教育学史”这个称谓，如姜琦在《西洋教育史大纲》（商务印书馆1930年版）中，辟有“附录”，专论“西洋教育学史”；唐钺、朱经农、高觉敷主编《教育大辞书》（商务印书馆1930年版）特别收录了“教育学史”这个词条。

然而，无论中外，从这些学者提供的界定及撰述的内容来看，“教育学史”实质上就是“教育思想史”、“教育学说史”。譬如，《教育大辞书》曾对此有明确的解释：“教育学史者，叙述教育学说变迁之历史也。故教育学史，系思想之变迁史，非教育之变迁史也。教育实际之变迁之研究，非教育学史之任务，故教育学史以视教育史，其范围较狭小，盖仅教育史中之一部分耳。教育史研究教育之实际与思想两方面之变迁，即以人文发达之全部事实为研究之材料也。教育学史所取之资料，仅限于教育思想家之著作，而探究其学说。”①这种关于“教育学史”的理解，显然与通常所谓的“教育思想史”（intellectual history of education）或“教育学说史”（history of educational theories or doctrines）并无根本的区别，主要是叙述教育史上一些重要的教育思想家有关教育问题的思考。因此，它的起点并不是教育学的学科形成或教育学术建制的肇始，而是可以上溯到上古时期有关教育问题的碎片化记录。就此而言，从孔孟到程朱，从苏格拉底（Socrates）到笛卡儿（Descartes，R.），但凡对教育问题有些真知灼见的思想家和教育家，都可以进入教育思想史（或学说史）的系列。但是，在学科意义上的教育学形成之后，思想史（或学说史）的写作就不能不正视和处理与“学科史”有关的问题。毫无疑问，教育思想的积累是教育学得以产生的理智条件，但同时也许必须注意到在教育学形成之后学科制度的力量也开始成为教育思想的重要背景。由于教育学的学术制度的逐渐形成，一部分（尽管不是全部）思想家或教育家开始进入大学的教育系科，承担与教育有关的课程，从事与教育有关的研究，这些工作在不同程度上推动了他们有关教育的深入思考。例如，康德（Kant，I.）的《论教育学》（*Uber Pädagogik*），就是他在柯尼斯堡大学主持教育学讲座的过程中逐渐形成的；杜威（Dewey，J.）将哲学引入教育，与他在芝加哥大学哲学、心理学和教育学系建立芝加哥大学实验学校是分不开的。从这种意义上说，思想史不可避免地与学科史纠缠在一起。此外，思想史的写作还要处理一个更为具体的问题：某些学者在教育思想和学科建构上具有建树，典型的如赫尔巴特（Herbart，F.）、涂尔干（Durkheim，E.）等；还有些学者在思想史上并不是十分重要，但是在学科史上却是

① 唐钺、朱经农、高觉敷主编：《教育大辞书》，商务印书馆1930年版，第1033页。

无法绕开的人物，典型的如特拉普（Trapp，E. C.）等。在思想史的框架下，这两类群体往往都得不到合理的对待：要么着力叙述他们在教育思想方面的意义，要么索性将他们排斥在教育思想史或学说史的谱系之外。当然，这里并不是有意在学术与思想之间做截然的划分，而是旨在表明在某些教育学者那里，确实存在畸重畸轻的差别，而这种差别自然会使教育思想史写作发生游移，同时让教育学科史得不到应有的重视。

在这里，我们不妨用"奥卡姆剃刀"，将教育思想史或学说史从"教育学史"的概念下清理出去，使"教育学史"成为"教育学"的学科史，或成为"教育研究"的历史。由于"教育学"概念在不同语言中指称的对象或范围不尽相同，特别是在英语中"education"语义的双重性和"pedagogy"概念的狭义化，似乎很难找到指称我们所说的学科意义上的"教育学"概念，但是这并不意味没有其他概念来表示这个研究领域，相反倒是出现了各种不同的表述，如"History of Educational Studies"、"History of Educational Research"、"History of Educational Sciences"或"Histoire des Sciences l'education"。在我国，学科分类的传统很强，"教育学"作为一个学科概念不像英语世界那样容易引起歧义，而且将"教育学史"定位为学科史，还可以在其他学科领域中找到先例，如"人类学史"、"民族学史"、"社会学史"、"图书馆学史"，其实就是在写人类学、民族学、社会学、图书馆学的学科史。①

事实上，自20世纪80年代中期以来，在"元教育学"的反思中，作为学科史的"教育学史"概念也一度进入人们的视野，引起了广泛的关注。例如，何齐宗就批评当时对教育学发展历程的研究，要么是作为一个章节出现在教育学的教科书之中，要么是对中外教育史上主要教育家教育思想的述评上，并认为"前者过于简单，而后者又不够系统"，进而将"教育学史"定位为"关于教育学产生和发展规律的科学"②。其后，陈桂生的《历史的"教育学现象"透视——近代教育学史探索》（人民教育出版社1998年版）、王坤庆的《教育学史论纲》（湖北教育出版社1999年版）、瞿葆奎的《中国教育学史》、《西方教育学史略》③ 等，都明确在"教育学史"的概念下探讨作为一门学科的教育学的产生和发展的历史。瞿葆奎和唐莹合撰的《教育科学分类：问题与框架》，则直接将"教育学史"与"元教育学"视为"以教育理论为研究

① 例如，王建民等著：《中国民族学史》，云南教育出版社1997—1998年版；郑杭生、李迎生著：《中国社会学史新编》，高等教育出版社2000年版；闫明著：《中国社会学史：一门学科与一个时代》，清华大学出版社2010年版；胡鸿保主编：《中国人类学史》，中国人民大学出版社2006年版；等等。

② 何齐宗：《"教育学史"刍议》，《教育研究》1989年第8期。

③ 见瞿葆奎主编：《元教育学研究》，浙江教育出版社1999年版；瞿葆奎编著：《教育学的探究》，人民教育出版社2005年版。

对象的学科”，并以“史”和“论”相别①。这意味着，“教育学史”作为学科史的范畴，在我国教育学领域逐渐确立相对稳定的“所指”。

二、“教育学史”研究的兴起

诚如前述，有关“教育学史”的研究，最初主要散落在“教育通史”或“教育思想史”的体系中，并没有形成专题性的、系统性的研究，自然也没有引起教育史学家的特别关注。美国教育史家拉格曼（Lagemann，A.）就说，在很长一段时间里，“教育史学家一直关注教育政策史、学校管理史、近来的教师和教学史，而对社会思想史感兴趣的历史学家主要研究社会学、心理学和其他一些专业，特别是医学，但没有人研究过教育研究的历史。”② 但是，随着“科学哲学”的发展和“科学史”领域的形成，以及教育学科自我反思的不断增强，有关“教育学史”的研究从20世纪60年代开始就逐渐进入人们的视野，到今天已经逐渐形成了一个相对独立的研究领域，甚至成为广义的“科学史”（history of sciences）家族中的一员。

学科史总是以某门或全部学科的产生和演变作为分析对象的，是以学科的存在以及“成熟”作为前提的。这种存在以及“成熟”，不仅仅表现为有关研究对象的思考和探究逐渐系统化，而且更重要的是，该学科在大学的学术建制（以系科为标准）广泛确立，以及以该学科为基础的专业共同体基本形成。18世纪末以至19世纪，虽然像德国的哈勒、柯尼斯堡、马堡已经有了教育学的教席和研讨班（seminar），像康德、特拉普、赫尔巴特等也有不少教育学的著述，但是有关教育学的学科史研究是绝无在这个时期出现的可能。尽管赫尔巴特和施莱尔马赫都曾有建立“科学教育学”、确立教育学作为一门独立学科的尝试，但是教育学真正在德国大学中占有一席之地，则是与赫尔巴特的追随者斯托伊（Stoy，K.）、齐勒尔（Ziller，T.）、维尔曼（Willman，O.）、莱因（Rein，W.）等人的工作有关，古典时期的教育思想到19世纪80年代也逐渐式微了。差不多在20世纪初，这方面的研究才开始露出一些端倪。譬如，德国文化教育学的先驱斯普朗格（Spranger，E.）就曾对1880—1930年德国教育学的发展过程进行过分析，并以1900年普鲁士教育会议和1920年国家教育会议为界将这五十年教育学历程分成三段。③

① 瞿葆奎、唐莹：《教育科学分类：问题与框架》，载瞿葆奎编著：《教育学的探究》，人民教育出版社2005年版。

② ［美］拉格曼著，花海燕、梁小燕等译，严正、杨轶审校：《一门捉摸不定的科学：困扰不断的教育研究的历史》，教育科学出版社2006年版，第11页。

③ ［德］施卜朗格（即斯普朗格）著，童德禧译：《教育学》，载中德学会编译：《五十年来的德国学术》（第一册），商务印书馆1937年版，第224—267页。

到了20世纪60年代以后，教育学史方面的探究开始有些拓展。在美国，早在1963年，美国罗巴茨（Robarts，J. R.）专门探讨了美国教育学的兴起和发展过程，完成了题为"美国教育科学的兴起"（The Rise of Educational Science in America）的博士论文。在这篇论文中，罗巴茨主要探讨了19世纪以至20世纪最初十年美国教育学者有关教育科学的观点和论争，及其在教师培训、专业组织和期刊、学术著作中的具体体现①。1968年，他又在《教育史季刊》（*History of Education Quarterly*）上发表了《19世纪美国教育科学的探寻》（The Quest for a Science of Education in the Nineteenth Century），集中对19世纪美国学者有关教育科学存在必要性和可能性的争论进行了梳理和分析。②

实际上，在这一时期大西洋彼岸的英国，莱切斯特大学教育学教授蒂博（Tibble，J. W.）等人也在系统地考察和反思英国教育学术的历史和现实。1966年，蒂博主编了《教育研究》（*The Study of Education*）一书。其中，第一章就是他自己撰述的"教育研究的发展"（The Development of the Study of Education），对英国教育研究产生的动力和发展的脉络进行了概要性的梳理；第二章是赫斯特（Hirst，P.）有关教育理论性质的系统探讨；第三到六章依次是由彼得斯（Peters，R. S.）撰述"教育哲学"、西蒙（Simon，B.）撰述"教育史"、莫里斯（Morris，B.）讨论"心理学对教育研究的贡献"、泰勒（Taylor，W.）讨论"教育社会学"。③ 这本书是蒂博本人主编的"学生教育丛书"（*The Students Library of Education*）中重要的一本，属于有关教育研究本身的基础性或导论性的著作。而且，这本书奠定英国教育研究作为多学科或跨学科领域的方向。其后，《英国教育研究杂志》（*British Journal of Educational Studies*）在创刊30周年的纪念专刊中，就是按照教育哲学、教育社会学、教育心理学、教育史学等学科，对1952—1982年英国教育研究的情况进行了回顾与反思。1983年，西蒙（Simon，B.）在《英国作为一门大学科目的教育研究》（*The Study of Education as a University Subject in Britain*）一文中，大体也是按照这些学科的转换分析英国大学教育学科的演变，认为从19世纪90年代开始，英国教育学先后经历五个发展阶段：（1）赫尔巴特学派的折中理论（19世纪90年代到1914年左右）；（2）心理学主导（两次世界大战之间）；（3）社会学取向（20世纪50年代）；（4）哲学取向（20世纪60

---

① Robarts，J. R.，*The Rise of Educational Science in America*. Dissertation for PhD. Degree，University of Illinois at Urbana-Champaign，1963.

② Robarts，J. R.，The Quest for a Science of Education in the Nineteenth Century. *History of Education Quarterly*，Vol. 8，No. 4，1968.

③ Tibble，J. W.（Ed.），*The Study of Education*. London：Routledge and Kegan Paul，1966.

年代）；（5）“教学法”阶段（20 世纪 80 年代）①。

20 世纪 90 年代以来，有关教育学史的研究进入了一个重要的发展期。这主要表现在以下方面：首先，有关教育学史的国别研究在不断扩大，除了德国、英国、美国继续强化对本国教育学发展的历史分析之外，法国、瑞典、瑞士、比利时、西班牙等国的学者也开始反思本国的教育学发展。例如，米亚拉雷（Mialaret，G.）在《教育科学导论》（*Introduction to the Educational Sciences*）中对法国教育科学的概念和历史进行了概述②，而高瑟林（Gautherin，J.）则对 1883—1914 年法国大学教育科学制度化的过程及其与教师培养之间的互动关系③；本特森（Bengtsson，J.）立足于学科身份概念对瑞典及其他斯堪的纳维亚国家教育学的历史变迁进行了梳理④，林德伯格（Lindberg，L.）利用就职演说、课程纲要、政府报告、研究活动等材料对 20 世纪瑞典教育学的发展进行了细致的分析⑤；斯潘尼（Späni，M.）、霍夫施泰特尔（Hofstetter，R.）和施诺伊夫利（Schneuwly，B.）对 1870—1950 年瑞士大学教育学或教育科学的演变进行了梳理⑥；约夫（Jover，G.）和拉巴扎兹（Rabazas，T.）对西班牙教育学制度化的起源进行了回溯⑦；如此等等。

其次，有关教育学史的研究在视角上也在不断丰富。一方面，这些研究不限于教育学认识论的发展，而是进一步强化有关教育学的制度史或社会史的分析。典型的如美国拉格曼的《一门捉摸不定的科学：困扰不断的教育研究的历史》（*An Illusive Science：the Troubling History of Educational Research*）及其与此有关的系列论文⑧。另一方面，这些研究不限于单一国家教育学史的研究，而是加强了国家之间的比较分析，

---

① Simon，B.，The Study of Education as a University Subject in Britain. *Studies in Higher Education*，Vol. 8，No. 1，1983.

②〔法〕米亚拉雷著，郑志、张志远译：《教育科学导论》，光明日报出版社 1989 年版。

③ Gautherin，J.，Preparing French School Teachers by Means of the Science of Education（1883—1914）. *European Educational Research Journal*，Vol. 1，No. 1，2002.

④ Bengtsson，J.，The Many Identities of Pedagogics as a Challenge：Towards an Ontology of Pedagogical Research as Pedagogical Practice. *Educational Philosophy and Theory*，Vol. 38，No. 2，2006.

⑤ Lindberg，L.，Is “Pedagogik” as an Academic Discipline in Sweden Just a Phenomenon for the Twentieth Century? The Effects of Recent Education Reform. *European Educational Research Journal*，Vol. 1，No. 1，2002.

⑥ Spani，M.，Hofstetter，R. and Schneuwly，B.，Interweaving Educational Sciences and Pedagogy with Professional Education：Contrasting Configurations at Swiss University，1870—1950. *European Educational Research Journal*，Vol. 1，No. 1，2002.

⑦ Jover，G. and Rabazas，T.，Continuities and Discontinuities in the Origins of the Institutionalisation of Pedagogy in Spain. *Paedagogica Historica*，Vol. 45，No. 3，2009.

⑧ Lagemann，A.，The Plural Works of Educational Research. History of Education Quarterly，Vol. 29，No. 2，1989；Lagemann，A.，Contested Terrain：A History of Education Research in the United States，1890—1990. *Educational Researcher*，Vol. 26，No. 9，1997.

或者以教育学为中心综合主要国家教育学的发展史。前者如施里韦尔（Schriewer，J.）、凯纳（Keiner，E.）对德国和法国教育科学的传播模式及其学术传统进行了对比①、德帕皮（Depaepe，M.）对1890—1940年美国和西欧实验教育学的发展进行了比较②，后者如德国维尔克（Willke，I.）的《教育作为一个研究领域的源起》（*The Origins of Education as a Field of Study*）。

再次，有关教育学史的研究呈现出专题化的倾向。特别是欧陆的一些学术期刊，不仅持续发表一些与教育学史有关的主题论文，而且出版专辑，邀请一些教育学者围绕教育学发展问题进行集中探讨。例如，前述的《英国教育研究杂志》在创刊30周年（1982）、50周年（2002）和60周年（2012）时都出版了专辑，主题分别是"不列颠教育研究的发展"（The Development of Educational Studies in Britain）、"英国教育研究（1940—2002）"（Educational Studies in UK，1940—2002）和"学科性、学科间性与教育研究：过于、现在与未来"（Disciplinarity，Interdisciplinarity and Educational Studies—Past，Present and Future）。2002年，《欧洲教育研究杂志》（*European Educational Research Journal*）创刊号就以"欧洲教育研究的兴起与发展"（The Emergence and Development of Educational Research in Europe）为主题，特邀瑞士的霍夫施泰特尔和施诺伊夫利主编；2007年，该刊又以"英国教育研究的地图"（Mapping Educational Research in the UK）为专题出版了专辑。此外，《牛津教育评论》（*Oxford Review in Education*）也在2009年邀请牛津大学教育学系的福隆（Furlong，J.）和劳恩（Lawn，M.）担任主编，出版了以"教育学科及其在未来教育研究中的作用"（Disciplines of Education：Their Role in the Future of Education Research）为主题的专辑③，2011年该刊论文进一步扩展又作为单行本在鲁特里奇（Routledge）出版。如此等等。

此外，有关教育学史的研究也呈现出制度化的特征。欧陆一些国家甚至设立了专门以教育学（科）为研究主题的机构、项目，举办了相关的学术研讨会议。例如，瑞士日内瓦大学心理与教育科学系设立了"教育科学史研究团队"（Equipe de Recherche en Histoire des Sciences de l'Education，简称"ERHISE"），由霍夫施泰特尔教授领衔。该团队旨在探讨19世纪末以来教育科学的学科化过程及其与教师培训发展之间的关联。在瑞士国家科学基金（SNSF）资助下，他们先后承担了"作为一门学

---

① Schriewer，J. and Keiner，E.，Communication Patterns and Intellectual Traditions in Educational Sciences：France and Germany. *Comparative Educational Review*，Vol. 36，No. 1，Feb. 1992.

② Depaepe，M.，Experimental Research in Education 1890—1940：Historical Processes behind the Development of a Discipline in Western Europe and the United States. *Journal of the Institute of Education*，University of Hull，Vol. 42，1992.

③ *Oxford Review of Education*，Vol. 35，No. 5，2009.

科的教育科学的兴趣与最初的发展：以日内瓦为例（1890—1948）”（Emergence et premiers développements des sciences de l'éducation comme champ disciplinaire. L'exemple de Genève. 1890—1948）、“瑞士教育科学制度化过程（19世纪末至20世纪上半期）的对比分析：以弗里堡、日内瓦、洛桑和苏黎世大学为例”（Configurations contrastées du processus de disciplinarisation des sciences de l'éducation en Suisse（fin 19e - première moitié 20e siècles. Les exemples de Fribourg，Genève，Lausanne et Zurich）、“瑞士教育科学制度化过程（19世纪末至20世纪上半期）”［Configurations contrastées du processus de disciplinarisation des sciences de l'éducation en Suisse（fin 19e - première moitié 20e siècle）］等项目。又如，1998年，国际教育史杂志（*Paedagogica Historica*）邀请德雷维克（Drewek，P.）和鲁斯（Lüth，Ch.）主编的《教育科学史》（*Histoire des Sciences l'education*，*or History of Educational Studies*），其中涉及欧陆一些主要国家教育（科）学的发展概况和问题。

以上主要是西方教育学史研究兴起的概况。实际上，在中国，有关教育学学科史的研究也可以追溯到20世纪80年代中后期，比如雷尧珠的《试论我国教育学的发展》（载《华东师范大学学报（教育科学版）》1984年第2期）、贾永堂的《论教育学理论及其在近代发展的阶段与特点》（载《华东师范大学学报（教育科学版）》1989年第4期）即属此类。90年代初，又有一些代表性的论文，如成有信的《简论教育学的形成和发展》（载《教育研究》1990年第3期）、周谷平：《近代西方教育学在中国的传播及其影响》（载《华东师范大学学报（教育科学版）》1991年第3期）、陈元晖的《中国教育学七十年》（载《北京师范大学学报（社会科学版）》1991年第5期）。到世纪之交，有关中西教育学的历史梳理和反思，特别是有关20世纪教育学历程的分析，几成一股风潮，形成了不少反映教育学发展总体性或阶段性脉络的学术专著，典型的如：

陈桂生著：《历史的“教育学现象”透视——近代教育学史探索》（人民教育出版社1998年版）；

王坤庆著：《教育学史论纲》（湖北教育出版社1999年版）；

郑金洲、瞿葆奎著：《中国教育学百年》（教育科学出版社2001年版，该书是瞿葆奎发表在《教育研究》1998年第12期、1999年第1—2期上的同名论文扩展而成）；

金林祥主编：《20世纪中国教育学科的发展》（上海教育出版社2002年版）；

王坤庆著：《20世纪西方教育学科的发展与反思》（上海教育出版社2002年版）；

叶澜主编：《二十世纪中国社会科学·教育学卷》（上海人民出版社2005年版）；

侯怀银著：《20世纪中国教育学发展问题研究》（北京师范大学出版社2011年版）；

项建英著：《近代中国大学教育学科研究》（华东师范大学出版社2012年版）；

叶志坚著：《中国近代教育学原理的知识演进：以文本为线索》（浙江大学出版社2012年版）；

如此等等。这些研究都在不同程度上触及了作为一门学科的教育学发展的方方面面，既有发生学的考察，也有社会史的分析；既关涉到认识论的变化，也涵括了系科、教材等层面的发展。

综上可见，在最近的三十多年时间里，教育学史研究在视角上不断扩展，在内容上不断丰富，在方法上也日渐多元，涌现出了一些具有典范意义的著作，甚至在少数国家（如瑞士、比利时）形成了教育学史研究的共同体。

三、"教育学史"的三个维度

从这些研究中，可以看到，狭义"教育学史"所关涉的范围仍然是相当广泛的。美国教育学者拉格曼认为，这个领域关注的问题包括："教育学术的历史特点如何确定及如何发生变化？哪些传统、趋势、人物、事件和机构对建立和改变教育研究的核心特点至关重要？为什么教育研究这一学术领域的工作总是被看作一个后娘养的孩子，通常被学术界所鄙视并很少被政策制定者、实际工作者或普通公众所相信？最后但很重要的一点是，教育学术的历史究竟对教育研究的现状有什么样的启示？历史分析能否指出结构重组的积极方向，不仅能够更好地理解教育，而且能够通过研究来改进教育政策和教育实践？"① 概括起来，不外乎两个层面：一个是内在的知识建构层面，关注教育学在范畴、论域、方法论、体系方面发生的演化；另一个是外在的学术制度层面，关注教育学在大学的建制、课程形式、专业团体、学术机构等方面发生的历史变迁。如果根据本尼特（Bernett，R.）的观点，这两个层面也可以称为"认识论的维度"（epistemological dimension）和"社会学的维度"（sociological dimension）②。前者关注的是在特定学科中什么算作知识，这些知识是运用什么方法建构起来的，以及运用这些方法生产了哪些知识，如此等等；后者关注的是前者是在怎样的社会结构中建立起来的。这两个层面互为表里，相辅相成，成就了教育学在不同时期、不同社会中的多元化格局。实际上，除了这两个层面或维度之外，还有一个维度也引起了一些教育学者的关注，即用来指称教育知识体系的学科称谓的演化。下面我们就从学科称谓的维度说起。

---

①［美］拉格曼著，花海燕、梁小燕等译，严正、杨轶审校：《一门捉摸不定的科学：困扰不断的教育研究的历史》，教育科学出版社2006年版，第6页。

② Bernett，R.，*The Idea of Higher Education*，Buckingham：Open University Press，1990.

（一）学科称谓史

在词源上，学科（discipline）原本就具有“知识”和“权力”两重意义。“称一个研究范围为一门‘学科’，即是说它并非只是依赖教条而立，其权威性并非源自一人或一派，而是基于普遍接受的方法和真理。”① 一门学科有无固定的、统一的或普遍使用的学科称谓，在某种程度上反映了这门学科对其从业者所具有的约束力。在人类已经确立的学科门类中，大概很少有学科像“教育学”那样，拥有如此纷繁复杂的“名字”，以至于在今天很难在不同的国家或语言之间找到完全共享或匹配的称谓。像“哲学”、“社会学”、“经济学”、“人类学”之类的学科称谓在一些主要国家或语系中都可以找到意义符应的语词，但是“教育学”这个却面临着相当的困难，它可以与德语的“Padagogik”相对应，但很难在英语中找个对应词。为此，瑞典教育学者本特森专门注释道：

除了英语之外，pedagogy是西方语言中最常用的用来表示教育知识生产学科的词。英语“education”与这个词不能等同，因此不能用在这个语境中。然而，“pedagogy”是不是可供使用的最合适的英语单词，仍然是值得怀疑的。另一个备选的单词也许是“pedagogics”。从语言方面来说，这是一个可能的建构。有相同后缀的其他单词有美学（aesthetics）、解释学（hermeneutics）和教学论（didactics）。这样选择的一个重要原因是，“pedagogics”的后缀源于“techne”，表示目的导向的、实际的知识，理解，技能或技艺，因此也包括知识；而“pedagogy”的后缀源于“agein”（引导）和“agoge”（引导的过程）。在这种意义上，“pedagogy”仅仅是做某事（即引导儿童）的问题，而“pedagogics”包括有关怎样做这件事的知识。在《兰登书屋英语词典》（1983，p. 1428）中，都可以找到这两个单词。“pedagogics”是指“教学或教育的科学或艺术”，而“pedagogy”有两个基本的意义：“1. 教师的职能或工作，即教学；2. 教学、教育、教学法的艺术或科学”。②

有时在英语中，education兼指教育活动和教育理论两类范畴。为了避免混淆，哈丁（Harding）等人甚至想另造一个“educology”来指称有关教育的知识体系，以区别作为教育实践或活动的education；但也有直接用educational study或educational research这类概念讨论有关教育的知识问题。实际上，不限于此，一些国家有关教育知识体系的称谓还有“教育科学”之类概念，而这个概念在不同语系中所指称的知识性质和范围都存在某些差异。例如，德语的“Erziehungwissenschaft”泛指一切与教育

① ［美］华勒斯坦等著，刘健芝等编译：《学科·知识·权力》，生活·读书·新知三联书店和牛津大学出版社1999年版，第13页。

② Bengtsson, J., The Many Identities of Pedagogics as a Challenge: Towards an Ontology of Pedagogical Research as Pedagogical Practice. *Educational Philosophy and Theory*, Vol. 38, No. 2, 2006.

（Erziehung）有关的知识体系，既包括经验的（empirical）知识也包括思辨的或理论的知识；但法语的“des Sciences l'education”和英语的“educational sciences”却要狭隘得多，往往是指“有关教育的经验研究”（empirical research on education）。即便在同一语言系统中，有关教育的知识体系也会因为探究对象的区分而有所区别，如德语中的“Erziehung”和“Bildung”分别指向强调外在的“教育”和强调内在的“教养”概念，它们各自对应的知识体系就是“Padagogik”和“Didaktik”。

如此等等，都反映了教育学概念的复杂性和多样性。如果与其他学科进行对比，教育学在称谓上的这些变化绝不仅仅是概念游戏，而是与特定社会的文化、教育的体制、学术的传统等密切相关的。因此，在教育学史领域，就有必要深入地探究这些名称是如何演化而来的？它们背后究竟体现了怎样的有关教育知识性质、功能和地位的假设呢？为什么在不同的国家或语言中会使用这些不同的概念呢？诸如此类的问题，表面看来无关宏旨，实则是一个关涉到学术权力的政治学问题，影响到教育学作为一个学科或领域的自主性和合法性。最为典型的就是英语中从“pedagogy”到“education”的转换，不仅意味着将教育学的对象域从教学方法、学校管理拓展到学校教育的方方面面，而且有利于教育学广泛吸收基础学科的成果，深入利用各种实证的方法进行具体探究，从而在一定程度上提升了教育学的学科地位，使其在大学的殿堂里赢得了初步的发展空间。对此，美国教育学者亨德森（Henderson，E. N.）有过明确的描述和分析：

将教育学这门学科引入高等院系之后，‘教育学’（pedagogy）这个词也产生了一些新的问题。人们觉得教育学主要是师范学校的一门科目，它主要关心小学的各种问题，以及教小学课程中各门科目的‘根据经验而得出的’方法。大学里的专家往往认为，他们所以在大学里有教的资格，主要是因为他们具有所教的学科的知识。除此之外，他们也承认自然性向和经验的重要性，但他们不承认各种方法的效用。许多专家直率地嘲笑‘教育学’的自负，并且讨厌在高等教育中设置教育学课程。有些专家甚至批判教育学对初等教育的一切影响，认为教育学强调兴趣，它败坏了学校的工作，给予我们的是‘软性’教育学（soft pedagogy）。……因此，为了确保教育学持久的立足之地，为了使教育学获得平等的学科地位，有必要修正和扩充教育学的内容。为了标志这种变化，出现了用 education 一词取代 pedagogy 的倾向，并用 education 作为系科和教授职位的名称。pedagogy 一词在很大程度上也弃而不用了。①

（二）知识建构史

一个学科或领域的生存和发展，不单单是依靠“正名”，更重要的是必须依托一

① 瞿葆奎主编，丁证霖、施良方选编：《教育学文集·教育与教育学》，人民教育出版社 1993 年版，第 297 页。

定的研究程序和方法建立起真正严格的知识体系。然而，对于什么是有关教育的知识，是否有可能获得这些知识，以及怎样获得这些知识，在不同的历史时期人们给出了不同的回答，发展了不同的建构教育知识的路径与方法。作为学科史的教育学史自然也不能回避对这些问题的历史梳理。正如有学者指出的那样，“将学科史作为一门学问或一种学术问题加以探讨，应当重点思考的也就不再是具体的个人或单位的评价尺度，而是学科发展中的延续、断裂、重构，以及学术范式的继承和转换。”①因此，教育学史研究的第二个维度或方向就是教育学的知识建构史。

显然，要进行知识建构史的分析，首先就必须清晰知识建构涵盖了哪些最为核心的维度。如果把知识建构看作一个过程的话，那么它内含的维度不外乎两个层面：第一层面涉及的问题是它试图建构或已经建构的是怎样的知识，即成果或结果的层面，表征为一系列核心的概念以及由这些概念连接所构成的各种陈述的体系（包括命题、公式、理论等），这个层面是可见的、外显的，相对来说也是表层的；第二层面涉及的问题是它是通过怎样的途径或方法建构这些知识的，即过程或方法的层面，表征为依据什么理论、采用什么方法去建立和确证前述的概念及其体系，相对来说是内隐的、深层的。有关教育学的知识建构的分析，也需要考虑这两个维度。

第一个层面的探讨相对来说较为明确，主要是集中在所建构的概念及其体系层面。就一门学科的知识生产来说，概念的建构是基础性的，它直接关系到学科的理论成熟度。自然科学中的概念基本上是理论或学术的语言，往往是学术共同体所共享的，一旦确立即较少受到个体或其他社会因素的影响；但是人文社会科学的“概念”往往具有较大的流动性和不稳定性，也就是说人们往往根据个人的偏好或社会的要求表达他们对“概念”的理解，在教育学领域尤其如此。就像美国教育哲学家索尔蒂斯（Soltis，J.）所说的，“教育”一词的用法是多样的，有时是描述性的，有时是规定的，有时又是纲领性的②。特别是后两种用法尤其表达了使用者的个人意图和价值。人们注意到，这些概念及其体系往往渗透在当时教育学的教科书和学术论著中。因此，透析这些教科书和学术论著，可以窥见特定时期教育学的知识建构面貌。比如，英国学者尼斯贝特（Nisbet，J.）③ 以及前面提到的美国学者罗巴茨和德国学者凯纳等人都采取了类似的方法。

但是，第二个层面的探讨较为复杂，涉及的层面较多。单纯从认识论的层面来

---

① 胡鸿保主编：《中国人类学史》，中国人民大学出版社2006年版，“序”第3—4页；王建民：《作为学术问题的中国人类学史》，载《思想战线》1997年第2期。

② 瞿葆奎主编，丁证霖、施良方选编：《教育学文集·教育与教育学》，人民教育出版社1993年版。

③ Niset，J.，Early Textbooks in Educational Research：The Birth of a Discipline. *European Educational Research Journal*，Vol. 1，No. 1，2000.

说，至少包括以下层面：首先是具体方法体系（methodologies）。任何知识都是通过一系列具体的方法及其组合体系来实现的，可以是问卷、访谈、观察、测量等具体的技术和手段，也可以是实验法、调查法、内容分析、个案研究、人种志等方法体系。其次是支撑这些具体方法体系的研究取向（approaches），典型的是定量取向、定性取向、混合取向。再次是认识论框架（epistemological framework），也就是上述三种取向赖以建立的认识论假设，其中包括对什么是知识、知识如何可能、如何建构知识等前提问题的回答。一般来说，在教育学领域，人们关注的往往是“实证的”、“解释的”、“批判的”三种框架，现在又出了一种更为综合的框架，即“实用的”（pragmatic）。第四个层面则是更为深层的哲学基础（philosophical foundations），也就是说上述各个层面所依赖的哲学立场或体系。比如，为实证的框架提供基础的是实证主义和后实证主义，而为解释的框架提供基础的既有后实证主义，也有诠释学、现象学，为批判的框架提供辩护的则是批判理论、女性主义之类的。（见图 1）当然，这些层面的区分只是相对的，而且它们的特定组合构成了知识建构的不同模式和路径，比如“科学—实证”取向、“人文—诠释”取向、“社会—批判”取向等。

从产生的时间来说，这些不同的组合模式和路径也存在着历时的发展关系。最初是哲学—思辨的规范教育学，随后是以科学—实证为取向的经验教育学，而作为对前述两种教育学的“反动”，又出现了以人文—诠释为取向的精神科学教育学；其后兴起的批判教育学既是对前面三种取向的“批判”，又在一定程度上体现出对它们的“综合”。这不仅是教育学发展的历史展现，也是教育学认识论的逻辑推进。当然，这只是从整体上描述教育学的知识建构过程，而具体到不同的国家又会呈现出一定的独特性。以德国教育学的发展史为例，根据伦岑（Lenzen，D.）的分析，随着社会的变化和教育的改革，20 世纪德国教育学就从精神科学教育学走向国家教育学，而后回归精神科学教育学，但是在社会批判理论的促动下，又形成了批判教育科学；同时在美国经验的社会研究的影响下，出现了经验教育学。1975 年以后，随着批判主义面临的危机，德国教育学呈现出多元发展的格局。（见图 2）从伦岑的分析中，也可以看到，教育学在知识建构的路径上并非完全线性的，不仅存在复归早期知识建构方式的可能，而且会出现多种知识建构方式在同一时期并存和互动的倾向。

（三）学科制度史

实际上，在知识建构的层面，还有许多熟知并广泛引用的“概念框架”，特别是美国科学哲学家库恩（Kuhn，T.）的“范式”、劳丹（Laudan，L.）的“研究传统”，以及德国哲学家哈贝马斯（Herbermas，J.）的“认识兴趣”等。毫无疑问，这些框架都不限于前述两个纯粹认识论的层面，而是深入到社会学的层面，即将知识生产或

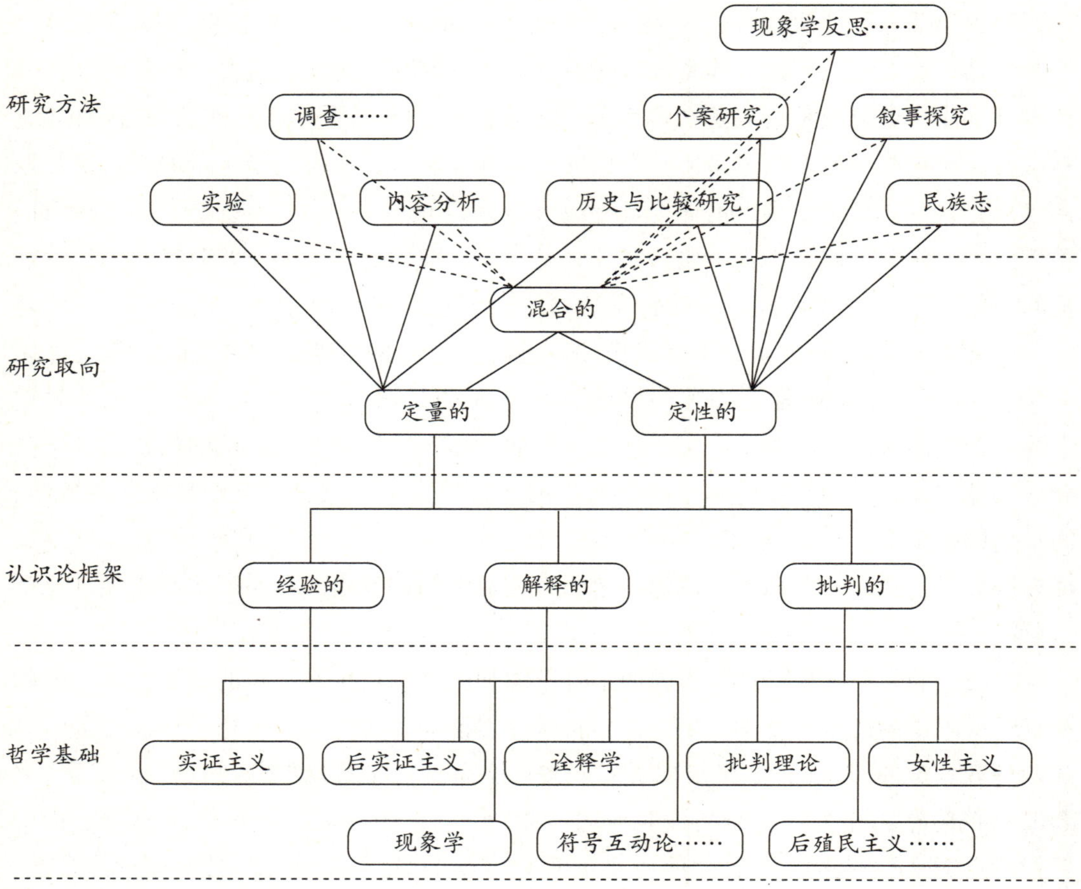

图1 教育知识建构的方法体系

建构的过程看作是一个社会的过程，是研究者在分有学术共同体的价值，或参与特定的研究传统的过程中进行的。各种社会—文化的因素通过各种学术制度或活动的安排影响到研究者对于什么是知识或探究以及如何建构知识或进行探究的看法和定位。因此，宽泛来说，知识建构也可以涵盖“语境”的问题，即这些概念和理论是研究者在怎样的社会或制度语境中建构的。这个问题从根本上来说是一个知识社会学的问题。如果在教育学史中对这个问题进行历时性的分析，那么我们就是试图对教育学的社会史进行探讨。其中涉及的核心领域就是教育学的学科制度化过程，即教育学是怎样逐步完成自身作为一门学科的制度化的。拉格曼认为，“各种学科是划分不同的知识内容以及相关的大学院系和专业协会的知识领域。这些学科是在一定社会条件下建立起来的，并随着时间的变化而变化；它们的产生是人为的而不是自然的。正如科学历史学家罗伯特·科勒（Robert Kohler）曾经说到的，学科历史研究的是‘为什么世界上的知识是这样划分的，或者说知识的划分是如何形成的’。通过对学术领域和专

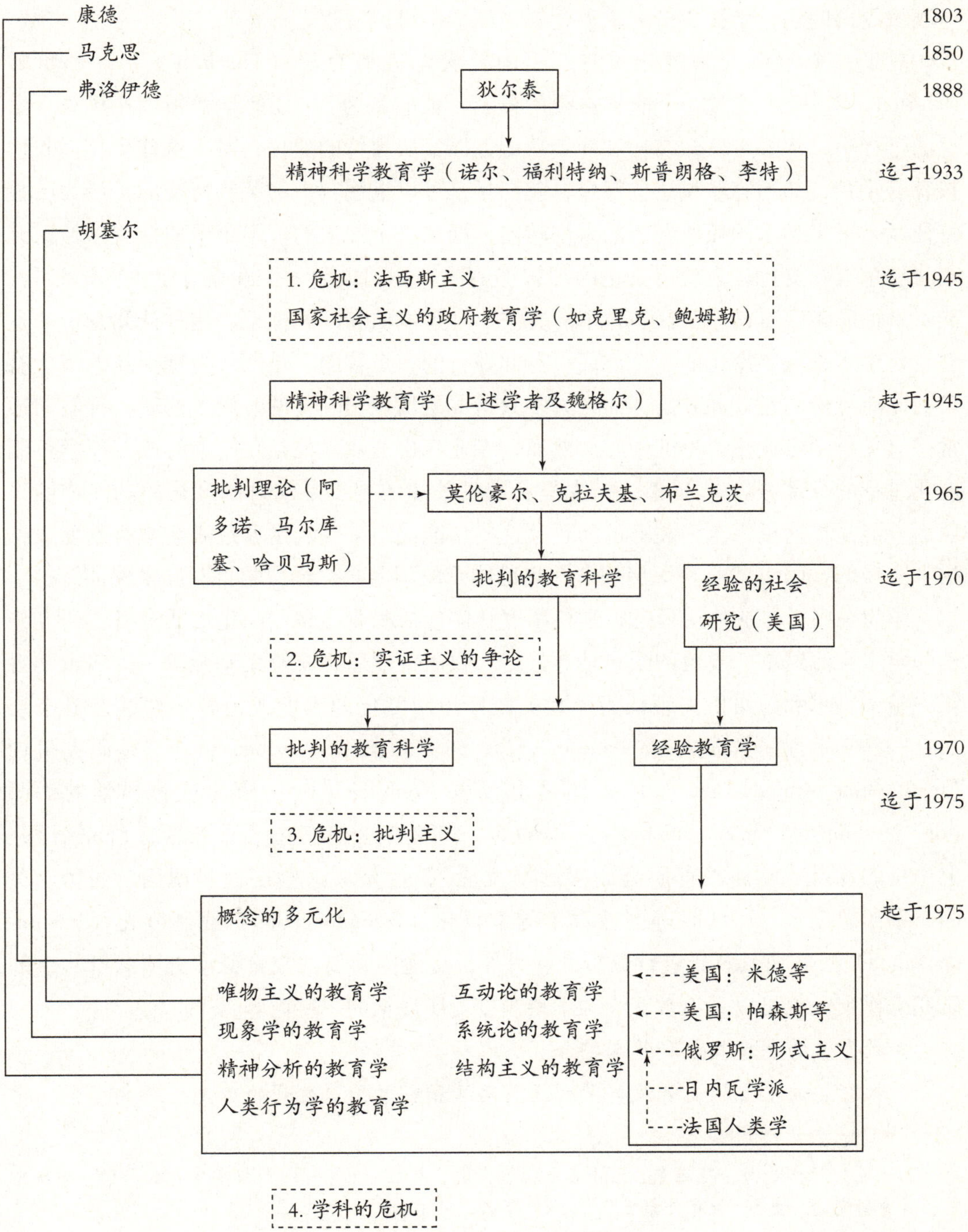

图2　德国教育学发展概览①

① D. Lenzen, Educational Science in Germany: Theories—Crises—Present Situation. In F. Heyting, J. Koppen, D. Lenzen & F. Thiel, *Educational Studies in Europe: Amsterdam and Berlin Compared*, Baerghahn Books, 1997, p. 3.

业领域提出问题，学科历史力求重建知识领域的形成过程。”①

对于一个学科的制度化过程，美国社会学者撒克里（Thackray，A.）和默顿（Merton，R. K.）有过一个非常扼要的概括。他们认为，“任何学术领域在建立合法性的过程中，都会在认知结构和社会功能方面经历独特的变化；对于这些变化，我们很容易觉察，却不容易说清。不过，我们还是可以描述其中的某些特征的。最为明显特征就是一个学术领域所经历的系列转向，即从一个弥散的、不集中的探究领域，充其量偶尔有些支持者表现出真正的理智上的关切，到成为一个在概念上不同的学科，能够掌握属于它自己的工具、技术、方法、理智取向和问题框架。这种认知身份的建立只是学术领域制度化的一个方面。与此并行的一个转向，是围绕与这项新的事业有关的专业身份的建立展开的，而且大多数情况是出现稍晚些的时候。这后一种转向通常是有关科学专业化讨论的中心。然而，专业身份的建立只是一门学科或一组学科制度化过程的一部分。”② 显然，撒克里和默顿关注的主要是学科制度化的功能或结果层面。但是在这里，至为关键的问题是这些功能或结果究竟是通过哪些学科制度或结构来实现的，因为“学科深层理念和规范体系的落实必须经由学科制度来保证”③。

作为一门学科的物质形态，学科制度具体包括职业化和专门化的研究者、研究机构和学术交流网络、规范的学科培养计划、权威的出版物、资助基金等②。瑞士学者霍夫施泰特尔和施诺伊夫利认为，有关教育学制度化的维度或内容主要涉及五个层面：一是学术性的教席（academic chairs）；二是教科书（textbooks）；三是研究机构（institutions devoted to research）；四是出版物（publications）；五是教育科学的话语（discourse in and on educational sciences）③。2002年，他们在《欧洲教育研究杂志》上主持的专辑“欧洲教育研究的兴起与发展”，就是从这些层面对德国、法国、英国、瑞典、瑞士、比利时等国教育学的学科化（disciplinisation）或制度化（institutionisation）过程及其背景进行分析的。另外，从他们领衔的教育科学史团队所从事的研究工作中，也可以看出教育学的学科制度史所涵括的一些内容：

· 教育学的制度整合和学术整合。

· 教育学的主要从业者及其学术交流网络和科学知识生产的历史。

---

① ［美］拉格曼著，花海燕、梁小燕等译，严正、杨轶审校：《一门捉摸不定的科学：困扰不断的教育研究的历史》，教育科学出版社2006年版，第10页。

② Thackray，A. and Merton，R. K.，On Discipline Building：The Paradoxes of George Sarton. *Isis*，63（4），1972.

③② 郑杭生著：《中国特色社会学理论的拓展——当代中国社会学的前沿问题》，中国人民大学出版社2005年版，第162—163页。

③ Hofstetter，R. & Schneuwly，B.，Introduction. Institutionalisation of Educational Sciences and the Dynamics of Their Development. *European Educational Research Jouranl*，Vol. 1，No. 1，2002.

·学科领域（即教育学）与相关专业领域的互动形式；学科领域（即教育学）与其他与教育有关的学科之间的互动形式。

·教育学与进步教育或新教育的联系。

·教育专业的历史和教师通过大学培训实现专业化的历史。

·教育领域的知识生产。①

就当代的语境来说，学科史研究的主流或主导方向即是学科制度史（或社会史），即便是有关学科称谓和知识建构的分析，人们也很少从语言、概念或理论、研究方法等本身进行纯粹语言学或方法学的思考，而是将它们置于特定的社会—文化语境、特别是学科制度的框架下进行探讨。当然，这三个层面也是内在关联的。如前述所述，学科称谓的流变本身反映了教育学作为一门学科的不稳定性，比如在德国、俄罗斯、日本和中国的语境中，"教育学"的概念所指相对稳定，教育学作为一门学科的身份在大学系统和学科分类体系中都得到了确认；相比较而言，英、美、法等国甚至缺乏统一的"教育学"概念，所谓"教育学"的地位也就很难确认。又如，在教育知识生产上，德国教育学从一开始就表现出了"规范科学"的特征，这一特征最初体现为对教育"目的—手段"结构的普遍性探究，随后又在精神科学教育学的框架下探寻了"目的—手段"结构的历史性和文化性，进而又表现为分析教育作为一种实践类型的可能性及其对教育学独立性的影响。英国教育学主要是以"基础学科"为定向，其发展的过程就是其"基础学科"不断转换的过程，即从最初的心理学和历史学，逐步转向哲学和社会学，由此在当代形成了四大基础学科支撑英国教育研究的格局。美国教育学脱胎于德国教育学，但是经验研究一直影响着 19 世纪末以来美国教育学的主导方向，从早期的儿童研究、学校调查运动到课程科学化，乃至新近美国国家研究理事会（National Research Council）重申"教育科学研究"的标准和质量②。相比较而言，中国教育学并不是在知识生产或理论建构上表现出独特的传统，而是表现出较强的"实用"传统，即强调知识生产或理论建构的"实用"价值，最初重视教材编写，以为"师范"之用；而后符应意识形态，以为"政治"之用；当代又转向国家政策和学校改进，以为"实践"之用。这些状况在一定程度上都与各国教育发展（特别是教师培养机制）、学术制度以及由此形成学术传统有着密切的关联。

（责任编辑 韩华球）

① http：//www. unige. ch/fapse/recherche/groupes/SSED/culture-organisation/erhise_ en. html.

②［美］沙沃森、汤编，曹晓南、程宝燕等译，杨轶、严正审校：《教育的科学研究》，教育科学出版社 2006 年版。

李瑾瑜 1963年生，甘肃庄浪县人。1987年本科毕业于西北师范大学教育系，后师从李秉德教授，于1996年获教育学博士学位。现任西北师范大学教育学院（教师培训学院）院长、教授，主要从事课程与教学论、教师教育、农村教育、教师与校长培训等领域的教学与研究。2001年至2007年，受聘担任中英甘肃基础教育项目、中欧甘肃基础教育项目、联合国儿童基金会中国西部项目、中国—加拿大“增强中国西部基础教育能力项目”等国际教育援助项目中教师与校长培训、教材开发咨询专家。先后获国家级教学成果奖、甘肃省“两基攻坚”先进个人奖、甘肃省优秀教师“园丁奖”等。兼任教育部教师教育课程资源专家委员会教师培训工作组委员、教育部基础教育课程教材专家工作委员会委员、甘肃省中小学教师继续教育研究与指导中心常务副主任、甘肃省高等学校教师资格认定委员会副主任、全国教师教育学会常务理事、全国教师教育学会省级教师继续教育中心协作委员会理事长、甘肃省人民政府督学等职。

《教育的儿童观基础及其现实问题反思》导读

教育的儿童观基础及其现实问题反思

李瑾瑜

【摘要】 儿童教育的首要问题是儿童观的问题。对于“儿童观”的认识和理解，人类经历了一个艰辛又充满激情的光辉历程。尤其在当今急剧变革的时代，儿童的生存和背景变得异常复杂，儿童观的深层危机已经对人类教育构成了威胁。儿童的教育需要正确的“儿童观”做强有力的基础。何时导正了对儿童的观念和行动，教育何时才会有希望和出路。这样看来，要建立正确的“儿童观”，需要唤醒人们的文化自觉，有必要再经历一场全民的、理性的“儿童观”的思想启蒙运动。

【关键词】 儿童；儿童观；儿童中心；儿童观启蒙

长期以来，人们对属于人学的教育学中没有“人”的批评不绝于耳，教育实践中的许多现实问题也都是无视“人”而导致和表现出来的。其实缺失或无视的“人”就是儿童。我们许多时候的观念是教“学生”而不是“儿童”，实际上，学生是一个对象群体属性的概念，儿童则是一个人的意义上的类别属性的概念。因此，学生观则是对教育教学对象的基本认识，儿童观则是对一类人的基本特性的认识。在西方的教育文献中，更多使用“儿童”的概念；在我们的教育话语中，则更多使用“学生”的概念，“儿童”完全被指代为学龄前和小学阶段的“不懂事”的教育对象。我的一次亲身经历，也说明了在教师的日常经验中，“儿童”和“学生”是两个不同的概念。我曾主持一个国际教育扶贫项目中开发的《儿童学习指导》的参与式教师培训，一位初中的教师说：“《儿童学习指导》应该是培训小学教师的，中学教师面对的不是儿童，是学生，对我们没有必要培训。”这句话当时引起了许多教师的认同与共鸣，也影响到他们的学习热情。其实这种观点在现实中比比皆是。“儿童”与“学生”的概念在我们的观念中区分得如此清晰，于是强化了我们对“学生”作为对象的教育而缺失了对“儿童”作为人的属性和学习者角色的尊重和关怀，由此也造成教育“儿童观”的危机，而“儿童观”的危机也导致了教育的危机。因此，有必要探讨教育的儿童观基础，同时，基于儿童观反思教育的现实问题，探寻教育实践中力行儿童观的现实路径。

一、儿童、儿童观的基本内涵与理解

何谓“儿童”？或曰“儿童意味着什么”？这是一个很难用定义的方式回答的问题。因为，对于“儿童”的概念，可以抽象性理解，也可以描述性理解；可以诗意化表述，也可以理智地判断。如果我们从“儿童是人”这样一个类属性前提上理解“何谓儿童”，就会寻找到理解“儿童”概念的基础，也会寻找到“儿童”与“教育”的关联点，更会探寻到教育的儿童观基础或儿童观对教育的影响意义。

儿童作为人，首先需要确认的是生命体的存在。人的生命的存在方式有两种，一是生物性存在，另一是社会性存在。如同臧克家先生在纪念鲁迅的诗里写道：“有的人死了，他还活着；有的人活着，却已死了。”所以，从生物学看儿童，儿童期是身体、心理、智力发展的关键时期的人；儿童是人生的开端，良好的身体和智力发展将为人一生的发展奠定良好基础；人的成长具有不可逆性，儿童身心发展缺陷一生都无可弥补。从社会学看儿童，儿童是年幼未成年的人。儿者，小人——不成熟性，成长性；童者，小孩——脆弱性、保护性。有人说，在社会中，儿童应该是人类一切成就的第一个受益者，也应该是人类失败的最后一个蒙难者。因此，我们也可以这样尝试理解，从纵向上，儿童是个体所经历的人生阶段，或曰为“童年”；从横向上，儿童是与“成人”相对应的概念，由于生理、心理、智力以及社会的特点，儿童是需要成人特别保护的人，但儿童不是成人的缩影，而是有着不同于成人的特殊需要的人。

联合国颁布的《儿童权利公约》中的“儿童”，是一个具有操作性的“儿童”定义，即“儿童”是指十八岁以下的所有人。它既包含了“儿童”的生物意义与特征，更是体现了社会性的“儿童”的内涵。《儿童权利公约》明确提出：“儿童享有一个人的全部权利”，其最基本的权利可以概括为四种，即：生存权利——为此有权接受可达到最高标准的医疗服务；保护权利——防止儿童受到歧视、虐待及疏忽照顾，尤其是那些失去家庭的儿童和难民儿童；发展权利——每位儿童都有权接受一切形式的教育，以此培育儿童的身体、心理、精神、道德及社交发展；参与权利——儿童有参与社会生活的权利，并有权对影响他们的任何事情发表意见。为了更好地维护儿童的权利，《儿童权利公约》提出对待儿童的四个基本原则：儿童最大利益原则——任何事情凡是涉及儿童的必须以儿童权利为重；尊重儿童权利与尊严原则——尊重儿童的生存和发展的权利；无歧视原则——不管社会文化背景、出身高低、贫富、男女、正常儿童或残疾儿童，都应该得到平等对待，不受歧视和忽视；尊重儿童观点的原则——任何事情只要涉及儿童，应当听取儿童的意见。由此可以看出，从“权利”的角度理解“儿童”，更能使我们理解“儿童”概念的内涵。

由于“儿童”的概念在直觉经验上与人类许多美好的词语，诸如希望、开始、新颖、温暖、本真、自然等相关联，所以，在“何谓儿童”的理解上也会有许多拓展性的描述化定义。刘晓东在《儿童文化与儿童教育》中，对“儿童是谁”的理解是：儿童是人，但不是小大人；儿童是“探索者”和“思想家”；儿童是“艺术家”、“梦想家”和游戏者；儿童是自然之子；儿童是历史之子；“儿童是成人之父”；儿童是成人之师；儿童也是文化的创造者。① 也有人从“隐喻”现象分析和理解“儿童”：儿童是花朵、儿童是太阳、儿童是小天使、儿童是小猫小狗，并从中探讨人们对“儿童”的认识。② 这些描述和分析从不同角度、不同层面、不同范围丰富了我们对“儿童”内涵的把握，有助于我们深入理解“儿童”的概念。

基于上述的初步理解，作为“人”的儿童、作为不同于成人又需要成人特别保护的儿童、作为有自己需求和权利主体的儿童，其独特的发展要求我们关注到“儿童”的特性，把握这些特性既是认识上理解“儿童”内涵的需要，也是实践上（尤其是教育实践上）体现“儿童”本性的需要。也就是说，“儿童”有哪些特点？这个问题也是对“何谓儿童”的另外的解答方式。对于“儿童”的特点，社会学、经济学、政治学、心理学、教育学等等不同的学科都给予过各自的概括。如果我们跳开学科的视角与需要，站在作为人、作为独特人的基本立场上把握，“儿童”有几个可以表征和确证自身存在的特征。首先，是生命的脆弱性。儿童身体发育尚不完备，体力不足以抵御外来侵犯；心智发育尚不健全，不足以预见伤害危险；社会认知尚不充分，没有自我保护的能力；情感意志尚不成熟，能力不足以承受心理伤害；道德观念尚未明确，是非辨别能力尚不完善；经济尚未独立自理，生活依附于监护人。其次，与脆弱相关的是儿童的纯洁性，儿童对世界、对各种人际关系、对自然的万物，都有一种童真的目光。什么叫“童真的目光”？就是无比纯洁、充满信任、充满爱意的目光。第三，儿童还天然地充满好奇。世界对儿童来说完全是新鲜的，包括知识，包括世间的色彩，包括世间的物种，实际上每天涌现到他跟前的东西，大多是他第一次触及与感受的。这意味着儿童对世界的一种积极关注、积极参与的态度，这同时是创造力的基础。第四，儿童对所有美好事物、艺术有一种天然的喜好，自然而然，不需要任何人提醒和引导。最后一个特点，就是儿童总是期待着生命处于一种活动状态，时时刻刻能够充分表现出生命的活力。③

由于儿童所具有的这些本性和特性，所以，儿童的“整个童年都是不设防的，完全凭着他的本能，天然地信赖人、依赖人。这样的孩子到学校去，他的老师怎么对待

---

① 刘晓东著：《儿童文化与儿童教育》，教育科学出版社 2006 年版。

② 何媛：《儿童是什么——关于儿童观的隐喻分析》，《幼儿教育》2006 年第 9 期。

③ 张文质、林少敏著：《保卫童年——基于生命化教育的人文对话》，福建教育出版社 2004 年版，第 36—90 页。

他的脆弱与纯真，这是对教育的考验，更是对教师的一个根本性的考验。因为在脆弱和纯真背后，还意味着无助、无力、缺乏经验，意味着孩子是要经常犯错误、重复犯错误、不断犯错误的。孩子没办法有一种像成人一般的自我反省和改过自新，他要发展到一定阶段才能逐渐地对成人世界有一种适应，而对自己的行为建立起能够自我调控、自我把握，能够经过努力把自身的很多问题处理好。儿童都不具备这种能力，或者说仅仅有这方面很初级的能力。那么，教师怎么对待这些儿童呢？不仅是教师，整个成人世界怎么对待儿童，这是儿童教育的第一个问题"。① 所以，儿童教育的首要问题就是儿童观的问题，就是我们能否真正不断获得和建立对"儿童"的正确认识、观点和态度。"有关儿童的教育观念，如果没有自觉地建立在儿童观之上，那么它便自发地建立在儿童观之上"。② 所以，我们认识和理解"儿童"概念的本质特性的终极意图，其实就是追寻正确的儿童观。

对于"儿童观"的认识和理解，有两个重要的问题需要关注。第一，"儿童观"是谁的"儿童观"？是笼统抽象的社会的、成人的或者知识观念体系积累范畴上的"儿童观"，还是具体的、真实的且与儿童有密切关系的主体的"儿童观"？第二，这种"儿童观"是业已形成的既定的、静止的、需要遵守执行的观念条目、规则，还是一个基于对儿童不断认识、理解和发现而构建对待儿童的观点、看法和态度的过程？之所以说这是两个重要问题，是因为人们太容易提出"树立正确的儿童观"的主观要求，而且是站在抽象、笼统、静止、规则的层面提这样的要求。关注这两个问题，我们是否可以用下面的思路去应答？对于第一个问题，王泉根谈到儿童文学时的一段话，会给我们启发。他说："这个世界是由成年人统治的，儿童文学的创作者、出版者、阐释者乃至讲解者都是成年人，而接受对象是孩子。于是，由成年人创作的儿童文学势必出现两种现象：一种是处处以儿童为中心（本位）、善于从儿童的角度出发的儿童文学；另一种是出于成年人某种宣教、惑众的功利需要或其他需要，用来演绎教义或图释概念的形式上的儿童文学。儿童文学的这种自上而下的单向给定方式，其实质乃是成年人的'儿童观'问题，儿童观隐含着成年人对儿童身份的建构，即成年人看待和对待儿童的观念和方式，认为儿童应该是什么样的，应该如何去做。有什么样的'儿童观'，就有什么样的儿童命运、地位、权利，也就有什么样的儿童文学的艺术精神与美学品性。"③ 从这段话中我们可以体悟，决定"儿童文学的艺术精神与美学品性"的，是那些"儿童文学的创作者、出版者、阐释者乃至讲解者"，

① 张文质、林少敏著：《保卫童年——基于生命化教育的人文对话》，福建教育出版社2004年版，第84页。

② 刘晓东著：《儿童文化与儿童教育》，教育科学出版社2006年版，第5页。

③ 王泉根：《关于儿童文学的八句话》，《中国文化报》2013年9月30日。

而不是笼统的成年人。所以，我们可以明确地讲，“儿童观”是成人的“儿童观”，是与儿童有着密切成长与发展关系的成人，即教师、家长的“儿童观”。他们时时刻刻在影响着儿童，是儿童生命历程中的“重要他人”。作为成人为儿童设计的教育，是尊重体现儿童天性与特性，还是体现成人的要求与意图，这是一个重要的教育问题，也是一个重大的人生问题。

对于第二个问题，我们可以说，“儿童观”不仅是成人社会认识、理解儿童所形成的观念和观点，更是成人如何对待儿童的实践与行动过程，也就是“认识儿童”和“如何认识儿童”密切结合的过程。儿童的一切都是成长中的、生成中的，是面向未来的。真正“儿童观”的建立，需要成人以“理解人”的方式理解儿童，把儿童看作具有整体人性的人，更要从“儿童之为人”和“儿童之为儿童”的视角去认识儿童，把儿童理解为生成性的存在和自身的创造者，不断把握立体的儿童样态和丰富具体的儿童生活形态。在现代社会，人们经过长期的努力在“儿童观”上已经达成了最基本的共识。比如，儿童首先是人，是自然的人和社会的人的统一体；儿童是儿童，既不是成人，也不是小大人，具有其独特的人生价值，不应以成人世界的标准衡量和比较；儿童有其特殊的生理和心理特点，有无限的潜能和发展的可能性；儿童从出生到成长，既有共性更是应被尊重和重视的独立个体；对儿童本身拥有的自然能力，如发现力、想象力、思考力、创造力等，教育的作用不是制约，而是促进与激励，使得儿童与生俱来的自然能力得到最优化和最大化。有如此等等的“儿童观”，作为教育者的成人不是按照既定的、应然的“儿童状态”或“儿童形象”去遵守和执行，而是要让儿童参与到“与我们的关系中”，通过相互交往、理解和发现的认识行动，体认而建构起发展的、真实的关于“儿童”的一系列观念和知识。只有这样的行动过程，“儿童观”才能够转换成实实在在的教育力量，并且成为教育的坚实基础。

二、儿童观的发展历史线索及其教育意义

当我们今天谈教育的“儿童观”问题时，似乎一些观点是轻易可以列举出来的。但是作为人类文明的成果，期间经历了太多艰难的抗争、磨难和反复。“儿童观问题实质上是一种关于人的观念问题。从儿童观那里，我们可以透视出一个时代、一种文化对作为个体的人的地位和价值的基本看法。我们甚至可以这样说，从一个时代或一种文化中的儿童观那里，我们可以大致看到处于该时代的人类或处于该文化的种族其自我意识发育到了何种程度”。① 也可以说，儿童观是与社会文化、文明的进化发展

① 刘晓东著：《儿童教育新论》，江苏教育出版社2008年版，第1页。

历史紧密相连的。正因为如此，关于儿童观的研究，是一个多学科多领域都予以关注的重要话题，研究成果很是丰硕，而且这些研究可以揭示和解释诸多社会现象和社会问题。但是，在我看来，关于“儿童”和“儿童观”的历史发展与成果，最能显现出其巨大意义的，是推动教育的变革与进步。人类教育是谁的教育？首先一定是儿童的教育。儿童是教育的主体性对象，儿童教育也总是以一定的儿童观作为前提基础。进一步而言，不同的儿童观决定了儿童教育目的、教育内容、教育手段等诸多方面选择的不同。因此，儿童观是教育观的重要组成部分，对教育观有决定性的影响。它直接影响到对儿童教育过程及其构成要素的认识，对儿童的不同认识又导致不同的教育目标、教育策略和教育行为。因此，从教育的角度考察儿童观的历史演进，一方面是认识儿童观的变化带来了怎样的教育发展与进步，另一方面是教育以儿童观为基础如何对儿童发挥自身的力量。

刘晓东在《儿童教育新论》中，对儿童观的演进历史有较为全面的梳理。他从古代的儿童观、中世纪的儿童观、文艺复兴时期的儿童观、理性时代或启蒙时代的儿童观、“教育心理学化”运动、儿童心理学的建立，以及20世纪等系统的历史为线索，将儿童观的演进全景呈现，给了我们很有价值的知识。本文则以几个极具代表性的“光辉点”来讨论儿童观演进的历史线索，目的和重点是讨论儿童观的变化对于教育的意义，进而能够寻找当今教育变革的“儿童观”突破口。

（一）卢梭：“儿童发现”——把儿童当作儿童

1962年，法国学者菲利浦·阿利埃斯发表了名为《儿童的世纪》的著作，其中一个核心观点是：中世纪社会不存在儿童的观念。① 尽管这一论点引起了许多人的争论和反驳，但不可否认的事实是，阿利埃斯所道是客观的：中世纪的“黑暗”之一，就是基督教成为了西欧诸国占绝对统治地位的意识形态，教会到处宣扬“原罪”说，认为人生而有罪，儿童作为“小成人”自然也是带有原罪的。所以，中世纪的成人对儿童缺乏认识，儿童并没有被看作一个有独立人格的个体，成人与儿童是不加区别的，在成人世界里“儿童”是缺失的。

既然中世纪“没有儿童”，那么“儿童”是什么时候出现的呢？欧洲文艺复兴时期的人文主义教育所倡导培养“新人”的思想，赞美“人”，崇拜“人性”成为当时人文主义思想的主旋律。“儿童”就是伴随着“新人”而出现的。

随着欧洲文艺复兴思潮的兴起，法国18世纪伟大的启蒙思想家、哲学家、教育家和文学家卢梭（1712—1778）发表了一系列关于儿童问题的见解，教育小说《爱弥儿》是其儿童教育思想的集中体现。其核心观点是尊重儿童的人格与尊严，重新评

① ［法］菲力浦·阿利埃斯著，沈坚、朱晓罕译：《儿童的世纪：旧制度下的儿童和家庭生活》，北京大学出版社2013年版，第6页。

价儿童，“把儿童当作儿童”的思想贯穿卢梭的教育体系的始终，也成为卢梭的自然主义教育的基本依据。

“把儿童当作儿童”，是一个具有里程碑意义的儿童观。在这个响亮的观点指引下，卢梭清晰地阐释了他的教育思想。卢梭坚持反对摧残儿童天性的观点和教育方法，主张儿童不是“小大人”，不应承担成人社会的罪恶，而应该过幸福愉快的生活，对儿童的教育也应当顺应儿童的天性。在卢梭看来，旧教育之所以导致儿童身心有这样或那样的缺陷，其根本原因就在于把儿童当成人看待，违背了儿童身心发展的进程，过早地使用了儿童未成熟的心灵，犯了本末倒置的错误。卢梭认为，我们之所以确立童年的地位，把孩子看作孩子，是因为“大自然希望儿童在成人以前就要像儿童的样子。如果我们打乱了这个次序，我们就会造成一些早熟的果实，它们长得既不丰满也不甜美，而且很快就会腐烂。我们将造成一些年纪轻轻的博士和老态龙钟的儿童”①。把儿童看作儿童，就要重视儿童的现在，就要承认童年生活的价值。在卢梭指出，童年是儿童的极其珍贵的财富，任何人不得以任何方式去剥夺这笔财富，那种轻视儿童的做法，导致了儿童在其童年受尽了折磨和痛苦，享受不到儿童应有的欢乐，是人性最大的罪恶。

卢梭从自然论看儿童，从儿童观论教育，确立了以儿童为本位的自然教育体系。有人说卢梭在教育领域进行了一场“哥白尼式的革命”，这场革命主要体现在“把儿童当作儿童”的“儿童观”的确立上。人类的历史发展到卢梭那个时代，儿童才真正从成人中彻底剥离了出来，成为了独立的自己。因此，卢梭被誉为“发现儿童之父”。

（二）杜威：“儿童中心”——儿童变成太阳

也正是卢梭的“发现儿童”，启迪了西方教育家把更多的注意力放在研究儿童的兴趣、特点上。到 19 世纪，一个以研究儿童为核心的教育改革在西方国家迅速展开，如“教育心理学化运动”、儿童心理学科的发展和“儿童研究运动”等等，为现代教育中儿童观的进一步确立与现代学校教育理论、教育制度提供了丰富的思想基础与科学依据。如果说卢梭的儿童观具有开启蒙智的划时代意义，20 世纪美国教育家杜威系统深化了卢梭的儿童观，将人类的儿童观推向一个新的高潮，成为西方现代儿童观的理论奠基者。

杜威（1859—1952）身兼实用主义哲学家、社会学家与教育学家三重身份，用他更有力的观点阐述了被后世称为典范的“儿童中心论”。杜威主张教育的重心要从教科书、教师或任何别的地方转移到儿童。他认为旧的学校教育的重心是在儿童之外，在教师、在教科书以及在其他你所高兴的任何地方，唯独不在儿童自己即时的本

① [法] 卢梭著，李平沤译：《爱弥儿》，商务印书馆 1994 年版，第 209 页。

能和活动之中。“现在，我们教育中将有的改变是重心的转移。这是一种变革，这是一种革命，这是和哥白尼把天文学的中心从地球转到太阳一样的那种革命。这里，儿童变成了太阳，而教育的一切措施则围绕着他们转动，儿童是中心，教育的措施便围绕他们而组织起来。”①

在杜威的儿童观中，“生长”是一个极为重要且关键的概念。杜威认为，生长是一个永不停息的过程，它伴随着个体生命的全过程。传统观点认为，儿童是不成熟的，缺乏适应环境的能力，需要成人的教导与培养。但杜威则看到了儿童的不成熟状态恰恰就是一种积极的势力或能力——向前生长的力量。正是儿童不成熟所表现出的软弱与依赖，才使儿童具有更大的可塑性。也就是说，儿童的“未成熟”并不代表“缺乏”，而是表明儿童具有某种发展的潜力和生长的可能性，“儿童的未成熟状态是其生长的前提，生长乃是儿童的基本任务”。② 基于对“生长”的理解，杜威又认为儿童的积极生长依赖对本能的运用，本能为儿童的生长提供原动力。杜威明确指出，儿童表现在学校生活中的有四种最主要的本能：第一是社交的本能；第二是制作的本能；第三是探究的本能；第四是艺术的本能。这些本能潜藏于儿童的身体内部，与生俱来，为儿童的成长和接受教育提供必要的基础。在杜威看来，教育就是要利用儿童的本能及其生活环境，在儿童的本能要求与社会文化之间寻找一个平衡点，既要促进儿童个人的发展又要兼顾社会发展的需要。

在强调儿童本能重要性的基础上，杜威还把兴趣看作儿童能力生长的信号和象征，认为兴趣显示着儿童最初出现的能力，儿童在自己感兴趣的活动中才表现出积极的主动性。“没有兴趣，儿童就没有支配注意力和激起思考的力量，就不能集中注意、全神贯注、专心致志于某种活动”。③ 基于此，杜威对传统教育用成人的标准看待儿童、压抑儿童兴趣的做法极为反对，同时也对进步主义教育实践中放任儿童兴趣的做法也给予了批评。

基于上述对儿童的理解和认识，杜威坚信儿童的本能、兴趣和需要是学校教育的起点，并由此提出了学校即社会、教育即生长、教育即生活、教育即经验的改造等命题，强调教师的主要职责在于为儿童的生长营造适宜的环境，提供适时的协助与指导，促进儿童的不断自我生长。以“儿童为中心”的儿童观在杜威这里得到了根本的确立和发展，杜威也为西方儿童观的现代化发展建立了新的丰碑。

---

① ［美］杜威著，赵祥麟等译：《学校与社会·明日之学校》，人民教育出版社1992年版，第52页。

② ［美］杜威著，王承绪译：《民主主义与教育》，人民教育出社2001年版，第50页。

③ ［美］杜威著，姜文闵译：《我们怎样思维·经验与教育》，人民教育出版社1991年版，第176页。

（三）蒙台梭利："儿童是成人之父"——儿童创造了成人

蒙台梭利（1870—1952）也是20世纪对西方儿童观的发展具有重要贡献的教育家之一，她创造的蒙台梭利教育体系对世界产生了巨大的影响，也从思想和实践层面形成了具有革命性的儿童观念。

蒙台梭利认为"儿童是永恒的"。从这样具有诗性的信念出发，蒙台梭利在她的《蒙台梭利方法》、《童年的秘密》、《童年的发现》等著作中，有力地倡导"儿童有种与生俱来的内在生命力"，这种生命力是一种积极的、活动的、发展着的存在，教育的任务就是要激发和促进儿童"内在潜力"的发挥，使其按自然规律获得自然和自由的发展。

蒙台梭利坚定地认为，儿童潜藏着巨大秘密，可惜的是成人对儿童心灵的"巨大秘密"认识不够，不能用正确的方式用心去发现。而真正的童年发现，就是了解孩子天性中潜藏的秘密，尤其是要彻底认识和理清成人与儿童关系。

对于成人和儿童关系的认识，蒙台梭利是从两个方面展开的。一方面，蒙台梭利指出，传统的观点认为儿童是由成人塑造的看法是错误的。她认为，并不是成人塑造了儿童，而是"儿童创造了他们自己"。所以，教育使命应该是让儿童充满自由，保护儿童的天赋本能，激发儿童的自觉，让儿童创造他自己。另一方面，蒙台梭利指出，儿童不仅建设和创造自己，儿童也可以创造成人，甚至说"儿童是成人之父"，"是儿童创造了成人"。

"儿童是成人之父"这一思想为我们认识儿童提供了一个广阔而深远的进化论视野。在人类生物进化的立场上，蒙台梭利说："事实上，母亲和父亲对他们的子女的生命有何贡献呢？父亲提供了一个看不见的细胞，母亲提供了另外一个细胞外，还为这个受精卵提供了一个生活环境，以便使它能最终成长为一个充分发展的小孩。说母亲和父亲创造了他们的孩子，那是不对的。相反，我们应该说：'儿童是成人之父。'"① 这一认识反映的是"个体生命的发育是对人类的进化历史的简单而迅速的复演"的进化论思想，揭示了在人类进化的过程中，成人的世界也是由儿童作为生命根基的。从人类社会进化的立场上，蒙台梭利说："儿童不是一个事事依赖我们的呆滞的生命，好像他是一个需要我们去填充的空容器。不是的，是儿童创造了成人；不经历童年，不经过儿童的创造，就不存在成人。"② 所以，蒙台梭利认为，儿童也是一个工作者，他的任务是造就成人。也就是说，儿童最终要长大成人，而成人是经由儿童期、经过儿童的努力工作而创造出来的；成人所积累的任何成就，与儿童时期的

---

①［意］蒙台梭利著，马根荣译：《童年的秘密》，人民教育出版社1990年版，第59页。

②［意］蒙台梭利著，任代文主译校：《蒙台梭利幼儿教育科学方法》，人民教育出版社1993年版，第334页。

建设是无法分割的，儿童时期的经历与努力是成年状态的重要基础。而且，即使在成年，儿童所具有的各种“天才表现”，诸如敏锐的观察力、丰富的想象力和创造力以及爱成人世界的能力等等，都是儿童在与成人的关系世界作用于成人的重要力量，尤其是“儿童的世界中隐藏着某些至关重要的秘密，这些秘密能够揭开人类心灵的面纱；儿童的精神世界中也蕴涵着某种力量，一旦被发现，就能帮助成人解决他们自己个人的和社会的一些问题”①。从这个意义上看，“认识儿童，其实就是在认识成人自己”。如果“没有儿童对他们的帮助，成人将颓废。如果成人不努力自我更新，一层硬壳就开始在他心脏周围形成，最终将会使他变得麻木不仁”。②所以，在蒙台梭利看来，儿童是成人精神的唤醒者，是成人生活的导师。“跟随儿童成长”“和儿童一起成长”，是力求发现童年秘密的蒙台梭利给成人的衷心建议。

蒙台梭利儿童教育思想中“儿童是成人之父”、“儿童创造了成人”的观念，是对成人本位社会的反叛，是儿童观的一次革命性变革。它“从父权本位、成人本位的社会内部瓦解了传统的蔑视儿童、独尊父权的伦理规范，并为调整儿童与成人的关系建立了新的依据”,③ 标志着传统的成人与儿童的关系发生了一种革命性转换。这一观念的提出，标志着人类传统的成人与儿童的关系发生了一种哥白尼式的转换。

（四）米德：儿童是成人之师——向儿童学习

蒙台梭利“儿童创造成人”的儿童观，不仅成为20世纪人类教育领域中的重要财富，而且得到了文化人类学研究的印证和支持，使得“儿童观的革命性变革”更加深入和坚定。玛格丽特·米德（1901—1978）是美国著名的人类学家，她于1970年出版的文化人类学的经典名著《文化与承诺——一项有关代沟问题的研究》，“对代沟问题作了迄今为止最具说服力的阐释”（译者周晓虹语），成为在全球产生了广泛影响力的论著。

代沟是“年轻的一代和年老的一代在行为方式、生活态度、价值观念方面的差异、对立、冲突”的社会现象。通常人们谈论代沟问题，是从纯粹的代际生理、物理、心理关系入手去解释和研究，所得到的认识总是有限的。玛格丽特·米德却从人类文化史方面独辟蹊径，认为代沟问题“导源于文化传递的差异”。她从文化传递的方式出发，将人类文化传递的历史演进区分为前喻、并喻和后喻三种基本类型。

按照米德的观点，“前喻文化”即所谓“老年文化”，是指晚辈主要向长辈学习。在以前喻方式为特征的文化传递过程中，老一代传递给年轻一代的不仅是基本的生存技能，还包括他们对生活的理解、公认的生活方式以及简拙的是非观念。为了维系整

①② [意] 蒙台梭利著，马荣根译：《童年的秘密》，人民教育出版社1990年版，第92、110页。

③ 刘晓东著：《儿童文化与儿童教育》，教育科学出版社2006年版，第23页。

个文化的绵延不断，每一代长者都会把将自己的生活原封不动地传喻给下一代看成是自己最神圣的职责。年轻一代的全部社会化都是在老一代的严格控制下进行的，并且完全沿袭着长辈的生活道路。前喻文化能够得以保持依赖两个基本条件：缺乏疑问和缺乏自我意识。这种文化的传递方式从根本上来说排除了变革的可能，当然也就排除了年轻一代对老一代的生活予以反叛的可能，排除了代沟产生的可能。

“并喻文化”是指晚辈和长辈的学习都发生在同辈人之间。这种文化传递过程肇始于前喻文化的崩溃之际，即先前文化的中断使年轻一代丧失了现成的行为楷模。崩溃的原因可能有：那些占据着领导层地位的老年人遭受了巨大的灾难，伴随着技术发展长辈们不再事事精通，移民，战争失败被迫学习征服者的语言和行为方式等等。前辈无法再向他们提供符合时代要求的全新生活模式，只能以在新的环境中捷足先登的同伴为自己仿效的楷模。在并喻文化的形成过程中，酿就了最初的代际冲突。

“后喻文化”也称“青年文化”，是指长辈反过来向晚辈学习，也就是年轻一代将知识文化传递给前辈的过程。这是一种和前喻文化相反的文化传递过程。未来再也不是今天的简单延续，而是今天的发展之果，人类将自己所熟知的世界抛在身后，开始生活在一个完全陌生的新时代中。这新生活的挑战激发了年轻一代前所未有的活力，使他们彰显自身的特点和优势，尽情地经历迅猛的社会变革，并以此改变成人社会。①

基于对人类文化传递方式的上述理解和判断，米德对于如何认识和解决“代沟”问题提出了相应的看法和策略。她指出，以往人们总把“代沟”产生的原因仅仅归咎于年轻一代的“反叛”和“无知”，而真正的原因是“老一代在新时代的落伍”；以往也有人强调两代人之间应该进行交流，但总是把建立这种交流当成恢复老一代对新一代教化的手段；而真正的交流应该是一种对话，是长辈和晚辈基于平等的对话，更是长辈虚心向晚辈接受教益的过程。所以，依据米德的理论思维和视野，原先处于被教化者地位的晚辈所以能够“反客为主”，是因为迅猛出现的社会变革使成人向儿童进行广泛的文化吸收，儿童以“文化反哺”的方式不仅消弭“代沟”，而且成为成人“继续社会化”的内在力量。因此，在今天，儿童完全可以成为“成人之师”，成人向儿童学习已经是当今社会代际关系的自然形式和必然规律。米德基于人类文化发展对“代沟”的研究，被人们视为“气势恢宏的青年宣言”。她虽然不是直接讨论儿童观问题，但是它所传递的思想对儿童观的进一步发展起到了举足轻重的作用，也奠定了人们认识成年人和儿童关系中“代沟”问题的思想基石，更为现代儿童观提供了丰富深刻的学理基础，同样可以视为儿童观发展历程中一个“光辉点”。

---

① ［美］米德著，周晓虹等译：《文化与承诺》，河北人民出版社 1987 年版，第 85—87 页。

（五）波兹曼：童年的消逝——重构儿童概念

由于人类不断地认识儿童、发现儿童，对“儿童”的理解和看法在20世纪后期已有了基本成熟的共识性的观点与观念体系，人类的教育发展也受到了“儿童观”的深刻影响。从20世纪60年代开始，世界范围内对儿童身心发展的研究日益丰富和多样化。对儿童的多学科研究，尤其是脑科学、教育神经科学、生理心理学、人类基因工程等对儿童作为“人”的研究，使“儿童中心观”走向科学化的阶段，也赋予了“儿童观”相比以往更丰富的内涵。尤其是第二次世界大战以后，随着人权意识的发展和民主运动的高涨，儿童的权利开始受到了世界的关注，联合国大会先后通过并颁布了《儿童权利宣言》和《儿童权利公约》，更使我们意识到一个与成人社会相对应的儿童社会的存在。儿童观发展的所有成就，印证了瑞典女作家、教育家爱伦·凯1900年的预言：儿童就是进步本身，20世纪是“儿童的世纪”！这个世纪是成人研究了解儿童特点，尊重儿童天真纯朴的自然本性，并在这个基础上进行教育的世纪。

但是，人类的思想总是跟不上社会急剧变化的步伐。随着信息化时代的到来，人类社会的存在状态和运行方式都发生了颠覆性变化，许多变化因为技术而瞬间发生。以宣布“娱乐至死”而闻名的纽约大学教授尼尔·波兹曼（1931—2003）惊呼：童年消逝了！我们即将进入“一个没有儿童的时代”！① 波兹曼指出，是“一览无余的媒介”促成了“成人化的儿童”和“正在消失的儿童”，“每一个可以插入插座的传播媒介，都对童年的剥离起了推波助澜的作用”。按照波兹曼的分析，“童年”的产生、发展以及日益走向消逝的过程，是伴随着人类传播方式的变迁而完成的，文字、印刷、电视、计算机等信息媒介都在“童年”的变迁过程中发挥着重要的作用。由于印刷文字要通过长久学习才能运用，这使成人与儿童之间的生活空间有明显界限，成人拥有信息和传递信息的权力，儿童更多地扮演“受众”的角色，于是“童年”产生。过去三四百年来人们对“儿童观”的探讨和逐渐建构起来的儿童观念，其实都是在成人与儿童的这种角色关系中寻求儿童的地位和儿童的解放。但在现代信息传播技术面前，儿童能看到、看懂几乎所有原来归成人拥有的内容，成人无法保守任何秘密，成年的威仪和童年的好奇都失去了依托，儿童和成人之间的界限再次模糊，建立于儿童年龄与独特个性基础上的儿童观受到了极大的冲击。儿童在心理和生理方面飞速成长。电子媒介的强势介入消弥成人和儿童之间的界限，“童年”也就这么消逝了。

同时，信息化时代的大众传媒不断更新和普及，成人的生活方式与价值观念日益侵入儿童的生活。“去儿童化”成为儿童所面临的最可悲的结局。许多人会感叹身边

---

①［美］尼尔·波兹曼著，吴燕莛译：《童年的消逝》，广西师范大学出版社2004年版，第127页。

的儿童越来越像大人，“成人儿童”成为儿童被成人催熟的结果。成人化已不仅体现在儿童服装、玩具等有形的载体上，儿童消费行为、交际行为以及语言、心理等都出现了成人化，以致儿童的“早熟”和成人化现象成为20世纪末显著的社会问题。按照米德的观点，社会的急剧变革，使亲代丧失教化的绝对权力的同时，子代却获得了前所未有的“反哺”能力。这本是解决代沟问题的根本基础。但是，电子媒介解构了成人和儿童之间的差异，不仅打破了文化知识传统的由前辈（父辈）向后辈（子女）传递的单向传承的模式，更使得儿童消失了自己的童年特性，这却又导致了新的代际冲突问题。因此，波兹曼沮丧地感叹道：“不得不眼睁睁地看着儿童的天真无邪、可塑性和好奇心逐渐退化，扭曲成为伪成人的劣等面目，这是令人痛心和尴尬的，而且尤其可悲。”①

与“童年的消逝”的论点相呼应，也有人宣告：童年已死！因为越来越多的儿童成为“电子一代”，生活在由电子屏幕控制的“媒体童年”中，“成人再也无法让儿童回到童年的秘密花园，儿童已经溜进了复杂广阔的成人世界，这个世界充满危险，也充满机会，电子媒介正在其中发挥深远影响”。② 也就是说，在充斥暴力、商业化和道德恐慌的成人世界，成人已无力逼迫儿童远离复杂世界，儿童不能够再被隔离或保护。

“童年消逝”、“童年已死”的惊叹的确让人们心情无法轻松。人类社会发展到今天，如何重新建构儿童的概念，如何尊重儿童的未成熟状态，如何防范成人化的伤害而让儿童享有适合自己的正常生活，不仅是一个教育的使命话题，更是关心未来的人的神圣责任。面对童年危机与童年恐慌，“保卫童年”或“捍卫童年”的呐喊也随之响亮地出现。张文质“从十几年对基础教育的观察、思考，‘保卫童年’这样一个话题，应该说是基础教育最重要、意义最为深远、形势最为严峻因而也可以说是‘悠悠万事，唯此为大’的一个话题”。③ “保卫童年”之所以成为一个话题，或者说之所以被很多人很紧张地关注，实际上它意味着是一种危机，一种深刻的危机。童年已经出现了巨大的危机了，才有“保卫”一说，否则，童年就是童年，自然天成，人都有童年，都要从童年长到成年，这里面有什么好保卫的呢？④孙云晓分析了“童年恐慌”现象的表现和成因，并就如何解决这一严峻的社会问题提出了对策和建议，呼吁

---

① ［美］尼尔·波兹曼著，吴燕莛译：《童年的消逝》，广西师范大学出版社2004年版，第87页。

② ［英］大卫·帕金翰著，张建中译：《童年之死：在电子媒体时代长大的儿童》，华夏出版社2005年版，第36页。

③④ 张文质、林少敏著：《保卫童年——基于生命化教育的人文对话》，福建教育出版社2004年版，第92、96页。

父母担当起预防“童年恐慌”的第一主角，成为童年的发现者和捍卫者。⑤ 由此可见，重新建构儿童概念，重新确立教育的儿童观成果，是当今社会与教育变革中一个严峻、严肃的课题。

三、我国的儿童观启蒙与教育的儿童观问题反思

从总体上来分析，中国传统文化是以成人为本位的，儿童在传统文化中受到蔑视。由于农业社会生产力水平的低下和生产方式的落后，以及生产资料的缺乏，决定了社会人际关系的基础与方式。因此，博大精深的中华文化其实缺乏儿童权利意识的价值体系。在传统文化中，首先，儿童被看成传宗接代的工具。由于子女是父母身体和精神的后代，是家族权力和财产的继承者，所以，人们认为生儿育女是延续生命，“儿孙满堂、多子多福”被当作光耀门庭的象征，对儿童重男轻女的性别歧视也就是自然的常理。其次，儿童被视为父母期望的承载者。传统观念中也常把孩子比作幼苗、花朵和希望。例如，在中国年画中，孩子的形象历来被视作为春意、热闹、吉祥等象征，如“连年有余”、“春风得意”、“纳福迎新”、“吉祥如意”、“翘盼福音”、“九阳启泰”等年画中都有天真烂漫的孩子形象，儿童的象征意义在大众观念中占有特殊而重要的位置。再次，儿童被视为成人教育的对象。儿童在与成人的交往关系中总是居于被动，不被当作具有独立存在价值的个体，没有自己独立的主张和地位。我国现代画家、散文家、美术教育家丰子恺（1898—1975）在《儿童苦》一文中，对中国儿童的处境有详细的叙述。他写道，在家庭中“桌子都比小孩子的头高，椅子都是小孩子所坐不着的，门都是小孩子开不着的，谈的话与做的事都是小孩子所听不懂又感不到兴味的”，这便是儿童苦的证据，也是大人虐待小孩子的证据。“尤为甚者，小孩子的主张、意见与大人冲突的时候，大人不讲理地拒绝、斥骂，甚至殴打。”而正是这些终日遭受着“儿童苦”的孩子们，却又是最纯洁无瑕、天真可爱的。⑥

西方社会“发现儿童”、建立“儿童中心”的基本理念，经历了一个艰辛渐进的过程，直到20世纪中叶，现代儿童观才成为普适的共识，产生了深刻的社会与教育意义。尼尔·普斯特曼（Neil Postman）曾概括过美国社会中的“孩子”的意义：“公元1850年到1950年，是代表童年概念发展的分水岭。在这期间，美国人成功地让所有的儿童接受教育，离开工厂，有自己的穿着，自己的家具，自己的文学，自己的游戏，自己的社交世界。数以百计的法令规定儿童和成人在本质上有别，数以百计的风

⑤ 参阅孙云晓著：《捍卫童年》，江苏教育出版社2009年版。

⑥ 朱良：《儿童崇拜与丰子恺的儿童教育观》，《宁波大学学报（教育科学版）》2005年第4期。

俗授予儿童优待的地位，提供保护，免于成人世界的荼毒。童年的概念已经被视为每一个人天生的权利，一种超越社会和经济阶层的理想。”① 中国社会“发现儿童”，尝试建立现代儿童观的努力和现代儿童观的启蒙，是从近代以来逐步接受西方“儿童”概念，更将儿童崇拜观念推崇为有关民族前途的理念开始的。在中国近现代史上，一些思想先锋提出反对封建文化，批判旧礼教和旧道德，倡导“科学与民主”，提倡个人的尊严与自由，与此同时呼吁把儿童从旧文化中拯救出来。这一过程的分水岭即是“五四运动”，它开启了中国社会“人的发现”的时代，而这个人首先就是“妇女”和“儿童”。“五四”新文学作家作为中国现代史上最具影响力和号召力的知识分子群体，他们看到了儿童观的启蒙对于中国未来的重要性，也意识到儿童问题是“人的解放”中最为重要的环节，极力倡导对儿童的个体独立价值的认识和肯定。尤其是伴随着外来文化的引进，卢梭、杜威等教育理念在中国的大地上的传播与发展，更使中国“儿童的发现”和儿童观的启蒙逐渐得以实现。

谈到中国儿童观的近现代启蒙，需要特别关注鲁迅的思想。现代著名诗人柳亚子曾说：“近世对于儿童教育最伟大的人物，我第一个推崇鲁迅先生。”② 作为思想的启蒙者，鲁迅是在新理想与旧势力之间对“儿童观”进行痛苦拷问和寻找，并发出了“救救孩子”呐喊的伟大的思想家。鲁迅的深思与呐喊，却让我们清晰地感受到中国文化中“儿童观”启蒙的艰辛。

中国传统的儿童观，源于“君君臣臣父父子子”的残酷的封建等级统治，旧式的父母希望孩子能像个“小大人”，总是以成人的标准“规训”儿童，用四书五经“催熟”儿童。鲁迅对这种旧式的儿童观深恶痛绝，并给予了无情的批评。鲁迅关于儿童观的思考，集中体现在他的四篇文章之中。1918 年 5 月，鲁迅发表了第一篇白话小说《狂人日记》，在批判封建制度和封建礼教的同时大声疾呼“救救孩子”，表达了他对儿童成长需要良好的社会环境的重视，也表达了面对当时吃人的社会只有“救救孩子”才是民族未来的希望。

1919 年 10 月，鲁迅在《我们现在怎样做父亲》中写道：中国人一直以为，父对于子，有绝对的权力和威严，若是老子说话，当然无所不可，儿子有话，却在未说之前早已有错了。在鲁迅看来，父子之间的关系，其实是三种生物界的现象的表现，一是保存生命，二是延续生命，三是发展生命。基于此，鲁迅明确倡导，每个觉醒的父亲，应将其天性中的爱加以扩张和醇化，对孩子，第一，便是理解。既要消除孩子是成人的预备的思想，也要消除孩子是缩小的成人的观念；要确信，孩子有他自己生活与成长的世界，与成人绝不相同。第二，便是指导。做孩子生活的指导者、协商者，

① 陈映芳著：《图像中的孩子》，山东画报出版社 2003 年，第 74 页。
② 李海珉：《柳亚子与鲁迅的深厚情谊》，《文史天地》，2007 年第 6 期。

而不是命令者。第三，便是解放。孩子是家长即我非我的人，因为即我，所以更应该尽教育的义务，交给他们自立的能力；因为非我，所以同时应解放，使孩子成为一个独立的人。

1933 年 9 月，鲁迅在《上海的儿童》一文中，尖锐地批评了中国传统的教育方法存在两种偏向："其一，任其跋扈，一点也不管，骂人固可，打人亦无不可，在门内或门前是暴主，是霸王，但到外面，便如失了网的蜘蛛一般，立刻毫无能力。其二，是终日给以冷遇或呵斥，甚而至于打扑，使他畏葸退缩，仿佛一个奴才，一个傀儡，然而父母却美其名曰'听话'，自以为是教育的成功，待到放他到外面来，则如暂出樊笼的小禽，他决不会飞鸣，也不会跳跃。"他指出，就是这两种偏向伤害了儿童的成长，泯灭了儿童的天性。

1934 年 8 月，鲁迅发表了《从孩子的照相说起》。鲁迅写道，中国和日本的小孩，穿的都是洋服，普通其实很难分辨，但我们有些人，都有一种错误的速断法：温文尔雅，不大言笑，不大动弹的，是中国孩子；健壮活泼、不怕生人，大叫大跳的，是日本孩子。为什么有这样的不同？原因在照相师。他的不同的观念起了作用。孩子被摆在照相机镜头下，表情总在变化的，时而活泼，时而顽皮，时而驯良，时而拘谨，时而烦厌，时而疑惧，时而无畏，时而疲劳。照住驯良和拘谨的一刹那的，是中国孩子相；照住了活泼或顽皮的一刹那的，就好像日本孩子相。在中国的一般趋势中，孩子被要求向驯良的、静的方面发展，低眉顺眼，唯唯诺诺，才算一个好孩子，而动的、活泼、顽皮的孩子，常被人摇头。这样，孩子身上的奴性不知不觉地被培养起来了，孩子的灵性和创造性被压抑而萎缩了。由此看出，鲁迅思想中的"儿童观"，其实是非常理性深刻的文化性的儿童观，揭示了中国文化中"儿童观"的文化症结。

如果说鲁迅是中国近现代史上用笔作为思想的武器改造旧的儿童观，另外还有一位自称为"儿童的崇拜者"的丰子恺先生，则是用绘画艺术呼吁、倡导和建立全新的儿童观，也为中国儿童观的大众启蒙产生了独特的影响。为了表达他的儿童漫画中渗透和体现的儿童观，1927 年，丰子恺在《教育杂志》上连续发表了《儿童的大人化》和《童心的培养》两篇文章，阐述了他的儿童教育主张。在《儿童的大人化》一文中，丰子恺认为："大人因不理解孩子，而强迫孩子照大人自己一样地做人这是一般的儿童教育上的病根。"由于大人以自己的主观愿望和行为观念来要求、教育孩子，所以儿童的"大人化"也就成为必然。面对孩子的"大人化"，丰子恺呼吁："世间的大人们，你们是由儿童变成的，你们的'童心'不曾完全泯灭。你们应该时时召回自己的童心，亲身去看看儿童的世界，不要误解他们、虐待他们，摧残他们的美丽与幸福，而硬拉他们到这枯燥苦闷的大人的世界里来。"对克服儿童"大人化"的现象，丰子恺不仅仅是呼吁，而且还开出了克服这种现象的药方，那就是"成人要从孩子的角度出发，站在与孩子一般的高度（即平等地对待孩子），培养而不是扼杀孩子的童心”。在《童心的培养》一文中，丰子恺要求世间教育儿童的人们，切不可斥责孩子的“痴呆”（即“童心”），切不可盼望儿童像大人一样，切不可把儿童大人化，而“要处处离去因袭，不守传统，不顺环境，不照习惯，而培养其全新的、纯洁的‘人’的心”，并教孩子时时处处用这种全新的、纯洁的心去感受和领悟这个世界。① 在《我的漫画》一文中，丰子恺说：“我作漫画由被动地创作而进于自动地创作，最初是描写家里的儿童生活相。我向来憧憬于儿童生活。尤其是那时，我初尝世味，看见了所谓‘社会’里的虚伪矜忿之状，觉得成人大都已失本性，只有儿童天真烂漫，人格完整，这才是真正的‘人’。于是变成了儿童崇拜者，在随笔中漫画中，处处赞扬儿童。现在回想当时的意识，这正是从反面诅咒成人社会的恶劣。”从这两段表述中，我们可以知道，丰子恺之画儿童生活漫画，约略出于两个原因：一是对儿童生活的企慕和热爱，二是逃避和诅咒成人社会的恶劣。丰子恺的儿童生活漫画，是人类宝贵精神遗产中不可或缺的一部分，更是独特地阐释儿童观的启蒙形式。②

由于中国近现代儿童观的启蒙努力，人们逐渐形成和建立了与时代进步相符的儿童观。在教育领域，陶行知、陈鹤琴等一大批教育家在西方哲学、心理学、教育学的影响下，提出了尊重儿童、解放儿童的教育思想，他们试图用科学的方法来研究儿童心理和儿童教育，为中国儿童观的改造与革新作出了重要贡献。

但反思我们当今的儿童观念，我们会看到鲁迅当时对“儿童”问题的担忧深思，其实在我们今天当下的社会文化中仍然在泛化甚至强化。我们总是在对待“儿童”的矛盾纠结中确立成人文化的主导性，忽略甚至压制儿童文化的独特性。成年人对孩子的美好观念并没有转化成为实际的行动。在现实中，孩子被视为成年人的私有存在，家长对孩子的管教也被看成私人领域中的事；成年人的交往中孩子是不能参与的；家长只要求孩子怎样去做，而没有“像我这样去做”的行动；孩子一直被视为大人愿望的寄托者和实现者，而不是具有独立尊严和价值的主体存在。如此等等的认识，均已习以为常，而且渗透在各个细节之中，甚至成为许多行为与行动的合理化基础。尤其是把儿童视为拥有权利的个体，并从人权的角度加以保护，已经是人类文明发展的重要标志。但是，对很多中国人而言，儿童权利是生疏而又不可思议的，成人世界仍然普遍认为儿童是祖国的未来、家庭的希望，是教育呵护的对象，很少有人认为他们是和成人一样的权利主体，更没有把儿童权利观念注入每个人的心田，成为我们基本的价值取向。社会对教育的期望值普遍升高，教育被功利主义的教育价值观控

① 朱良：《儿童崇拜与丰子恺的儿童教育观》，《宁波大学学报（教育科学版）》2005年第4期。

② 陈星著：《丰子恺新传——清空艺海》，北岳文艺出版社1998年版，第77—94页。

制着。所谓“教育改变命运”，教育成为获得权力、地位、金钱和改变身份的工具或主要途径；所谓“教育蕴藏财富”，将教育视为一种纯粹的功利性投资，变成今天投资金钱、时间、精力下去，明天考上好大学，找到好职业，然后把投资收回来，挣更多的功利。儿童生存面临功利主义、消费主义、个人主义、虚无主义、实用主义，以及市场文化等社会环境，并渗透到学校生活的各个方面。许多儿童因为追求“优质教育”和“不要输在起跑线上”而运动不足、体质下降、心灵孤独、心胸狭窄、远离自然、生活单调、缺乏兴趣、不会创造、道德冲突、信仰缺失等等。成人对儿童期望过高，或过度保护，儿童迫不得已地接受着成人给他的一切期望和要求。学前教育的“小学化”现象普遍存在，成人滥用儿童学习能力，开展过量的读、写、算等过早教育和过度教育，使得儿童的兴趣、自信、潜能等逐渐消失。这一切不仅构成了我国当今儿童教育不可忽视的严重弊端与问题，也透视出我们建立现代的儿童观还需要一个艰辛的过程。

如果反思当前我国教育的儿童观的深层危机，其根本在于儿童“自我”的丧失，是对儿童“成长”本性的无视与成人期望儿童“成熟”之间的尖锐矛盾。正是忽视甚至无视儿童的成长性的本质属性，使教育对于儿童的价值和意义被扭曲和异化为儿童成长之外的另外一个需要儿童适应的过程。也就是说，我们并没有创造适合儿童“成长”需要的教育，而是要所有由成人安排好的“成熟”化的教育让儿童适应。正因为如此，虽然我们不断倡导教育与儿童生活的联系与结合，但不能把教育视为儿童应该经历的生活本身。我们总是让儿童远离真实的生活而追求一种所谓“高尚的”、“理想的”、“幸福的”生活。儿童今天的学习不是生活本身，而是为明天的生活做准备。“吃得苦中苦，方为人上人”和“先苦后甜”，是教育遵循的社会价值逻辑和理念基础。于是，学习总被视为人类最苦的事，也成为人类最易厌倦的事。因为今天的教育之苦是为了明日生活之甜，也因为当下的教育成为未来生活的准备与手段，所以，教育的世界充满着浓厚的功利色彩，对生活与人生越来越有意义但没有考试获得利益价值的学科几乎是不去用心教和学的，教育本身的残缺又造成人生的残缺。如果我们的教育成为儿童当下的生活本身，每天的上学与学习就是儿童的生活，每天在学校的上课、活动看成是每天要过好的生活，并能够使儿童天天快乐，喜欢学校、喜欢老师、喜欢同学，才会有真正的教育。

我国教育的儿童观的另外一个深层危机，就是忽视儿童的想象力与创造力。儿童区别于成人的标志之一是想象力。儿童的精神世界是一个充满“想象”的世界。想象是以感性经验为基础，是一种非理性的、无意识的直觉认知，是儿童对自然的直接把握方式，也是创造力的直接基础。儿童最善于想象，也最有想象的欲望。随着成长，他们的想象力会逐步衰减，那么教育就有义务在儿童最能够接受想象世界的时候，担当保护、开拓和发展儿童的想象力的重要使命，给他们足够多的想象的世界，使儿童的想象力真正成为儿童建构自己独特的生活世界的源泉活水。但是，在“很容易遗忘童年”的成人所设计的教育世界中，成人有自己的价值准则，也知道真实的事物及其象征的关系，但儿童并不理解或不了解真实的事物，甚至在许多方面的认识和成人是相反相悖的。儿童在学校中不断被用知识的理性纠正自身的思维，当教师让儿童背教材、记笔记、做练习、守规则等方式把事物及其象征教给儿童的时候，常常用强迫与灌输的手段甚至是不择手段。记忆和考试是学习生活的全部，教学过程也不鼓励异想天开，不鼓励见解独立，不鼓励多向思维，不鼓励表达异议。久而久之，儿童被囚禁在抽象理性的知识王国，成为循规蹈矩、唯“标准答案”是从、失去兴趣和个性、缺乏想象力和创造力的考试机器。而传统文化中鼓励顺从和听话，不鼓励独立见解；鼓励中庸和稳妥，不鼓励异想天开等又作为学校文化坚实的社会基础，也都严重束缚了儿童想象力的形成，使儿童丧失了对直接经验和简单事物的自然渴望。由成人为儿童设计和安排的教育世界中，教育对于儿童想象力这样的无视甚至摧残，一直是人们关注、批评和反思的对象。我们常常赞美正规、理性、成人式教育的规范和严格，但却完全忘记儿童建构生活世界、观念世界、知识世界和价值世界的想象方式，甚至将之视为严重的异常而不断加以纠正，使儿童逐渐成长的过程很可能是想象力逐渐走向衰弱的过程。从这个意义上说，偷走孩子想象力的不仅有时光，也包括成人对孩子想象力的忽视和抹杀。江苏省国画院曾举办了一场中日儿童画交流展，画展中的两国儿童画在内容和表达方式上显示出较大的差异：日本孩子的画从题材、画风、构图、色彩等方面来看都显得很自由，而中国孩子的画面则显示出一种固定的模式，即教过的痕迹特别重，画面中根本看不到孩子自己的风格。有人分析差异的原因是，我国的美术教育是有教师先画出示范画，孩子模仿着画，最后由教师根据孩子们的模仿程度来评价谁画得好，画得越相似就越好。这样把成人的审美标准先入为主地灌输给孩子，并迫使儿童不断地否定自己的看法，同时不断地调整自己的感受以适应成人既定的标准，最终导致儿童在刻意模仿中逐渐丧失了个性化的感受能力和独特的观察视角，也丧失了儿童天然的想象力与原创性。2009 年教育进展国际评估组织对世界 21 个国家的调查结果也显示，中国孩子的计算能力排名世界第一，而创造力却排名倒数第五。在被调查的中小学生中，认为自己有好奇心和想象力的只占 4.7%。儿童时期的创造力更多地体现为想象力，创造力的匮乏无异是想象力的匮乏。而引起国人思考中国教育的钱学森之问——“为什么我们的学校培养不出杰出的创造性人才”，更为“教育儿童”的成人敲响了警钟。教育如何保护和促进儿童想象力发展，如何使儿童的精神生活不致被枯燥乏味的理性教育所压抑，这无疑值得我们深刻反思。

四、结语：我们需要一场儿童观的新启蒙

儿童的教育，需要正确的“儿童观”做强有力的基础。也可以说，何时导正了对儿童的观念和行动，教育何时才会有希望和出路。这样看来，要建立正确的“儿童观”，需要唤醒人们的文化自觉，有必要再经历一场全民的、理性的“儿童观”的思想启蒙运动。

把握儿童的本性与特性，梳理儿童观发展的思想光辉，反思教育的“儿童观”问题，也就是要在教育中确认和建立真正的“儿童观”，需要在实践中努力把儿童当作“儿童”，使教育真正成为尊重童年的教育、保卫儿童的教育。

把儿童当作“儿童”、尊重童年的教育，其根本在于以儿童为原点，改变作为成人的“我们”的自我中心和自以为是的立场，回到儿童本位的根基上，既不君临儿童之上，也不与儿童相向而踞，更不应该把儿童看作需要加工成熟的对象按照成人的人生预设去训练；而是从儿童的原初生命欲求出发，尊重儿童的本质特性，帮助儿童获得的人生经验和智慧，解放和发展儿童的生命，并将成人自身生命融入儿童的生命群体之中，追求和实现“让我牵着你的手，在风雨中，我们一起行走，一起成长”的美丽目标。

从当前的教育现实问题来看，这一目标的实现，的确需要全民建构科学的儿童观，并且将之作为国民的文化品性去不断培育。在这一努力的过程中，当前尤其需要对学校科层组织序列与结构对儿童的远离和忽视给予启蒙和变革，因为学校教育自身已经成为儿童观问题的“重灾区”。

在学校教育的现实中，儿童被视为学校的基层或底层，“校长抓好教师，教师管好儿童”也成为最为正常的逻辑。正是这种校长对教师、教师对儿童的“管理”逻辑，导致了学校中实施“以儿童为本”的教学存在着严重的组织障碍。尽管许多学校极力倡导“一切为了儿童，为了一切儿童，为了儿童一切”，但其方向是针对教师的观念转变和教学改革的，学校管理的制度或结构并未因此而得到触动。以学校为基本组织形式的人类教育，如果要以正确的儿童观作为发展基础，就必须要回到这样三个似乎是常识性，但又是教育“原点”的根本问题上去重新审视教育，即儿童为什么要上学？学校为谁而存在？校长和教师的价值究竟是什么？

儿童为什么要上学？回答应该是，因为儿童要有效学习、健康成长。儿童在学校是学习者而不是受教育者，学习者是社会赋予儿童的根本角色。因此，学校组织要基于儿童学习的特性和需要来设计，学校管理的制度依据是促进儿童的学习与发展，而不是为了规范教师的行为。

学校为谁而存在？应理直气壮地说，是为儿童。有儿童，才有教师，才有校长。

校长对教师、教师对儿童的线性组织和管理路向，使学校成了校长“我”的学校，而不是儿童的学校。由于校长工作的出发点是“我”而不是儿童，于是也就有了这样一些正常的奇怪现象：停课突击搞卫生，是为了迎接上级，应对检查，而不是为了儿童的健康，甚至以损害儿童的权利与健康为代价；学校教学楼的电梯门口，竟然会标识“只限教职工乘坐”的“温馨提示”。如此等等的事实提醒我们，回归儿童，重新理解学校和儿童的关系，必须成为学校变革中急待解决的内部的、深层面的问题。

校长和教师的价值是什么？是促进儿童获得有效的学习和健康的成长。学校之所以为儿童而存在，儿童之所以要到学校来，是因为那里有能够帮助、促进他们有效学习和积极成长的校长与教师。为儿童提供优质的学习服务，是校长和教师的天职。当校长为学校、教师制定制度规范，当教师又向儿童提出各种要求时，都要扪心自问：我是在多大程度关注和理解了“儿童”？儿童在学校的地位，无论怎么强调都不会过分。“没有校长和教师的发展就没有儿童的发展”一直被我们所强调，但“儿童的发展是校长和教师发展的内在根据，不从儿童出发，关注研究儿童的发展，就不会有更好更科学的校长与教师发展”这一理念更值得首先倡导。

因此，研究儿童的学习特点，了解儿童的学习需求，尊重儿童的学习规律，培养儿童的学习能力，为儿童的有效学习提供支持和帮助，是学校发展至高无上的原则。当我们把目光移向儿童，重建正确的“儿童观”，才能真正意识到“儿童”和“学习”是学校的根本基础和价值所在，才能找到学校教育的逻辑起点和依据，进而获得变革的动力和力量。走近儿童，引领儿童参与、关注儿童愿望、倾听儿童声音，是教育变革的“儿童观”之道。

（责任编辑　李红梅）

杨九诠　1964年生，江苏泰州人。中国教育科学研究院基础教育课程研究中心主任，编审。在《文史哲》、《文学遗产》、《中国编辑》、《出版参考》、《教育研究》、《华东师范大学学报（教育科学版）》等核心期刊发表古代文化、出版研究、教育研究论文若干篇。教育研究类代表性论文有《综合素质评价的困境与出路》、《普通高中模块课程的价值赋予》、《命题与素质教育》等。著有《范式的转移——中考改革论》（华东师范大学出版社2013年版），主编《义务教育课程标准（2011年版）案例式解读丛书》（教育科学出版社2012年版）、《初中生实践能力调研报告》（教育科学出版社2014年版）等。

《改革开放以来我国课程教学变革论叙》导读

改革开放以来我国课程教学变革论叙

杨九诠

【摘要】 改革开放以来的课程教学变革，是新中国课程教学极为重要的组成部分；而2001年启动的新课程改革，乃是改革开放以来课程教学变革与发展的主体。无论是政策、理论还是实践领域，都取得了一系列质量不断提升、内涵愈加丰富、影响持续深入的重要成就。同时，面临着许多结构性、整体性困难，素质教育与“应试教育”的矛盾仍然是我国课程教学发展的基本面。必须不断深化教育领域综合改革，推进课程教学的深刻变革和全面发展。

【关键词】 课程教学；课程改革；以人为本；素质教育

改革开放以来的课程教学变革，是新中国课程教学极为重要的组成部分。改革开放以来，经过30多年的不懈探索和实践，我国课程教学较快地回复到自身状态，基本找到了自己的叙事原则、叙事方式和叙事逻辑，自身建设能力和自我诉求愿望明显增强。可以说，变革的过程，也就是课程教学领域主体性征持续增强和主体地位不断确立的过程。2001年启动的新课程改革，是改革开放以来课程教学变革与发展的主体。改革开放以来课程教学变革发展至新课程改革的进程，体现出较好的层次性与过渡性，既存在跨越式的变革关系，也存在照着说的继承关系和接着说的发展关系。

一、发展脉络与历史经纬

（一）概述

2001年正式启动的新世纪基础教育课程改革，通常被称为新中国成立以来的第八次课程改革。对我国课程改革八个阶段的划分，主要依据的是关于教学计划、教学大纲以及教材编制等一系列国家课程政策文件的沿革。但是各个阶段的改革深浅迥别、轻重悬殊，有些仅止于政策文本，并没有太多的实质性实施。① 笔者认为，我国八次课程改革，可以从大的格局上以“文革”结束为界划分为两个阶段。“文革”结

---

① 谢翌、马云鹏、张治平：《新中国真的发生了八次课程改革吗?》，《教育研究》2013年第2期。

束前的第1—4次课程改革为第一阶段，“文革”结束后的第5—8次课程改革为第二阶段。前后两个阶段固然有赓续相承的关系，但更是畛域各现，在课程改革的宏大历史叙事上呈现为不同的风貌和相异的气质。首先，在指导思想上，毛泽东在1957年《关于正确处理人民内部矛盾的问题》的报告中提出：“我们的教育方针，应该使受教育者在德育、智育、体育几方面得到全面发展，成为有社会主义觉悟的有文化的劳动者。”党的教育方针的形成、提出和贯彻，是第一阶段课程教学起承和沿革的思想核心。邓小平1983年9月为北京景山学校的题词“教育要面向现代化，面向世界，面向未来”，是根据中国社会主义现代化建设新时期的总线路、总任务，对教育战线提出的战略方针和发展方向。“三个面向”对新时期课程教学变革产生了重大的指导意义，发挥了强大的解释功能。其次，在核心内容上，第一阶段，以强调学校教学内容中基础知识、基本技能的“双基”教育为主；第二阶段，课程教学的变革则以“育人为本，实施素质教育”为主题。再次，在方法论上，第一阶段，以全盘接受苏联教育思想、课程体制、教学模式为主，其流弊所至，则是形成了封闭的制式和教条的面孔，遏制了课程教学的改革发展。第二阶段，以建构主义为主的各种思想纷纷进入，与本土经验和基本国情相互激荡，大大推进了课程教学领域的思想解放；多元、多样、多变，成为这一阶段课程教学理论与实践的基本调式，新世纪基础教育课程改革，呈现为改革开放、创新发展的总体样态。最后，在主体性征上，第一阶段，课程教学受政治运动的影响很大，有时直接就是配合政治运动而为；课程教学之于政治和政治运动，其辅弼功能和工具性质非常突出。第二阶段，课程教学较快地回复到自身状态，基本找到了自己的叙事原则、叙事方式和叙事逻辑，即便间有政治的主动干预和影响，往往也不像原先那样直接，而是尽可能作为课程因素来考量和安排；课程教学变革和发展的科学化、民主化、制度化、专业化程度不断提高，自身建设能力和自我诉求愿望明显增强，课程教学主体性都得到不断加强。

（二）从“文革”结束到2000年的三次课程改革

“文革”结束，中国教育改革发展进入一个新的历史时期。“解放思想，改革开放”是新时期中国最鲜明的时代特征，“科教兴国”是建设中国特色社会主义的发展战略，邓小平“三个面向”思想是新时期中国教育事业改革发展的根本要求。改革开放以来，中国经济社会快速发展；工业化、信息化、经济全球化快速推动社会经济结构转型和经济增长方式转变，教育必须为我国从人口资源大国迈向人力资源强国的战略实施提供根本保障和核心动力。中国教育已经从精英教育（英才教育）进入大众化教育时代。从以强调基础知识、基本技能的“双基”教育逐步发展到“全面实施素质教育”，是教育因应时代要求的深刻变革和战略转向。

改革开放以来课程教学的变革与发展，按国家课程教学政策沿革划分，经历了四个阶段，即我们通常讲的第五次至第八次课程改革。第五次课程改革可以划界为

1977—1985 年。其起始的标志性的事件就是 1977 年 9 月教育部在北京召开全国高等学校招生工作会议，决定恢复已经停止了 10 年的全国高等院校招生考试，教育领域在社会经济政治文化各项事业中率先开始实质性地进入“拨乱反正”阶段。1978 年，教育部相继制定了全日制中小学暂行工作条例。1981 年，为了贯彻十一届三中全会的政治路线与思想路线，适应不同学制要求，国家教委共制订了四个中小学教学计划；根据新颁布的教学计划，人民教育出版社开始修订原十年制教材和编制十二年制教材，对课程教材体系进行了调整和变革。这一阶段课程改革以恢复“十七年”为目标，旨在整顿学制与课程的制度，恢复正常的办学与教学秩序。这一时期，也在一定程度上包括此后一个阶段（大略为第六次课程改革阶段），课程教学“拨乱反正”的基本路径主要是以学科知识为主的学科本位的进路。各学科教学都十分注重“双基”。“文革”的“三机一泵，三酸二碱式”教学内容回复到以物理、化学学科基础知识为主；语文学科从思想课、政治课的阴影中走出来，强调“语文姓语”，注重语言教学。从课程教学发展史的角度审视，这样的以学科知识为主的学科本位的思路乃是对教育教学自身的必须的探寻与回复。此后的实验与变革，都是这一阶段课程教学“返乡”行为的接续，而不是“逃离”与“出走”——当我们讲“以人为本”“素质教育”，讲实践能力与创新能力，讲活动课程与经验课程等等的时候，乃是课程教学自身疆土的开拓、耕耘与守护，是课程教学领域主体性征的持续增强和主体地位的进一步确立，与“文革”之前完全受政治支配、运动驱遣的“田间地头大课堂”“工厂农场办学校”迥然不同。

第六次课程改革，通常划界为 1985—1991 年；第七次课程改革则为 1992—2000 年。从第八次课程改革的角度回视，这两个阶段连续性很强，几乎不存在明显的“缝隙”。建设为主体，发展为主题，改革为主线，构成了这两个阶段教育事业包括课程教学变革与发展的基本面。1985 年《中共中央关于教育体制改革的决定》的出台以及 1986 年《中华人民共和国义务教育法》的颁发，全面推动了课程教学改革发展。《中共中央关于教育体制改革的决定》颁布后，我国逐步开展了课程决策权力分配的改革，进入 20 世纪 90 年代改革步伐加快。1988 年，国家教委发布《九年制义务教育教材编写规划方案》，开始实施“一纲多本”的改革方案。为了推进义务教育的实施，促进小学课程与中学课程的衔接，1988 年国家教委制定了《义务教育全日制小学、初级中学教学计划（试行草案）》，初中课程从中学课程中分离出去，并在教学计划中给课外活动留出固定的空间。经过实验修订，1992 年该试行草案更名为《九年义务教育全日制小学、初级中学课程计划（试行）》，第一次将“教学计划”更名为“课程计划”，也是第一次在课程计划中出现了两种课程类型，即学科课程与活动课程，并第一次规定设置地方课程。与此同时，国家教委颁发了 24 个学科教学大纲（试用）。这次课程改革延伸至高中，国家教委于 1990 年颁发了《现行普通高中教学计划的调整意见》作为过渡性文件，并于1996年正式颁发了同义务教育相衔接的《全日制普通高级中学课程计划（试验）》和语文等12个学科的教学大纲。高中课程计划规定，学校应该“合理设置本学校的任选课和活动课”。高中课程计划还明确规定，高中课程实施国家、地方、学校三级管理体制，以共同体现高中课程“适度的灵活性”，“三级课程”的管理体制逐渐形成。总观纵览，改革开放以来课程教学的变革与发展，“表现出较好的层次性与过渡性，即，在稳定的国家发展政策的指导下，每一调整都与上一次调整有较好的衔接性”①。从各科教学大纲的研制看，不断修订和完善的过程，总体上是不断趋向新的课程标准的过程。新课程标准与最后一版教学大纲，既存在跨越式的变革关系，也存在照着说的继承关系和接着说的发展关系。从考试评价制度改革看，从1998年4月教育部下发的第一份推进考试招生制度改革的文件《关于中考语文考试改革试点工作的指导意见》到第一份专门针对新课程实验区的《国家基础教育课程改革实验区2004年初中毕业考试与普通高中招生制度改革的指导意见》，专门的考试招生制度改革的文件共计有5份，其间改革的理念与举措次第而来，稳健有序。②

（三）进入新世纪以来的基础教育课程改革

进入新世纪以来的基础教育课程改革，通常又称为第八次课程改革，是新中国成立以来规模最大、影响最深的一次课程改革，也是改革开放以来我国课程教学变革的主体。其标志性文件是2001年6月8日教育部印发的《基础教育课程改革纲要（试行）》（以下简称“《纲要》”）。《纲要》指出：“教育部决定，大力推进基础教育课程改革，调整和改革基础教育的课程体系、结构、内容，构建符合素质教育要求的新的基础教育课程体系。”从政策文件的角度看，新世纪基础教育课程改革之源起，可以上推到1999年。在《纲要》之前，还有三份重要的文件，均对新世纪课程改革提出要求。1999年1月13日国务院批转教育部发布的《面向21世纪教育振兴行动计划》指出：“改革课程体系和评价制度，2000年初步形成现代化基础教育课程框架和课程标准，改革教育内容和教学方法，推行新的评价制度，开展教师培训，启动新课程的实验。争取经过10年左右的实验，在全国推行21世纪基础教育课程教材体系。”1999年6月颁发的《中共中央国务院关于深化教育改革全面推进素质教育的决定》指出：“调整和改革课程体系、结构、内容，建立新的基础教育课程体系，试行国家课程、地方课程和学校课程。”2001年5月颁发的《国务院关于基础教育改革与发展的决定》指出：“加快构建符合素质教育要求的新的基础教育课程体系……小学

① 吕立杰著：《国家课程设计过程研究——以我国基础教育“新课程”设计为个案》，教育科学出版社2008年版，第78页。

② 杨九诠著：《范式的转移——中考改革论》，华东师范大学出版2013年版，第70—72页。

加强综合课程，初中分科课程与综合课程相结合，高中以分科课程为主……中小学增设信息技术教育课和综合实践活动，中学设置选修课。普通高中要设置技术类课程。”“实行国家、地方、学校三级课程管理。”“教材编写核准、教材审查实行国务院教育行政部门和省级教育行政部门两级管理，实行国家基本要求指导下的教材多样化。”

《纲要》颁布之后，2001 年 7 月教育部颁布了义务教育各学科课程标准，同年 11 月教育部印发了《义务教育课程设置实验方案》。当年秋季，首批 38 个国家级课程改革实验区进入新课程实验。此后课程改革实验区快速扩大，课程改革各项工作顺利推进。2003 年 4 月，普通高中课程方案和各学科课程标准正式颁布，并于 2004 年秋季在部分省市开始实验；至 2012 年广西壮族自治区全面实施普通高中课程改革，新课程改革覆盖全国。2011 年 12 月教育部印发了新修订的义务教育各学科课程标准；此后，普通高中课程方案及各学科课程标准修订工作也随即启动。2010 年 7 月中共中央国务院颁布《国家中长期教育改革和发展规划纲要（2010—2020 年）》（以下简称“《教育规划纲要》”），文件就义务教育提出，“严格执行义务教育国家课程标准”，“深化课程与教学方法改革”；就高中阶段教育提出，“深入推进课程改革，全面落实课程方案”。《教育规划纲要》的颁布与实施，对我国课程教育发展具有重大意义和深远影响。

国家课程标准教科书的编制和使用，是新课程改革的重要组成部分。改革开放以来，我国基础教育教科书逐步改变了由国家统一组织编写的状况。1993 年 2 月 31 日中共中央、国务院发布的《中国教育改革和发展纲要》中明确指出：“中小学教材要在统一基本要求的前提下实行多样化。”但是，教材多样化政策的全面实施是与新课程改革相伴而生的。比较新课程改革前后，可以大概地看出教科书在行政许可上“国定制”与“审定制”、组织编写上“统编”与“竞编”、内容实质上“多本化”与“多样化”、发行使用上“配发”与“选用”的分野。教育部审查通过的义务教育课程标准教科书（“六三制”，不含“五四制”）25 科 213 套，出版单位近 80 家，真可谓“百舸争流”、“蔚为大观”。“多样化”是新课程改革的要义所在。正是“多样化”的教科书管理体制以及编写和选用机制，大大促进了各学科的课程建设和教学变革。尤其是对基层的学校、教师、学生来说，多样化的教科书很好地呈现了学科课程，为他们理解新课程、参与新课程、实施新课程提供了更为直接的实践指导和创生平台，促进了办学行为、教学方法和学习方式的深刻变革。

课程改革是改革开放以来课程教学变革与发展的主旋律。这一波澜壮阔的历史进程并非一路凯歌，而是时有迟疑。义务教育课程标准修订、审议工作一再迟缓，从计划2004年完成，到计划2007年完成①，最终至2011年12月才正式颁发。应该说，以2009年10月教育部在南京召开“基础教育课程改革经验交流会”为课程改革新阶段开端，至义务教育课程标准（2011年版）颁发，义务教育课程标准修订、审议工作顺利开展，并且这一工作在修订、审议、决策各环节都体现了更加专业、民主、科学的特征，体现出课程改革在政策层面达到一个崭新高度。但毋庸讳言，此前修订、审议工作一缓再缓，确实隐现出伴随着课改观念紊乱、课改步伐迟重的现象。教材多样化，是新课程改革的重点和亮点。但由于利益分割中的无序竞争等原因，也产生了一定的负面影响。2006年初，国务院常务会议提出减少教科书的种类，提高教科书的质量，降低教科书的成本，防止利用教科书非法牟利。为此，教育部提出“建设主流教材”。“主流教材”的提法，无论是义理空间还是实践空间都有着正面阐释和积极探索的合理性和可能性，但由于较为明显的行政导向，还是对教材多样化政策的实施带来了一定的观念和心理上的影响。② 而德育、语文、历史等文科教材全国统一版本的动议及编写，对深化课程改革也有不小的影响。③ 当然，以宏观的视野观之，改革发展中的“斟酌”与“回旋”总是不可避免的，能够促进反思和思辨，增益识见、丰富实践，成为现代政策制订与课程开发“审议”品格的题中之义，同时也成为事业发展“稳妥推进”的题中之义。

二、基本特征与主要成就

改革开放以来课程教学变革，尤其是新课程改革，体现了鲜明的时代特征，无论是政策、理论还是实践领域，都取得了一系列质量不断提升、内涵愈加丰富、影响持续深入的重要成就。

（一）基本确立了“以人为本，实施素质教育”的价值核心和目标核心

“以人为本，实施素质教育”，是当代中国课程教学改革发展的价值核心和目标核心。素质教育并不是一个传统知识论意义上的科学的事实范畴，而是一个不断被赋予着的发展变化的实践范畴和价值范畴。也许，“以育人为本的教育就是素质教育”④这样的不是定义的定义倒最为适当。素质教育是1985年以后逐步提出的。1994年8

① 参见李建平、赵小雅：《义务教育18科课程标准全面修订，标准在今年颁布》，《中国教育报》2004年2月14日；尤炜：《让课程标准为孩子的未来奠基——义务教育课程标准修订工作正式启动》，《基础教育课程》2007年第5期。

② 参见：《主流教材纵横谈》，《大学出版》2008年第3期。

③ 参见2012年3月8日《中国新闻出版报》及2011年10月1日《财新网—政经频道》的有关报道。

④ 柳斌：《以育人为本的教育就是素质教育》，《新华网》2007年6月22日。

月《中共中央关于进一步加强和改进学校德育工作的若干意见》第一次正式在中央文件中使用了素质教育的概念。1999 年 6 月中共中央、国务院颁发《关于深化教育改革全面推进素质教育的决定》，并以素质教育为主题召开改革开放以来我国第三次全国教育工作会议，对实施素质教育进行全面部署。《教育规划纲要》明确提出，“坚持以人为本、全面实施素质教育是教育改革发展的战略主题”。这是人的全面发展的根本要求和价值追求，是从人力资源大国向人力资源强国迈进的时代选择。

2001 年颁布的《纲要》，在编制、审议过程中曾有加上正标题的动议，正标题就是“为了中华民族的复兴，为了每位学生的发展”。其中透出的信息，明确无误地点明了本次课程改革的核心价值观；特别是“以学生发展为本”的思想，是教育战线思想解放的重要成果。其时，中央层面还没有提出“以人为本”，课程改革的核心价值观就已经体现出这一先进思想。① 正是确定了“以人为本，实施素质教育”的核心价值、核心目标，新课程改革进程总体上路宽步阔、风正帆悬。这个过程中，也有困惑，有争议。比如政策层面的“斟酌”与“迟疑”，实践层面的广大一线教育工作者普遍遭遇到的像南京“高考之痛”这样的现实境遇的困惑②，以及近来纸媒网媒及坊间对北京十一学校深度改革的多少有些“以疑决疑”式的辩论③，等等。再比如学术界对新课程改革理论与实践的“跃进、渐进，抑或折中”④ 的各种不同争议。虽各持所论，基本上都没有抛却“以人为本”而另立主张。即便是看似完全两种截然不同范式的课程教学论领域的争论⑤，也正因为有“以人为本”这个核心在，就有了最基础的对话语境和共识空间，不同甚至对立的观点看法、各式各样的教育教学实践探索，都能综合参详，成为我国课程教学健康稳健发展的思想资源和实践资源。

（二）初步建构起符合素质教育要求的新的基础教育课程体系

《纲要》开篇即明确提出：“教育部决定，大力推进基础教育课程改革，调整和改革基础教育的课程体系、结构、内容，构建符合素质教育要求的新的基础教育课程体系。”改革开放 30 多年尤其是新世纪基础教育课程改革 10 多年来，新的基础教育

---

① 杨九俊著：《中国基础教育课程改革推进研究》，江苏教育出版社 2012 年版，第 20—22 页。

② 参见于英杰：《追问南京“高考之痛”》，《教育发展研究》2004 年第 10 期。

③ 参见：《学术争鸣：北京十一学校模式》，《教师博览》2014 年第 4 期。

④ 参见史成明：《跃进、渐进，抑或折中？——试论当前基础教育改革的应然取向》，《课程与教学评论（第 1 辑）》，南京师范大学出版社 2008 年版。本文在这里除了引用之外，更主要的是借用其文章标题之义。

⑤ 参见王策三：《认真对待“轻视知识”的教育思潮——再评由“应试教育”向素质教育转轨提法的讨论》，《北京大学教育评论》2004 年第 7 期；钟启泉、有宝华：《发霉的奶酪——〈认真对待“轻视知识”的教育思潮〉读后感》，《全球教育展望》2004 年第 10 期；黄小莲、刘力：《我们需要怎样的课程改革——兼评〈“新课程理念”“概念重建运动”与学习凯洛夫教育学〉》，《课程·教材·教法》2009 年第 7 期。

课程体系初步形成。

《纲要》从“课程功能”、“课程结构”、“课程内容”、“课程实施”、“课程评价”、“课程管理”六个方面，完整而明晰地阐述了课程改革的“具体目标”。“具体目标”的六个方面，是课程体系的基本要素，构成了课程体系的基本原则和总体框架。课程体系的核心则是文件明确提出的“符合素质教育要求”，也就是说“素质教育”乃是构建课程体系的根本要求；这一根本要求，进一步落实在人才培养层面则具体表述为“对不同阶段的学生在知识与技能、过程与方法、情感态度与价值观等方面的基本要求”。“知识与技能、过程与方法、情感态度与价值观”的三维目标，是对受教育者素质的结构性、整体性阐释，既具有科学性与先进性，又极具指导性与实践性，同时对课程教学的理论与实践有着很强的解释力，引起广泛共鸣，对凝聚推进课程改革的共识发挥了重要作用。三维目标历史性地超越了“双基”教学，体现了新课程体系的时代“成色”；同时，三维目标还超越了传统的课程（论）与教学（论）的界限，丰富了新课程体系的内容和功能，比如说教学方法与学习方式的变革等，就无不与三维目标紧密关联，从而也可以作为课程行为在“课程实施”的场域予以考察与展开。

从课程物态看，《纲要》、各学科课程标准、各学科课程标准（实验）教科书、地方课程、校本课程，以及各级各类教师培训课程（计划）和课程政策（包括考试招生政策等）等，从内容功能类别与科层制度层级两方面，展现出初具规模的可视的课程文本体系，体现了新时期我国课程教学的重要成就。

课程结构是课程体系的构造行为与构造形态，具体指课程体系中各类课程的设置。旧课程结构过于强调学科本位，各自按自身知识体系建构，科目过多，缺乏整合。新课程结构整体设置课程门类和课时比例，并设置综合课程，体现课程结构的均衡性、综合性和可选择性。所谓平衡性，是指依据学生身心发展规律和学科知识的内在逻辑，义务教育阶段九年一贯设置课程，各门课程比较适当；所谓综合性，是指小学阶段以综合课程（如“科学”、“品德与生活”、“品德与社会”、“艺术”等）为主，初中阶段分科、综合（如“科学”、“艺术”、“历史与社会”等）并行，从小学三年级设置“综合实践活动课程”；所谓选择性，是指课程结构留有空间，赋予地方、学校和学生选择的权利。普通高中“适应社会需求的多样化和学生全面有个性的发展，构建重基础、多样化、有层次、综合性的课程结构”，由学习领域、科目、模块构成，同一领域包含性质相同的学科，学生具有一定的自主选择的空间；每一个学习科目由必修模块和选修模块组成，模块之间既相互独立，又反映学科内容的逻辑联系，学生自主选择的空间更大。新课程的设置，着力于变革课程形态、完善课程类型。学科课程—活动课程、学术课程—经验课程、分科课程—综合课程、正式课程—非正式课程、国家课程—地方课程—校本课程，等等，不同属性和功能的课程类型，共同建构了丰富、开放、结构大致平衡的课程体系，“符合素质教育要求的新的基础教育课程体系”初步形成。

（三）“自下而上”与“自上而上”互动互补的运行机制与生态环境逐渐形成

通常将课程管理体制划分为中央集权制与地方分权制两大类。八次课程改革的阶段划分，主要依据的是国家层面具有标志性的课程教学政策文件的颁布与实施。改革开放以来的课程教学变革，也是在国家顶层设计的规划与指导下展开的。应该说，“自上而下”是新时期课程教学变革的基本运行机制与实施策略。此不赘述。值得注意的是，与改革开放之前的课程教学历史比较，“自下而上”乃是新时期我国课程教学发展的一个特征，并且随着时代变迁这一特征似乎愈加显著，课程教学变革呈现出日益“地方化”的趋势。

所谓“地方化”，包括两个层面。第一个层面是国家的“放权”，“国家、地方、学校三级课程管理体制”政策性地赋予了地方与学校一定的课程权力。三级课程管理体制的实施，带来了课程教学的深刻变革，其中校本课程的开发与开设方兴未艾，在某些区域、不少学校已成如火如荼之势，并且取得了丰硕的成果，推进了学校特色化发展，为学生全面而有个性的发展提供了更多的课程机会。如果没有三级课程管理体制，学校的特色化发展、教师的课程意识与课程能力、学生全面而有个性的发展等等，都会受到很大的掣肘。地方—学校课程，来自“自上而下”的课程权力分配；但其一俟展开，必然以地方化的身份与职能“自下而上”地参与到整体的课程权力、课程伦理、课程文化的运行中。事实上校本课程建设已经发挥着“自下而上”与“自上而上”互动互补的功能，“国家课程校本化实施”已经成为普遍议题和广泛实践并取得了一系列教科研成果和教学成效，这显然是值得重视和期待的课程教学现象。综合实践活动课程的设置，是“构建符合素质教育要求的新的基础教育课程体系”的重大举措。综合实践活动课程，在理论与实践中存在着到底属于国家课程还是属于校本课程的争议，这本身就说明这一课程形态兼具“自下而上”与“自上而上”的属性，具有独特的课程机制、课程功能和课程文化，所以有学者认为它“横跨三级课程，属于国家指定、地方管理、校本开发的课程”①。

“地方化”的第二个层面是，地方、民间“自拥自据”的课程空间大量存在并不断扩大，“地方化”的课程教学思想、智慧和经验在自我激励与相互感染的同时，也与国家教育政策和课程政策相呼相应，互动互补。1979 年前后，中国科学院心理研究所和上海育才学校等率先举起教改实验的大旗。到 1985 年前后，教学实验领域明显分化成多种类型，许多教学模式，或起于学校，或起于学科，都产生了很大的辐射作用。江苏邱学华“尝试教学法”理论与实践，影响遍及 20 多个省市，从小学数学

① 张春玲：《基于学生学习方式转变的研究型课程》，《全球教育展望》2002 年第 7 期。

发展到中小学语文、自然、理化、音体美等多个学科。江苏李吉林“情境教学”实验始于1978年，最初只是在小学语文教学中进行，后来向数学、自然等其他学科及活动教学中扩展。上海闸北八中“成功教育”实验推广10多所中小学校。山东杜郎口中学“三三六”自主学习教学模式、江苏洋思中学“先学后教，当堂训练”教学模式，更是产生了广泛的影响。众多的教学实验，虽然或多或少有值得斟酌甚至质疑的地方，但总体上求新求变求突破，天生具有改革的禀赋，从而真实地呼应着课程改革。综合课程设置是新世纪课程改革的亮点。早在1986年，东北师范大学附属中学就开始进行“初中综合课程设置和综合教学的研究实验”。浙江省1988年启动综合课程改革，1993年开始在全省初中阶段开设综合理科，成为国家义务教育科学课程标准初中段的主要实践资源。作为新课程改革核心的素质教育思想的产生与提出，应该说也是“自下而上”与“自上而上”相因相求的成果。在国家文件中第一次出现素质教育的概念是1994年8月《中共中央关于进一步加强和改进学校德育工作的若干意见》，而在教育实践领域有关的研究和实践则持续不断。许多课程教学实验，都可以看成某种程度的素质教育的探索。20世纪80年代后期，曾繁仁就提出“应从素质教育的高度看待外语教学”①，王海提出“从升学教育到素质教育”的议题②，站在素质教育的立场对“应试教育”提出批评。此后到1994年，出现了数以百计的讨论素质教育的文章。课程论与教学论建设也进入一个旺盛期，大量专著出版，几乎是海量的论文纷纷发表，课程教学的理论研究和理论创新硕果累累，成就斐然，为课程改革提供了丰富的思想资源和坚实的专业支持。“自下而上”与“自上而上”相呼相应，既是新时期我国课程教学变革与发展的良好的生态环境，也是国家课程决策民主化、科学化、专业化的重要保障。

（四）教学方法与学习方式发生深刻变革

《纲要》要求：“改变课程实施过于强调接受学习、死记硬背、机械训练的现状，倡导学生主动参与、乐于探究、勤于动手，培养学生搜集和处理信息的能力、获取新知识的能力、分析和解决问题的能力以及交流与合作的能力。”确立了以自主、合作、探究为核心理念，以自主学习、合作学习、探究学习等为具体形式的学习方式，教学方法与学习方式发生了深刻的变革。在这个深刻变革的过程中，有两种带有趋势性的现象值得重视，可以视为新时期我国课程教学改革发展的重要成就。

第一，初步改变了重视教而轻视学，即关注教师如何施教较多，关注学生如何学习较少的现象，教法和学法渐趋融合统一，体现了“教是为了学”的原则。“教是为了学”，突破了传统教学法以教师为中心、以课堂为中心、以教材为中心的体系，回

① 曾繁仁：《应从素质教育的高度看待外语教学》，《山东外语教育》1989年第7期。
② 王海：《从升学教育到素质教育》，《教育研究与实验》1989年第12期。

归到以学生发展为中心，乃是“育人为本”思想的实践逻辑的具体体现。《纲要》要求教师培训要“改革教学方法”，主张教师在教学过程中“应与学生积极互动、共同发展，要处理好传授知识与培养能力的关系，注重培养学生的独立性和自主性，引导学生质疑、调查、探究，在实践中学习，促进学生在教师指导下主动地、富有个性地学习”。各科课程标准更多将学生的学习活动作为设计的重心，强调教学要围绕学生的学、为了学生的学展开；在表述上，教学方法与学习方式也往往浑然一体，很少有非此即彼的区分。20 世纪 90 年代就有学者指出：“教法，在理论上，应当走出孑然独立于学法之外的封闭王国，步出只与教材联姻的世袭领地。我们应当自觉地还教法以学法的生命……”① 这一理论诉求和实践期待，在此后尤其是新课程改革以来，日渐成为我国教学领域的一种取向，从而构成新时期我国课程教学的显著特征。

第二，“课程（论）”与“教学（论）”之间发生着前者兴起后者回落的现象。改革开放以来，教学论勃兴，在学科建设上取得了显著成绩；各种教学实验纷纷兴起，为新世纪课程改革打下了很好的基础。这是教育教学在“文革”之后百废待兴的形势下，继承“文革”之前教育教学建设成就的自醒自觉、发扬蹈厉的历史性贡献。在这个发展阶段，“课程（论）”的意识日趋深厚，并渐有成果和成绩，乃至新课程改革以来形成了大讨论、大发展、大繁荣之势。以教学法为核心的传统教学论不免乎操作性的技术主义倾向，各种教学实验不免乎效率论的工具化倾向。传统教学论与 20 世纪 80 年代兴起的各种教学实验的效率论取向，与“文革”之后百业待兴对“多出人才”、“快出人才”的历史要求紧密相关。随着社会进步和经济发展，以及学科自身建设、教育教学自身变革，“课程（论）”与“教学（论）”之间发生了起落与融通的衍变。新课程改革，更多从课程的立场和视野来关注和实践教学和学习，从而超越学科中心主义，为课程改革打开了新的视界。“大教学小课程”转向“大课程小教学”，“课程建设”不断统摄着教育教学实验。在新课程改革的理论和实践中，人们逐渐意识到，课程不仅仅是对象性的，而且也是具身性的，为我们所介入，我们寓居其中。教师逐步从“只管好好教”的“教书匠”的职业状态中走出，开始有了愈来愈显豁的课程自觉和愈来愈主动的课程行动。课程意识、课程能力、课程文化等等成为课程教学的理论视点和实践议题。新课程改革伊始，陈桂生就指出：“新课程从‘教学改革’到‘课程改革’的转变，隐含着从‘教学论概念系统’到‘课程论概念系统’转换的取向。这是意义深远但尚未被人们充分理解的变革……我们各方面的人员很难说已经有了充分的思想准备与理论准备。”② 这一断言和期待，在实践中

① 李秉德主编：《教学论》，人民教育出版社 1991 年版，第 193 页。

② 陈桂生：《漫话“课程论概念系统”》，《教育参考》2001 年第 5 期。

已逐渐成为现实。① 需要指出的是，在这里，教学方法与学习方式、“课程（论）”与“教学（论）”关系变迁的这两种带有趋势性的现象，乃是相互蕴含、相互阐释的一个整体的分说，传统“教学（论）”中，教学方法与学习方式缺乏发生深刻变革的实践逻辑和实践场域。

新课程提倡的自主学习、合作学习、探究学习等为具体形式的学习方式，是“以人为本，实施素质教育”、落实“知识与技能、过程与方法、情感态度与价值观”三维目标的应然要求。教学方法与学习方式的转变，标志着新的知识观、新的教学观、新的课程观和新的教育观的形成，正在改变着学生与知识的关系、与教师的关系、与生活的关系、与世界的关系。教学方法与学习方式的转变，体现了“课程”取向的深度。比如科学（自然）课程在这一方面的变革。1977颁布的自然教学大纲提出“教给儿童一些浅近的自然科学知识”。1982年颁布的自然教学大纲则提出要“指导儿童认识自然界”。2001年颁发的科学课程标准将“科学探究”写入课程标准，从此“探究式学习（教学）”成为科学学科教学改革的核心概念。从“教”为主的“教给”，到“教”、“学”并重的“指导”，再到“教”、“学”合一而以“学”为主的“探究”，其间转换之脉络，清晰自现。在课程标准提倡的“科学探究”这里，传统的以承课程（论）之后的教学（论）已然“共时性”地与课程（论）融合在一起。同样，对“探究式学习（教学）”来说，“教”与“学”是密不可分的，并且是因为“学”和为了“学”的。再比如产生广泛影响的唐江澎的语文“体悟式教学”，标举“以学生的发展为本”，通过“课程规划策略”对“课型设计策略”与“课堂教学策略”进行统摄与统合，突破了“操作—技术”、“效率—工具”的窠臼，反映了语文课程标准建构的“素养—养成”的语文课程的基本样式，体现了他的“课程理解”与“课程理想”，乃是综合反映课程意识和课程能力的实践性命题。② 正是这样的教学方法与学习方式的变革，带来了学习的革命和课堂的革命，“课堂不一样了”成为人们普遍的印象。“课堂不一样了”，核心在“学生学习的主体性”。这一类事例，不胜枚举。2014年2月27日教育部新春新闻发布会介绍北京十一学校教育改革典型经验。十一学校自2009年开始转型性变革的实践，探索了分层教学、走班选课、取消行政班、设立学科教室、实施导师制、学生自主管理等一系列改革举措。学校以提供选择性的课程为起点，从价值选择到教学组织形式、从课程结构到管理制度、从教学方式方法到学校组织文化等进行全方位转变，努力建构新型育人模式，创造适合

① 关于课程（论）与教学（论）的讨论很多，散见于20世纪90年代之后不少课程论与教学论的专著中和相关议题的论文中。关于这一问题的比较集中的讨论，可参见刘启迪：《课程理论发展与实践进展——第五次全国课程学术研讨会综述》，《课程·教材·教法》2006年第10期。

② 参见教育部师范教育司组编：《唐江澎与体悟式教学》，北京师范大学出版社2013年版。

每一个学生发展的教育。一方面，这深刻反映了教学方法与学习方式变革的成就；另一方面，也提示我们跳出传统的一技一法一模式，在更广阔的“大课程”的视域和场域来深入理解、不断实践“以人为本，实施素质教育”的新的教学方法与学习方式，推进我国课程教学的改革发展。

（五）教师专业发展业已形成长效机制并取得显著成效

改革开放以来，我国中小学教师队伍建设取得了巨大成就。在教师教育方面，“以现有师范院校为主体、其他高等学校共同参与、培养培训相衔接的开放的教师教育体系”① 基本形成；教师教育层次显著提高，教师学历结构不断优化。制度建设方面，1986 年以来，职务制度、聘任制度、教师资格制度三大任用制度日趋完善；1993 年颁布的《中华人民共和国教师法》标志着教师队伍建设步入法律轨道；2012 年，中小学教师专业标准颁发，引导教师专业发展的标准体系基本完备。在教师培训方面，自 1977 年教育部下发《关于加强中小学在职教师培训工作的意见》以来，教师培训日渐成为教师队伍建设的最重要的途径之一；1999 年 9 月 13 日教育部令第 7 号发布《中小学教师继续教育规定》，标志着我国中小学教师培训工作全面展开；2010 年教育部、财政部启动实施“中小学教师国家级培训计划”（一般简称“国培计划”），2011 年教育部印发《关于大力加强中小学教师培训工作的意见》，推动各地通过多种有效途径，有目的、有计划地对全体中小学教师进行分类、分层、分岗培训，在“国培计划”的“示范引领”下，全国教师培训工作整体进入到大改革、大发展、大提高的阶段，取得了卓越成就。

改革开放以来我国课程教学发展的过程，也就是高素质专业化教师队伍建设不断加强和推进的过程。新时期课程教学发展，尤其是新课程改革，一方面迫切需要大批优良的师资力量提供关键性保障，一方面也极大推进了中小学教师专业化发展的整体进程。新课程改革伊始，《纲要》就专列“教师培训”并提出要求。2004 年教育部《关于进一步加强基础教育新课程师资培训工作的指导意见》明确提出“先培训，后上岗；不培训，不上岗”的原则，并要求“展开全员教师培训”。为配合基础教育新一轮课程改革，国家组织实施“中小学教师全员培训计划”（2003—2007 年）。新课程改革以来，各级各类培训，特别是“国培计划”，整体提升了中小学教师队伍的整体素质和专业化水平，全面而有力地推进了新课程改革进程。需要提及的是，因为教材多样化政策，教材出版成为竞争性业务，教材出版机构普遍重视教材培训工作；各级政府和教研部门也十分重视教材出版机构的培训服务，将之纳入统一规划、统一管理的教师培训工作体系中；教材出版机构的教材培训，着力课程教材教学，年复一年，滚动循环，对教师队伍建设和教师专业化发展作出了重要贡献。各级各类教师培

①《国务院关于基础教育改革与发展的决定》（国发［2001］21 号）。

训工作推进过程中，培训制度日趋完善，培训机制、培训课程、培训模式更加丰富，基于网络的远程培训以及课程资源开发得到极大发展，特别是“建立和完善校本研修制度”成为培训工作的重心。促进校本研修与教研活动相结合，远程教育与校本研修相结合，理论学习与教学实践相结合，将教师培训与教师的具体教学实践和日常教育生活结合起来，符合新课程改革对教师课程意识、课程能力、课程权力和课程文化形成和提升的迫切需要，对促进教师观念转变、知识转型、能力转轨，提高教师职业化程度和专业化水平，培养面向未来的新型教师正发挥着日益重要的作用。

改革开放以来课程教学变革，特别是新课程改革，极大推进了高素质专业化教师队伍的建设。教师的教育教学观念普遍产生了转变，新的课程观和知识观、学习观和学生观、教师观和教学观初步形成，课程意识、课程能力逐步形成。校本研修，推进了学校、学科组、年级组等学习型组织建设的进程，教师课程开发意识和能力、反思能力和研究能力、自我修炼与团队学习协作能力等普遍提升。教师的专业自觉程度和专业自主能力不断提高，职业状态和职业感觉不断加强。新课程改革与教师专业化发展，相互要求，相互促进，共同进步，共同成长，构成了新时期我国课程教学变革发展的显著特征之一。

三、问题分析与前景展望

改革开放以来课程教学变革，特别是新课程改革的历程表明，改革的方向正确、思路明确、理论可信、实践可行，并且取得了丰硕成果和巨大成就。但是也应看到，30多年来尤其是新课程改革10多年来，风雨兼程，始终伴随着各种疑问和争论，进一步推进和深化改革任重而道远。当然，问题与困难都是前进发展过程中才会遭遇到的，既说明改革的难度，又说明改革的必要性和重要性。正是在问题的破解、困难的攻克中，课程改革才能不断深化，为中国特色社会主义教育事业发展，为从人力资源大国走向人力资源强国的战略实施，作出其所本当、其所必当的历史贡献。

（一）素质教育与“应试教育”的矛盾仍然是我国课程教学发展的基本面

毋庸讳言，改革开放以来的课程教学变革，特别是新课程改革，无论是理论、政策还是实践领域，既不圆满也不平坦，充满了矛盾。主要矛盾是，素质教育的推进长期处在应试教育的压力下，许多矛盾往往都是或直接或间接缘此而来。素质教育推进和新课程改革，普遍性地陷入了某种“囚徒困境”——也就是说，我们知道实施素质教育、推进新课程改革总的来说是好的、应该的、必要的，乃至迫切的，但如果别人不这么做而只有我们这么做，那么在应试教育的现实境遇中我们就会吃亏。尽管“不让改革者吃亏”是我们教育督导评估、教育质量监测和考试招生等相关政策制定和实施的初衷，但是像“综合素质评价”这样的中高考改革的重心还是难以避免地遭遇边缘化的境遇，“假挂钩”、“软挂钩”仍然是普遍现象。如果我们观察一下教育行政部门统领下的中高考政策制定—各科考试指南编制—各科试题命制—招录工作（招录工作可以视为对考试结果的解释和应用），基本上既是一个具体而微的过程，又是一个等而下之的过程。具体而微没有问题，这是工作推进的阶段和层次。等而下之，就是每向下一步，就让人觉得离“应试教育”趋近一步，差不多成了人们经常议论的“素质教育轰轰烈烈，‘应试教育’扎扎实实”悖论的范例。素质教育与应试教育的矛盾冲突仍然是我国课程教学发展的基本面。应试教育的状况得不到根本扭转，以全面实施素质教育为旨归的新课程改革的推进仍然会遭遇重重困难。

但是，有人以此来质疑甚或否认新课程改革则是不正确的。应试教育施加的普遍压力，恰恰说明实施素质教育、推进课程改革的迫切性、必要性和正当性。也有人以此怀疑甚至宣称新课程改革失败了，这也是偏颇之词。“囚徒困境”，更多的是基于境遇的功利选择上的“言行不一”，而不是基于理念的价值判断上的“口是心非”。如果我们说素质教育的观念已经“深入人心”，或非过誉之论。改革开放以来尤其是新课程改革的推进，不论是理论、政策还是理念、行动，素质教育都取得了一系列有目共睹的成就，应试教育板结的土壤已经日渐松动并且已经和正在发生着局部性坍塌。很多学校乃至一些县市区域，在实施素质教育、推进课程改革过程中，已经发生了深刻的变革，取得了整体性、结构性、可持续的成效，并在地方和全国发挥着越来越大的引领示范作用。对于新课程改革遭遇的应试教育的困局，美国教育改革学家古德莱德的这段话能给我们足够的启示和警醒：“改革很多时候被视为失败，其实不然，因为它们从来就未得到实施。”① 反对乃至嘲讽新课程改革，恰恰可能是对应试教育的迁就和屈服。必须意识到，“变革是一项旅程，而不是一张蓝图”②，新课程改革是变革型而不是任务型。在应试教育的压力下，新课程改革确乎显得步履艰难，但是，“为了中华民族的复兴，为了每位学生的发展”，我们必须在“以人为本，实施素质教育”的“旅程”中“坚信不疑”、“坚定不移”地走下去。

（二）深化教育领域综合改革，必将推进课程教学深刻变革和全面发展

教育改革已经进入深水区、攻坚期，许多系统性问题、深层次矛盾、关键性难题，成为进一步推进和深化改革必须要直面解决的时代命题，靠原来的单项改革办法或局部突破套路已难以奏效。党的十八大报告提出深化教育领域综合改革，是对教育改革提出的新要求。《教育部关于2013年深化教育领域综合改革的意见》对深化教育领域综合改革作出了具体部署。深化教育领域综合改革，必将推进我国课程教学深

---

① 引自黄小莲：《课程实施研究谱系（1970—2010）》，《教育发展研究》2011年第8期。

② ［加］迈克·富兰著，中央教育科学研究所、加拿大多伦多国际学院译：《变革的力量——透视教育改革》，教育科学出版社2004年版，第35页。

刻变革和全面发展。

课程教学领域的改革发展，必须按照深化教育领域综合改革的要求，用普遍联系观点设计改革，用统筹兼顾办法推进改革，进一步增强改革的系统性、整体性、协同性。现阶段和未来的我国课程教学，不是也不可能“单门独户”，正如《纲要》指出的：“基础教育课程改革是一项系统工程。”我们这里引入“生态位”的概念，讨论新课程改革背景下课程教学发展的最基础的“生态圈”。生态位（ecological niche），又称小生境或生态龛位，是指一个种群在生态系统中可持续生存的最小环境。就新课程改革来说，其可持续发展的最小环境，主要指它在以高考改革为矛盾主要方面的小生境中所占据的位置以及它与相关要素之间的功能关系。《中共中央国务院关于深化教育改革全面推进素质教育的决定》早就指出：“改革高考制度是推进中小学全面实施素质教育的重要措施，按照有助于高等学校选拔人才、中小学实施素质教育和扩大高等学校办学自主权的原则，积极推进高考制度改革。”可见，新课程改革伊始，就十分重视高考制度改革问题。根据中共中央、国务院有关深化招生考试改革的精神，经国务院同意，教育部印发了《教育部关于积极推进中小学评价与考试制度改革的通知》，这是新课程改革中中高考改革的纲领性文件。文件指出：“中小学校评价制度的改革应有利于促进学生、教师和学校的共同发展，要改变长期以来以升学率作为唯一标准评价学校教育质量的做法，建立符合实施素质教育要求的中小学校评价体系。”文件还要求高考内容改革“更加注重对考生素质和能力的考查，积极引导中学加强对学生全面素质的培养”，高考科目设置改革“要将统一性与选择性相结合，在满足高等学校选拔人才的同时，促进学生全面发展与个性发展”。《教育部关于2013年深化教育领域综合改革的意见》提出：“推进考试招生制度改革。研究制定高考改革的总体目标和基本框架。推进普通本科与高职教育分类考试。”“做好高中学业水平考试及综合素质评价改革试点。深化高校自主选拔录取改革试点；完善高校招生考试综合评价改革试点。”我们有理由期待高考改革对切实扭转应试教育倾向、全面实施素质教育真正发挥撬动之效、破竹之功。但是，尽管国家层面以及各省份在高考改革上都作出了许多有益的探索，基本还都是旧有框架内的调整，远未达致结构性转换。虽然各级学校“对素质教育进行了积极尝试，取得了许多成绩”，但现行高考制度仍然逼迫“教学评价体系不得不回到练习题中来”。①“课程改革与高考改革的异位，挫伤了真心实意搞课改的积极性”②，已经成为广大一线教育工作者的普遍焦虑和担忧。高考改革不到位，实施素质教育、推进课程改革要形成整体性、系统性的突

① 田建荣、贾锦钰：《论高考改革与高中新课程改革的有效衔接》，《教育科学研究》2009年第3期。

② 柯娇薇：《高考不改，“课改”越改越困惑》，《扬子晚报》2009年2月26日A6版。

破，几乎是不可能的。

“深化高校自主选拔录取改革试点”，是高考改革的重点之一。政策要求自主招生高校要“结合办学目标和专业特色”①，积极探索多元化评价方法，“着力完善高校自身的综合评价体系”②。只有招生的需求个性化、标准多样化，综合素质评价才有可能发挥自己独特的优势，从而大大缓解以分数为核心的应试教育的压力，为素质教育的实施拓展空间。可喜的是，教育部已完成有关考试招生改革总体方案的制订，高考改革的基本框架设计为技能型和学术型两类人才、两种模式高考并行。一方面，科学合理分流，将大大削弱单一高考制度对普通高中以及义务教育阶段课程教学的指挥效力；另一方面，也会极大推进职业教育取得全面的高质量的发展，促进中等职业教育真正成为与普通高中教育地位对等、影响比肩的重要的教育类型。职业教育真正成为完成义务教育段学习的学生愿意选择、值得选择的高中教育类型，那么，职业教育会因其自身优势，如人才培养模式更加丰富，不主要依赖传统课堂形式、书本学习方式和纸笔测试手段，更加注重培养学生的责任意识和实践能力等综合素质，将对普通高中以及义务教育阶段课程教学产生直接影响。而教育现实是，中等职业教育成为义务教育段学习“失败”的“惩罚”，职业高中、中专、技校等成了中考失利后的其他出路的选项，③ 显然，这样的普遍性状态持续应和和强化着基础教育的应试教育倾向。

可以期待，随着以高考改革为关键的课程教学领域的综合改革不断深化，基础教育课程改革必将全面进入历史新阶段，“以人为本，全面实施素质教育”必将成为我国课程教学的普遍而真实的价值追求、实践原则和基本面貌。

（责任编辑　苏丹兰）

---

①《教育部关于做好2008年普通高等学校招生工作的通知》（教学［2008］3号）

②《教育部办公厅关于做好2012年高等学校自主选拔录取试点工作的通知》（教学厅［2011］10号）

③ 戴明：《中考失利后有五大出路》，《河南日报（农村版）》2010年6月28日。

张铁道 1956年生于兰州，山西阳城人。教育学博士、研究员。北京开放大学副校长。先后在兰州大学、澳大利亚昆士兰大学、西北师范大学学习。历任甘肃省教育科学研究所副所长、所长（1988—1999）、北京教育科学研究院副院长（2000—2011）。先后兼任全国教育科学规划领导小组成员暨基础教育学科组成员（1996—2000），教育发展战略学科规划组成员（2011至今）。还兼任过联合国教科文组织终身学习研究所监事会成员、教科文组织《国际教育评论》杂志编委（2002—2009）。先后应聘担任日本广岛大学客座教授、澳大利亚昆士兰大学荣誉研究员以及西南师范大学、西北师范大学、首都师范大学、北京教育学院、聊城大学兼职教授。

主要成果包括：《甘肃省全面提高小学教育质量综合革新实验研究报告》（荣获联合国教科文组织辛格教育革新奖，1992；第二届全国教育科学优秀成果奖二等奖，1999）、《西部少数民族女童教育的质量与效益研究》（2003）、《中国义务教育发展系列丛书》（2006）。在国际教育学术期刊发表中国普及义务教育、成人教育、职业教育、可持续发展教育等主题论文7篇（英文）；在国内各类学术期刊发表论文50余篇。其中，《职业教育最佳实践：北京农校用非正规教育方式推广实用技术案例研究》（英文版）荣获第二届北京市哲学社会科学优秀成果二等奖（2004）；《将个体经验汇聚为群体资源——教师同伴研修的理念与实践策略》等教师研修系列成果荣获“第四届全国教育科学优秀成果奖二等奖”（2011）；“提高农村教师执教能力的团队研修实践”荣获“国家级教学成果一等奖”（2014）。

《探索教师研修20年》导读

探索教师研修 20 年

张铁道

【摘要】 张铁道于 1986—1987 年受国家派遣去澳大利亚攻读教育管理学硕士学位。期间，针对国内校长教师专业能力培养需求开展了理论学习与实践考察，由此进入成人学习学术领域。在学习基础上，张铁道完成了借助校长专业发展改进学校教育的专题研究并设计了实践行动计划。1988 年，张铁道到甘肃省教科所工作，承担了与联合国教科文组织合作开展的系列教育革新项目，从此开始了历时 20 多年的国际教育经验的本土化实践探索。本文以叙事方式呈现了多年以来张铁道与众多同志合作开展的教师研修实践过程与研究心得。

【关键词】 成人学习；教师研修；国际知识；本土实践

小时候，就听老师教导要“十年磨一剑”，让我明白为了自己的追求与理想要耐得寂寞、持之以恒，才能够有所成就的道理。“用十年做一件事，那该有多长啊!”对当时尚不省事的我而言，老师的话也只是听了，却只是停留在“知道”层面。只有成年走上职业道路之后，才渐渐明白了“磨剑”的过程及其价值。

1985 年，我有机会随世界银行专家深入甘肃农村基层中小学进行项目需求调研，在他们与校长和教师的沟通交流中，开始意识到校长和教师专业能力问题的重要性。1986 年，我被国家派遣到国外学习教育管理学，就直接将教师专业能力发展作为自己的学术研究领域，并在多年的教育教学改革过程中始终不渝地将自己所学的知识付诸本土性的教育实践。

光阴荏苒。在我真正沉下心来打理自己追求教师研修实践探索所经历的忙碌、纠结和心得的时节，蓦然发现不经意之间，居然为自己钟爱的一项事业投入了两个十年！我自己也从一个青年走到了一个即将退休的年龄。多年来，我一直想将自己的探索过程及许多感人肺腑的故事记述整理出来，与培养我、帮助我、支持我的师长、亲人、朋友分享，也对自己的职业生涯做一个小结。回望之间，又想起鲁迅先生曾经有过的感慨①，生发出自己的感叹：“世上原本没有路，因为来来回回走得多了，或许也可以出来一条路！”

由于自身成长所处时代的关系，我对教育工作的理解并不主要来自科班学习，更多的是来自亲身的体验和对于实践的感悟。我生于20世纪50年代中期，正要长身体却遭遇到大饥荒；入学不久刚开始练习毛笔字，也没有来得及学会珠算，就遭遇了“史无前例”的“文化大革命”。小学三年的初步基础和高中期间遇到一位好老师，就成了我进入社会生活前的基础教育！从中学出来就去农村插队，到工厂做工，亲身体验了农民劳作和工人生产的真实生活。“文革”末期，几乎无书可读，我偶然从高中同学朱培和家里发现了好多本朱生豪先生翻译的莎士比亚剧本。阅读之余，让寂寞困顿的我明白了很多事，竟然由此萌发了学习英语的念头。幸遇国家于1977年恢复高考，在社会生活大课堂磨练多年之后，我又通过自学努力迈进兰州大学学习外语专业。毕业后，被分配到甘肃省教育厅从事教育国际交流工作。1983年10月至1984年1月，我被选派去中央教育行政学院进修国际教育交流合作专业知识。此时，正值国家全面推进改革开放，甘肃省积极引进了联合国教科文组织、世界银行等国际组织的教育援助项目。

1984年11月，联合国教科文组织助理总干事拉贾·罗伊·辛格（Raja Roy Singh）博士来甘肃考察普及初等义务教育情况。1985年5月，世界银行派出专家小组来甘肃省开展基础教育贷款项目需求考察。我在参与了上述项目的业务工作中，伴随外国专家初步了解了甘肃省基础教育的现状与需求。在配合国内外专家和各部门领导开展需求调研和项目规划工作过程中我开始有了体会，并得到了初步锻炼。1985年9月，第一次有机会随时任甘肃省教育厅副厅长张文范先生访问设在泰国首都曼谷的联合国教科文组织亚太地区办事处，考察泰国农村社区教育并赴巴基斯坦首都伊斯兰堡参加亚洲普及初等教育国际研讨会。我开始了解亚洲各国教育实际，并参与设计了甘肃省实施联合国教科文组织提高小学教育质量综合革新计划的初步方案。

1986年，我通过国家考试赴澳大利亚昆士兰大学学习。在奥格尔维博士（Doug Ogilvie）和劳根先生（Loyd Logan）两位导师指导下，我根据甘肃基础教育急需提高学校管理水平的实际，针对校长专业能力发展主题，开展了较为系统的理论学习与实践考察，完成了相应的硕士学位论文。回国之后，我被调任甘肃省教育科学研究所副所长。在1988年至1999年，我参与并主持开展了一系列教育革新实验与研究项目，从中获得很多将国际教育理念和方法与甘肃教育实践相结合的机会。在大量本土性实践过程中，自己日益意识到在理论知识方面的缺陷与不足，又于1993—1997年期间，

① 鲁迅在其《呐喊》里《故乡》一文结尾时写道：“其实地上本没有路，走的人多了，也便成了路。”

师从西北师范大学李秉德、李定仁两位教授攻读教学论专业博士课程。2000年，我来到北京教育科学研究院，全身心投入首都基础教育发展进程，并从中得到更多的锻炼和专业学习。正是上述专业学习积累与教育革新的实践经历，促使我在国际知识本土化的道路上一路走了下来。

如何借鉴国际社会成人学习理论、现代教学理论及其在教师发展领域的应用，探索具有本土性的教师专业发展的实践策略，是我在过去20多年坚持探索的一条主题。本文谨以教师研修的实践与研究过程为对象，呈现我作为一名学习者、实践者和研究者，如何针对促进教师专业发展需求，应用自身在国外所学知识开展丰富多样教师研修，促进教师的专业学习与实践能力发展的实践探索，以及由此形成的促进教师专业学习的本土性的理念与实践策略的过程与阶段性成果。

一、对于教师教育的初步学习

出生于20世纪50年代的我们这一茬人是现代中国社会变迁的见证人和体验者。突如其来的“文化大革命”打乱了正常的社会生活。1966年的春天，我在小学刚开始学习珠算和书法，便被突如其来的“造反”的喧嚣声打断。从此，学政治、学工、学农便成为我们的主要课程。高中两年期间，幸亏遇到一位好老师，我们的班主任、英语老师李登科先生。在他的严格要求之下，我们全班同学都得到扎实训练。中学毕业之后，我作为“知识青年”到农村插队劳动，后被抽调到工厂做工，从中积累了从事农业耕作、工业生产的劳动体验，也培养了对基层农民、工人的感情。1977年，国家恢复了高考制度，点燃了千千万万青年的求学梦想。恢复高考之后，我们高中班同学几乎都从自己的工作岗位考上大学。李老师自己也考入山东大学读研究生（他后来成为兰州大学教授、成果丰硕的文学翻译家）。我在经历了许多纠结之后，也怀着对未来的希冀，利用工余时间借助听广播教学节目学习英语。1979年，我在李登科老师和所在兰州连城铝厂子弟中学党廷显老师的指导和鼓励下参加了高考，并如愿以偿地考入兰州大学外语系英美语言文学专业。毕业之后，我被分配到甘肃省教育厅从事国际教育交流与合作工作。1983年10月，受单位派遣，我参加了教育部在中央教育行政学院举办的“第一届高校外事干部进修班”。时任教育部部长何东昌介绍教育规划，时任外交部部长钱其琛讲国际形势与我国外交政策，北京师范大学黄济先生讲教育哲学，厦门大学潘懋元先生讲高等教育管理……我如饥似渴地聆听专家讲课。课余时间，我如饥似渴地阅读各类相关书籍。就在那些日子，读到刚刚问世的《第三次浪潮》、《未来的冲击》等许多新锐著作。那几个月的集中学习使我对于教育、教育国际交流，乃至于对中国以外的世界正在发生的变化，都有了十分丰富的感知！中央教育行政学院的专业学习为我的职业人生确立了发展方向。

20世纪80年代中期，恰逢国家对外开放政策开始延伸到社会发展各个领域，我有机会参与了甘肃省引进联合国教科文组织教育革新项目和世界银行资助的甘肃省基础教育发展项目。在随同国内外专家深入农村基层学校考察办学水平过程中，我开始意识到校长和教师专业能力水平及其工作状态对于学校教学质量具有决定性的影响。在澳大利亚昆士兰大学学习期间，我学习了大量西方相关研究文献，较为系统地学习了与校长及教师专业发展密切相关的成人学习理论，对昆士兰州众多学校的管理与教学实践进行了实地调查，并围绕校长专业能力发展项目进行了案例研究。经过一年半的艰苦努力，完成了《借助校长专业发展提高学校的绩效水平：澳大利亚昆士兰州的实践及其对于中国甘肃省的借鉴》的学位论文，并获得教育管理学硕士学位。通过深入研究，本人对于教师学习与校长培训的基本特点及其规律性获得了以下初步认识。

第一，教师参与专业学习具有明确的目的。他们希望能够通过学习增强自身教育实践能力并借此获得职业成就感。因此，他们的学习具有很强的主动性和自主性。第二，教师作为具有专业知识和实践经验的成人学习者，所学内容必须与其已有实践经验相联系并加以整合，才能激发他们的学习动机，进而有效拓展并内化为他们的知识与行为。这一学习过程包括“需求诊断—行为干预—实践巩固”等基本环节。第三，在引导教师专业学习过程中，教师教育者扮演着重要角色，主要体现在切合学习者的“最近发展区”设计、组织富有挑战性的学习过程并借此满足学习者的专业发展需求。第四，教师专业培训需要创设平等、宽松的人际互动交流氛围。因此，除了必要知识讲授之外，更多的是为参与者提供交流分享各自经验的机会，并借助案例分析和实践改进行动规划等环节，建构高质量的互动学习体验过程。第五，教师在专题培训学习中所获得的新知识、新技能，还需要经过他们自觉的、持续的后续实践，方能转化为自身新的专业实践能力。第六，外部提供的培训学习对于教师而言只是一种推动，实现教师专业发展目标的根本还在于学习者自身的自觉追求和来自管理制度的导向和专业咨询的支持。①

现在回想起来，当时自己对于校长专业发展基本特点及其规律性的追寻，引导我走进了成人学习领域，并由此初步形成了本人对于教师作为具有专业知识和实践经验的成人学习者的基本需求及其培训规律的初步认知。让我难忘的是，在昆士兰大学教育系举办的专题报告会上，我有幸获得机会向众多学术前辈进行了专题汇报。大家对于我提出的“借助校长专业发展提高学校教学质量”的选题及开展的案例研究工作给予了充分肯定。有位教授不无幽默地评论说：“你似乎玩斯诺克游戏，试图用母球击打彩色球。对此，你能有多大把握?”对此，我坦言自己当时仅仅是在学习基础理

---

① Zhang, T. D. *Improving Primary Schools Through Professional Development of Principals: Practices in Queensland and implications for Gansu*, China. An Unpublished Master's Thesis. 1987.

论，考察当地教育实践上形成的一些开展本土性实践的假设，能否奏效的确还没有多大把握。但我同时却十分肯定地回应说：“我准备回国用 5 年左右时间，将在昆大学习获得的知识和本项研究所形成的行动方案付诸实践。然后，再看能否回答您的问题。”

人生须臾，光阴似箭。回国投身教育事业一路匆忙我不改初衷，不断实践，不经意之间 20 多年已经过去！如今年逾半百的我，无论如何也没有想到：一个志趣、一句承诺、一项追求，居然让我为之倾心投入这许多年并从中获得无限的工作乐趣！

二、教师研修的本土性实践

1987 年 7 月，为赶论文精疲力竭的我匆匆完成了学位论文修订任务，甚至没有顾上等待颁发学位证书的庆典，便急切地踏上归途。回到单位刚开始那些日子，并没有多少应用所学知识的机会。甚至我在外已经十分熟悉的“专业发展”（professional development）的提法，在当时还很少有人知晓。焦虑中的我，再一次重温论文，撰写了《关于开展中小学校长培训的建议》一文，作为自己留学归来对于派遣单位的汇报。其中，我提出了设立“甘肃省中小学校长培训项目”的构想，并从项目准备、自主学习、岗位培训学历课程以及学习者的后续实践改进等方面提出了具体建议。① 但是，由于当时经费条件十分有限，校长培训也不可能列入教育行政机构的议事日程，自然也就没有产生什么作用。当时，教育部刚颁布了“七·五”教育科学规划，“校长素质研究”赫然在列。我忙不迭地写信，表示愿意提供课题素材，却没有得到任何回复。茫然之中，我登门拜访了西北师范大学李秉德教授，向他汇报了我的学习情况。李先生十分鼓励，当即表示，如果我愿意可以随他继续学习。但是考虑到离开岗位近两年，单位和家庭都为我担待很多，便不假思索地谢绝了先生的好意。李先生闻之，不仅没有生气反而勉励我说，做学问不见得非要到大学，在实践中也可以做学问。没有想到，经历多年实践之后我最终还是有幸成为他的学生，并从此与教育学术生涯结下难解之缘。

回国初期，我从个人实践方面，倒是做了一些很有意思的尝试。大概在 1988 年初，我参加甘肃省教育学会活动，与西北师范大学陶立志、沈配功两位老师谈到自己在外学习的心得。热心的陶老师立即为我联系了张掖市教育局。于是，我便只身一人深入基层开始了校长培训的首次实践。我提前一天到了张掖，向当地教育局借了一辆自行车，一连走访了 5 所小学。我按照事先设计的一组问题开展结构性校长访谈：“您当校长几年了？”“您愿意当校长吗？”“既然不愿意，为什么您还在当校长？”“您当校长的主要经验是什么？”“您当校长有什么难忘的故事吗？”在采访基础上，我准备了讲稿。第二天，教育局组织了当地近百位中小学校长来听报告。我简要介绍了国外中小学校长专业学习与培训的基本做法，而后援引当地学校校长的管理故事和

① 张铁道：《关于开展中小学校长培训工作的建议》，《甘肃高师学报》1998 年专辑。

成功经验诠释校长的专业素养与能力。直到今天，还十分清楚地记得，我给大家讲述了当地众多校长不愿辜负老师和领导期待，以奉献精神做好学校管理工作的真实故事，包括青西街小学张校长借助电力局支持，为全体教师配备了液化气罐和炉盘；回民小学韩校长争取社区群众资助，帮助学校更新了学校教学设施……大家十分惊奇，听得也格外专注。

在结束报告时，我借用张掖市小学校长的成功实践经验说明，在教育系统自身经费有限的情况下，校长如果能够凭借学校在社区的口碑以及校长自身的社会交往能力争取外部资源，也可以为教师与学生的教学活动创设一个不断改善的教学环境。大家听了不由地兴奋起来。同时，他们也觉得十分诧异，没有想到一个陌生人居然知道这么多当地的故事；更没有想到处理好与社区的合作关系、争取社区资源支持，居然也是国外校长学校管理工作的一项“正差”！会后，我还应张掖市教育局邀请和当地一批校长通过研讨，共同编制了“张掖市小学校长工作交流研讨制度”，我综合校长意见提出了加强校长工作的9条建议。张掖之行使我迈开本土实践“试水”第一步，让我看到了所学知识的价值，平添许多信心！

1988年10月，我调任甘肃省教育科学研究所副所长。自己曾于1985年参与引进的“联合国教科文组织亚太地区全面提高小学教育质量综合革新计划（JIP）”方兴未艾。当时，甘肃省有100所城乡小学在省教育厅马培芳副厅长和省教科所李赞华所长领导下，借鉴国际项目确定的行动框架，尝试从加强儿童学前有效准备，增强课程教学适切性，加强教师培训与教学评价，吸引家长社区参与等四个行动领域入手，试图借此为提高儿童学业成就水平提供一个不断改善的教育环境。加入到这支教育革新团队后，我便尝试应用参与式学习和行动研究等方法，和同事们共同针对制订推广教学改进行动计划，总结成功实践经验，研制儿童学业成就及教学成效评价指标等主题，举办了一系列项目管理人员、校长、教师参加的专题研修活动，取得了良好效果。这一革新实验从1986年的100所农村小学开始，到1989年推广到全省近千所小学，还被引进到河北、河南、青海、云南、贵州等省区。从此，我便有了许多机会开展教师培训与研修的实践。

1992年初，我们借助联合国教科文组织亚太地区办事处支持，开展了“改善处境不利地区农村女童教育实验研究”。当时，根据教科文组织要求，我们确定在三个具有代表性的贫困县——通渭（干旱地区）、和政（回族聚居区）、天祝（藏族聚居区）的15所农村小学开展旨在促进女童就学和提高学业质量的行动研究。项目伊始，我们进行了现状需求调查，发现当地的适龄女童入学率仅为50%左右，教学质量难以保障。这一现象，除了经济困难原因之外，一个重要原因在于很多教师不具备规定学历，教学方法十分落后，导致学校没有吸引力，入学儿童流失辍学现象十分严重。面对教师普遍面临培训需求，而项目经费又十分有限的两难困境，我和特级教师谢瑞、马钧、杜淑玉等几位熟悉基层情况的老教师共同设计了“女童教育项目流动教师培训队”，我们采用“需求调查—现场指导—集中培训”为主要流程的行为干预性培训方案，力图达到有效培训的目的。流动培训队由项目人员、特级教师和青年教师共同组成，逐一深入三个县的 15 所实验学校进行听课，了解教师的培训需求，并给予现场教学指导。在实地观察基础上，我们针对教师普遍面临的问题集中备课，针对当地教师的实际需求安排了培训内容。在当地教育局支持下，利用当地学校大礼堂或电影院举办项目报告会，面向全县小学教师开设公开课，接受当地教师评议提问，并由教学专家针对教学难点和教学能力有关问题进行现场辅导。在三个县城集中培训那三天，全县教师们自带干粮从四里八乡汇拢过来，戏台变成了师生互动和同行交流的课堂，会场上高潮迭起、热闹非凡，就如同过节一般。就这样，我们先后用 1 个月时间，培训基层教师 2300 名，而人均培训成本仅有 10 元人民币！实践表明，我们的流动培训队的活动调动了基层教师的教学积极性，为吸引当地女童就学，提高在校儿童学习质量发挥了积极促进作用。当地教师和领导对这次全新的教师培训给予极高评价，多年之后仍然在当地教育界被传为美谈。①

1997 年，我应兰州师专邀请，主持了由 80 位甘肃省农村小学校长参加的“农村小学校长管理培训”。我先采用头脑风暴方法，鼓励校长们列举出最困扰他们的管理问题进行讨论。校长们反映，经费短缺固然是每一所学校普遍面临的困难，但更大的困扰却是各种复杂的人际关系。于是，我便组织大家就校长面临的人际关系问题进行了分类，又针对大家提出的“学校领导之间关系”、“学校领导与教师关系”、“教师之间关系”、“师生关系”、“教师与家长关系”、“学校与社区关系”、“学校与上级行政部门关系”等主题进行分组专题研讨。要求各组按照自己的主题分别从“面临的问题”、“原因分析”和“改进建议”这三个维度形成讨论结果，然后进行大会交流分享。在大家分专题讨论期间，我抽空写了本次活动的背景与过程以及关于后续活动的建议。各小组完成讨论开始发言过程中，我针对每个小组的发言逐一进行评论和归纳。结果，我们用了一上午就形成了“农村小学校长改善人际关系的实践研究报告”的基本提纲。

直到今天，还清楚地记得活动结束我宣布下课时已是午饭时分，可是，没有一位校长挪动脚步。他们都站在那里，用异常兴奋的眼光看着我。“快走啊，不然食堂就没饭了。”我笑着催促他们，可是大伙就是不动，静静让出一条道，执意要我先走。其中，一位校长盯着我，憨憨地笑着说：“你讲得真好！”我笑言：“没有啊！我没咋讲，都是你们在讲啊！”他顿了顿，又接话，“那是因为你引导得好！”

---

① 张铁道：《以革新的精神和务实的行动发展女童教育：甘肃省女童教育二三事》，载杨立文主编：《创造平等——中国西北女童教育口述史》，民族出版社 1995 年版。

这一基于实践体验开展实际问题解决的互动研修方法，我在许多学校进行专题调研时经常采用，每次总能带给我们双赢的愉悦学习成效。

2000 年，年届中年的我离开兰州来到北京教育科学研究院，继续从事基础教育教学研究与服务工作。同时也获得更多的机会在首都这块基础教育的沃土上进一步实践和发展自己的专业能力。

2000 年暑假即将来临之际，我受时任北京教科院党委书记朱全俊研究员委派，到西城区二龙路中学主持一次主题研修。该校地处众多名校聚集地区，但生源和师资水平都不甚理想。在这种情况下，学校领导不为所困，另辟蹊径，组织全校教师结合教学实际困难和问题启动了一系列课题研究，但当时大部分课题都在进行中，还没有取得成效。了解到上述情况后，我设计了一组问题："在学校开展教育教学研究对于教师有什么意义？""教师从事研究工作主要面临哪些困难和问题？""当前教学中继续借助研究加以改进的问题有哪些？""怎样以研究为机制改进学科组活动？"全校 60 多位教师以学科组为单位围绕上述问题展开了热烈讨论和交流，并就深入推进立项课题形成了具体措施。参加本次活动的西城区教科所王立军老师看到所有教师都积极参与研修的场面，评价说这是一次非同寻常的教研活动，还对我说"你真是艺高人胆大！"①

2004 年 7 月，我应邀来到北京农大附中围绕高一教学质量问题组织专题研修。参与人员包括刚完成高一学习的同学代表、家长代表和教师代表。我们确定的研讨题目是"我们怎样走过高一"。来自同学们的体验表明，高一阶段学生的实际需求集中表现在掌握切实有效的学习方法，确立新的自我意识，建立良好的师生及同学关系。他们还应邀对于即将开始高一学习的同学提出学习建议。教师通过分享学生体验，认识到高一教学工作的一个重点在于做好初中和高中的有效衔接，教师应当在学习态度、学习方法及人格品行等方面帮助学生获得积极发展。家长进一步了解了孩子的需求和学校所做的努力，也就提高教学效益提出了具体建议。上述研修成果为该学校改进高一教学提供了行动的指南，取得了良好的效果。②

2005 年，我应北京教育学院邀请承担农村初中教师的生物教学培训活动。50 位初中骨干生物教师来自 5 个远郊区县。他们都具有多年教学经验，但作为小学科的教师，他们缺乏与同行交流的机会。我来到他们当中，坦率地告诉他们我不懂生物。但是，我与他们分享了农大附中的研修故事，老师们就受到启发，开始活跃起来。随

① 张铁道：《关于促进教师专业发展策略的探索》，《教育研究杂志（大陆版）》2003 年第 6 期。

② 张铁道、林福森：《校本教研与教师专业发展——反思一则校本教研案例》，《北京教研》2006 年第 5 期。

后，我邀请他们以5个区县为单位分别以“初中教师教生物”、“初中同学学生物”、“初中校长管生物教学”、“教研员指导生物教学”以及“家长如何观察孩子学生物”等视角各自进行专题研讨交流。我要求每组讨论都按“存在的问题”、“原因分析”、“改进建议”这三个层面集中大家意见并进行报告。各组依次交流了各自的梳理情况、原因分析和改进建议，我逐一进行了评论和归纳。这些活动紧紧吸引了在场每一个人。课后，我依据老师们的研修成果，用大半天时间整理归纳，形成了“北京市远郊区县初中生物教学的现状调研报告”作为大家的团队研修成果。这次实践使得我获得了在自己不熟悉学科领域如何借助参与者的经验建构专题认识的经历。

2001年全面启动的国家基础教育课程改革特别注重学习者的过程参与与积极体验，由此拓宽了教育界对于儿童学习需求的深层关注。在这一方面，我受联合国教科文组织影响，在多年前就开始关注儿童需求与教师人文素养之间的互动关系。这个话题还得从教科文组织1995年开展的“孩子们心目中的好老师”征文征画活动说起。1997年，我见到教科文组织出版的充溢着各国儿童对好老师热切期待的小册子，不由怦然心动。① 立刻就请美术老师马瑗用彩笔誊写到胶片上（当时还没有电脑投影设备），用作教师培训激发他们对于自身角色行为进行反思，取得了意想不到的效果。兴奋之余，我开始畅想“假如中国的孩子能画出来他们喜欢的老师，那会是什么样的结果啊”。2003年元月，我在《班主任》杂志主编苏学恕和编辑部老师们的支持下，发起“中国儿童心目中的好老师”征文征画活动，居然收到了全国各地3000多份稿件！来自全国20多个省、市、自治区的孩子们，以他们在学校生活的亲身感受说明，他们喜欢富有爱心，善于教学，富有情趣，能够满足每个人学业成功和人文关怀需求的老师！②

在过去10年期间，我和北京教科院的同事们就以这些来自孩子们感人至深的图画和文字，在北京市各个区县以及全国许多地方成功组织了教师专题研修活动，并由此发起了“认识和回应儿童需求”的校本教学改进行动。我们在北京理工大学附中、海淀区中关村一小、北航附小、平谷区中小学教师培训中心、北京市京源学校等单位的合作实践表明，来自学生的真实体验有助于激发教师对于自身教学行为及教育价值观的深刻反思；引导教师回应儿童需求能够成为引领教师变革教学理念，改进自身教学方式的突破口。目前，关注和回应学生需求已经成为北京市许多区县和学校激发教

① K. E. Muller, et. al. *What Makes A Good Teacher? Children Speak Their Minds.* UNESCO. Paris, France, 1996.

②“中国儿童心目中的好老师”主题征文征画的主要成果在2003—2004年度《班主任》杂志各期刊登。联合国儿童基金会北京办事处会同教育部师范教育司、北京教育科学研究院于2004年出版了《孩子们说的好老师》中英文双语版本。我们在实践与研究基础上完成的《孩子心目中的好老师》，由华东师范大学出版社于2012年出版。

师开展教学反思，规划教学改进行动，评价教学成效的基本视角、工作突破口和成效评价标准。

借助学生体验激发教师开展专业反思的多年实践使我认识到，若没有来自学生作为教学服务对象的真实反馈，教师一般不会主动反思自己习以为常的教学价值观和实践方式；而只有当他们面临足够强烈的挑战和刺激时，才会重新审视自己的教育观念和实践，并萌生变革自身行为的内在动力！

教师研修能否有助于促使教师将自身长期教学实践探索中积累的、个人化的实践经验与教学智慧转化成为教师同行的专业学习资源，这也是我多年探索的问题。吴正宪是深受广大儿童和教师喜爱的小学数学特级教师。她的教学示范课、教学研究成果以及教学经验专著都成为各地教师喜爱的专业学习资源。自2002年以来，我与吴正宪及其团队合作，规划实施了以发展教师教学能力为主线的专业课程，引导团队成员聚焦数学教学，聚焦儿童的需求，聚焦吴老师的教学实践经验和教育理念，聚焦新课程实施，聚焦团队成员自身资源和团队专业工作体验。此外，还引导团队加强对于各自教学实践的研究和理论的学习。我们践行“在为基层教师提供高质量教研服务中培育优秀教师”的研修理念，依据教师专业能力发展需求，制定了富有特色的团队学习课程规划，引导团队成员通过承担为基层教师服务的实践锻炼提高自身实践能力。在实践过程中，我们创造了“巧在设计、重在实施、成在后续、落在资源”的教研策略和“1+5+N”（即吴正宪及其团队+5个区县分站+广大教师）的辐射机制，培育了一大批具有专业精神、善于教学实践、善于引领基层教师发展、善于总结研究，深受学生喜爱、同行认可的优秀教师。在系统总结吴正宪教育实践和团队成长经验成果基础上，我们出版了吴正宪小学数学教师团队研修系列成果，成为基层教师欢迎的专业阅读课程资源。①

此外，结合探索教研工作新机制的需要，我先后与许多志同道合的专题小组开展了各种资源开发式教师研修，包括与原崇文区教科所时俊卿所长共同实施的“课堂教学策略”（2002—2005）；与北京教育学院宣武分院王俊芳院长、董静老师共同主持的“宣武区小学教师校本教研实施手册开发”（2003—2010）；与石景山教师进修学校教研员吴云老师合作主持的“地理特级教师王能智专业人生的主题研修”（2007—2009）；与北京教科院黄晓玲老师合作在平谷区针对问题学生行为干预主题开展的班主任专业发展项目（2006—2011）；与大兴区教师进修学校刘芳副校长合作主持的“大兴区小学教师同伴研修”（2008—2010）；与北航附中罗滨校长、教科室主任王玉萍合作的“北航附中高中课改教学改进系列教师研修”（2008—2009）；与西城区教师

① 参见吴正宪等主编：《吴正宪小学数学教师团队系列研究成果》，北京师范大学出版社2010年版。

研修学院齐渝华院长、特级教师刘悦合作的“小学语文课例研修与语文骨干教师发展”（2009—2012）；与北京市科技教育协会和史家小学、育才学校合作的“中小学科技教育活动课程规划与实施专题研修”（2013—2014）等一系列教师专业发展行动研究。

特别值得一提的是，2010 年 7 月北京教科院接受北京市教委委托，承担新疆维吾尔自治区和田地区幼儿教师双语教学能力培训项目。为此，我和同事梁雅珠、徐明、孙璐等老师深入和田地区基层幼儿园，全面了解维吾尔族教师的专业学习需求，考察当地教师培训实践现状。针对教师双语教学所需专业能力需要，我们确定了以引导教师认识儿童学习需求，加强教师汉语基本能力，增强当地教师课堂教学基本技能与多媒体教学技术等主题，充分利用北京市学前教育教研员和骨干教师资源组建了综合性培训与课程开发团队，在现场采用了核心知识讲授、语言技能训练、教师互动研修、课堂教学实践指导与课例案例研修等综合培训模式，在很短时间内培训了一支和田当地骨干教师团队。经过初步教师培训实践的课程内容及教学资源，经过我们的集体加工已经成为实用有效的幼儿园双语教师培训与教学指导手册，也为日后大面积开展当地教师培训，全面改进幼儿园双语教学实践提供了既有专业水准，又有实践范例的课程资源。①

通过 20 多年坚持不懈的实践探索，自己先前在国外所学的理论知识和方法，已经借助丰富的实践开始悄然转化为具有很强实践针对性的教育理念和实施策略，并且在不同学科、不同需求群体和文化背景下都取得了广泛认可的成功实践，并得到广大中小学校长和教师的由衷欢迎。本人的研究成果“将个体经验汇聚为群体资源——教师同伴研修的理念与实践”② 还荣获教育部于 2011 年颁发的“第四届全国教育科学优秀成果奖二等奖”。在 2014 年揭晓的首次“国家级教学成果奖”评审中，我与吴正宪等多位老师共同完成的“提高农村教师执教能力的团队研修实践”荣获“一等奖”。

三、对教师研修及其实践策略的认识

实践出真知。在历经 20 多年时间，努力将国际知识与本土实践相结合，进而探索符合我国实际的教师研修的理念与实践策略过程中，我自己也逐步积累了许多新的专业知识经验。长期从事教师研修的实践过程，使我日益确信：针对教学实际和教师发展需求开展教师研修，是一项引导中小学教师围绕增强执教能力主线开展专题学习、保障教师教学专业水准和教学绩效的切实可行的专业发展机制。在实践中，我和

① 张铁道主编：《幼儿园双语教学指导手册》，北京出版社 2011 年版。

② 张铁道：《将个体经验汇聚为群体资源——教师同伴研修的理念与实践》，《人民教育》2008 年第 12 期。

不同时期的合作者们积累了以下认识。

第一，教师的教学能力不仅取决于职前系统专业学习，更取决于在职教学过程中有意识的教学实践经验积累。

实践表明，在职教师作为具有一定专业知识和教学经验的成人学习者，他们最为深刻的能力成长来自有价值的、真实问题情景中的亲身体验、同伴交流、问题解决及反思建构过程。为此，必须顺应教师作为具有较为系统学科知识和一定教学实践经验的成人学习者及其学习特点，发挥他们互为学习资源的角色，开展有意义的问题解决或专题资源积累，才能够创建适合他们能力发展需求的学习过程。

从现实情况看，中小学在职教师专业学习和能力发展主要有下列三种实现方式：一是学校层面组织的（或教师自主从事的）专题学习与研究活动，主要包括在教学实践中积累经验，为增强自身教学实践能力开展的自主学习、校本学科教学研究，以及参加针对提高教育教学质量而开展的课题研究等；二是参与各级教研机构或教师培训机构提供的各种教研与培训项目；三是基层教师参与学习各级教育行政部门委托各级教师继续教育机构组织的继续教育学习课程。

来自基层学校的领导和教师对于上述专业学习的调查反馈显示，上述学习方式还不足以有效回应教师作为成人学习者的基本需求。具体表现在：对于基层教师开展的自主学习和业务交流缺乏有效指导；教师获得的培训和教研服务大都因循相对单一的“传授—接受”范式进行，例如专家报告、名师课堂教学展示、师徒结对以及借助各种传播媒介开展的信息服务。教师专业学习的内容仍然以课程、教材、教学法为主，而对于儿童的学习需求以及教学实践能力还没有得到应有的关注。更令人担心的是现行教师培训大都仍然沿袭“展示性”、“传授性”的组织形式，教师专业学习常常局限在专家学者报告、优秀教师示范教学观摩或教学经验介绍。一线教师作为受众的实际需求及其已有实践经验往往没有介入教研活动之中，普遍缺乏“专业学习”与“实践改进”之间的有机互动与能力建构过程。此外，由于缺乏连贯一致的教师专业能力引导和干预机制，专家所传授的理念、优秀教师所展示的技能往往难以有效地转化为基层教师的专业素养和执教能力。

现实情况也表明，仅靠累积性或传递性的自学、听讲、观摩等方式，由于缺乏对象群体对于新的教学理念和教学行为的亲身实践和内化过程，往往难以满足基层教师群体有效获得教学专业能力发展的普遍需求。究其原因，我们认为主要障碍在于忽视了教师作为具有一定专业知识和教学经验的成人学习群体所具有的、不同于儿童的学习特征和资源价值；忽视了专业能力发展需要有学习者积极参与其中的、与自身既有知识经验内化整合以及触及学习者教育行为和理念变化的深刻学习过程。

我们的实践与研究表明，教师学习具有很强的自主意识和成就动机；他们作为实践者，都拥有较为全面的学科知识和程度不同的教学经验，有能力参与学习过程，并希望自身已有经验通过学习得到印证或升华。同时，面对深化课程改革和提高教学质量的无形压力，他们都有各自的专业困惑和学习需求。然而，他们可以用来参与专业学习的时间短促而零碎，没有多少时间和精力研究教学，开展同行交流的机会很少且无质量保证。更为深层次的问题在于，受传统习惯影响，他们普遍缺乏将自身或同行教师实践经验作为学习资源的意识；教研和教师培训部门不能够依据教师专业发展需求，开展基于问题解决和实践改进为主旨的能力发展服务。因此，如何适应教师学习特点及其专业能力发展实际需求，规划和实施有效的在职教师研修就成为发展教师教学专业能力的关键。

第二，多年来我们结合基层教师专业发展的实际需求，深入中小学开展了大量实践探索，从中获得许多重要发现。

首先，在职教师的专业学习与发展活动必须与他们已有教学经验和学习需求密切结合。这就要求教师培训与教研活动既要回应参与者的现实水平，鼓励他们分享自身经验，还应介入新的、超越自身能力水平的学习体验。

其次，通过对于学生需求的实证调查，我们发现：学生的需求不应仅仅局限在达成国家课程所规定的知识技能、过程方法和情感态度价值观等三维学习目标，教师自身所秉持的学生观及其满足学生需求的教学方式方法，对于学生获得积极的学习体验具有更为显著的能动作用。满足儿童发展需求不仅要求学校教育为他们提供国家规定的知识、技能、情感态度价值观，还要求教师应当以适合儿童心理、情感、社会交往及体能等方面的实际特点来满足他们的成长需求。同时，关注学生对于学校生活的真实体验，特别是师生之间互动影响，能够为改进学科教学，促进教师专业能力发展，评价学校管理与教学成效提供可靠的依据。

我们在组织基层教师开展群体反思活动中还发现，以真实的课堂教学实践为基础，开展具有问题解决过程的互动研修，有助于促使教师形成相互依存的学习伙伴关系。我们的实践表明，教师在日常教学实践中积累的实际经验也是非常重要的研修课程资源。引导教师以学习者的身份去关注同伴的实践经验，反思自身的实践，并在交流学习过程中共同建构、生成新的专业资源，往往可以成为多向受益的教师能力学习过程。

此外，实现富有实效的教师能力发展，需要创设和维系教师专业发展的学习文化。组织者不仅要善于激励多方参与形成相互依存的“教师学习共同体”，还应创设能将他人有益的知识经验、技能方法以及价值观吸收内化为自身更为专业的教学行为的“学习连续体”机制。唯此，才能有效帮助教师获得所需要的专业实践能力发展体验。

第三，开展有效教师研修首先需要建立新的教师教学能力成长观和提高教育实践成效水平的专业发展观。

我们对于众多优秀教师专业能力素质的实证考察显示，受中学生欢迎、同行认可的优秀教师一般具有以下七个方面的专业特征：他们热爱教师职业，愿意将教学作为实现自身社会价值的终身追求；他们具有健康的身心素质，能够承担富有挑战性的、繁重的教学工作；他们具有较为扎实的学科知识基础，熟悉课程与教材内容；他们了解学生身心发展特点和学习需求，能够依据儿童认知、技能与情感需求特点设计并组织教学过程；他们具有扎实的教学知识和实践能力，能够按照一定教学目标，有效整合教材内容和儿童需求进行教学过程设计，并善于应用信息技术增强教学效果，带给学生有进步与成就体验的课堂教学；他们具有较强的教学研究意识和能力，善于研究课程教材、研究学生、评价教学成效、总结教学经验，并由此形成具有应用价值的教学实践研究成果。之外，优秀教师还具备鲜明的个性特点和人格魅力，使学生能够“亲其师，信其道”。

教学实践的亲身体验是教师最为宝贵的专业研修资源，因此，“把体验的工夫做足”是教师研修组织者必须遵循的原则。我们的实践表明，充分利用对象群体的现有经验开展专业反思，总结实践经验，改进教学行为，能够有效吸引教师全身心参与研修学习过程。例如，在教师个体层面，倡导每一位教师对于自身实践开展反思，总结自身有益的教学实践经验，完成教学案例报告和专题研究论文；在同事之间，学校鼓励教师之间开展日常教学观摩评价、特定课题的行动研究、一定主题的经验总结；在区县和市级层面，组织全员参与的教学评优、教学基本功展示、区域性的专题教研、网络研修、成功教学经验推广以及旨在促进专业能力发展的教研项目等。

我们的实践昭示，在职教师专业学习的成效水平高低还与组织者对于成人学习特点的认识密切相关。

首先，成人学习与能力发展水平总是受其对于学习主题的经验方式及深刻程度所制约。学习者对于拟学习的主题（如一定的知识、技能或价值观）借助教师讲授、自主学习或其他媒体呈现先获得初步感性认识；随后进行初步练习或实践应用付诸自身行为；然而，持久的学习和自觉行为则取决于学习者发自内心对于教学工作的兴趣、笃信和热爱。我个人在多年实践中逐渐领悟到，学习者经历了这里所说的“脑会”（认知性学习）、“手会”（技能性学习）、“心会”（情感性学习）三个层面的学习过程，才会获得具有实质意义的可持续学习与相应的能力发展。因此，对于教师研修的课程规划和学习进程而言，我们倡导“把教学经验的工夫做足”，根本目的就在于肯定教师的正确实践，矫正不当实践，引导理想实践的能力发展。

其次，反思长期以来的学习传统，我们通常习惯于“向上的”接受式学习。儿时受父母教导，上学听老师教学，就业接受领导或年长者教诲。我们不善于开展“横向的、相互切磋、共同分享的”同行交流；我们更缺乏“向下的”面向少年儿童学习的意识与能力。其实，当我们学会全方位地拓宽自身学习视野，引导教师有效兼顾“向上”、“横向”和“向下”的多维度学习，我们就能够极大地丰富自身学习的资源。

再次，我们在构建知识结构与能力发展过程中，通常更多地关注学习理论性知识，而对于个体实践经验，特别是介乎理论和实践之间的方法论知识却未能给予足够的重视。其实，方法论知识往往能够连接理论和实践，是促进二者相互转化的加工机制和实践智慧。往往造成知行脱离现象的缘由在很大程度上都在于方法论意识与应用能力的缺失。因此，教师研修组织者不仅需要有意识地引导教师开展实践案例分析，以昭示理论的普适价值；还应帮助教师学习必要的方法论，以便帮助他们自觉应用理论来升华实践，进而催生自身富有个性的实践智慧。为此目的，我们提出，教师研修课程应帮助教师获得以下学习体验：使教师有机会就自身教学实践经验进行总结、归纳、交流；将实践性的教学知识转化为逻辑性的方法论知识；将教学经验升华为教学专业知识；最后将教学知识内化为教师的教学能力。我们尝试将上述对于教师专业能力发展的诸多要素及其相互之间互动关系作了如下图解。①

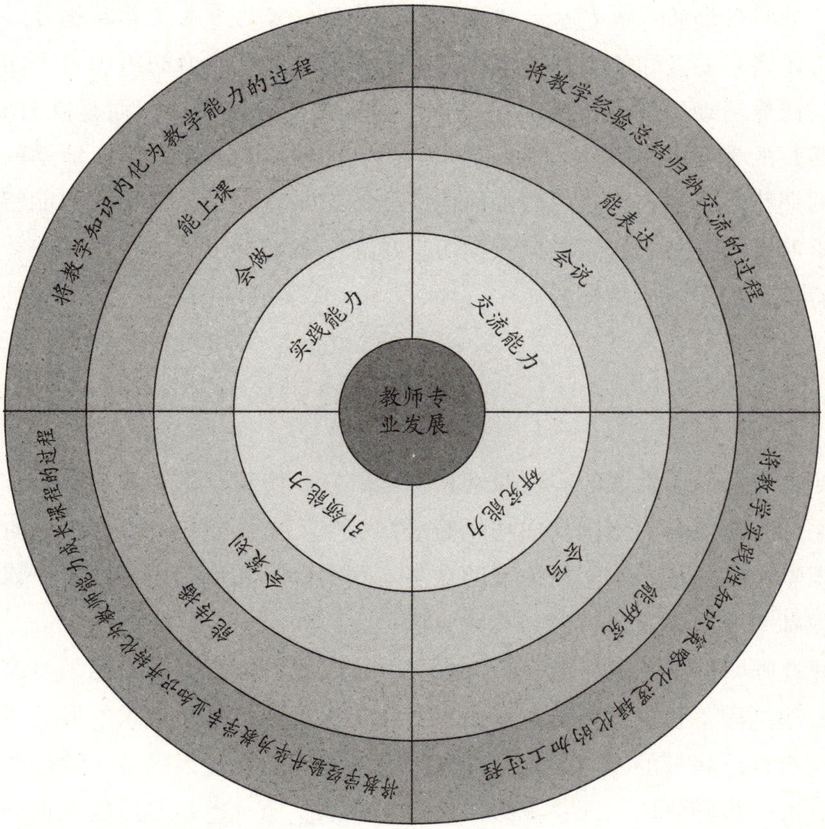

第四，教师研修需要切实有效的方法论支持。

我们的已有实践表明，引导青年教师深入基层学校设计、开展教师研修服务过程，是培养具有较高教学领导力的优秀教师的一条有效途径。在此过程中，他们可以

---

① 引自张铁道、吴正宪主编：《团队研修的实践探索——来自吴正宪小学数学教师工作站的报告》，北京师范大学出版社 2012 年版。

亲身体验“成就他人，丰富自己”的教育生活。我们认为体现这一特质的能力发展过程兼容“书本、事本、话本、文本”等互动要素，即：理论学习、教学能力、交流表达以及实践感悟的文本化。我们借用“盲人摸象”的重新解读，将教师研修的重要环节概括为“摸象—说象—成象—抽象”。教师在此学习过程中经历“体验性学习—分享性学习—建构性学习—概念性学习”，并由此获得由局部到整体的认识，由一只具体的“象”到把所有的“象”作为认知对象类别的总体认识过程；从中也彰显出合作学习的重要意义，即任何人都不可避免地带有某种局限性，唯有相互合作才能获得对于客观事物的较为全面、正确的认识。此外，在规划和推进教师研修活动过程方面，我们通过实践发现的“巧在全程设计、重在课例研修、成在后续跟进、贵在资源建设”等教师研修实践策略也获得了充分的实践印证。

第五，教师研修的成败在很大程度上取决于组织者的专业素养和能力。

以上所述诸多要素和原则都需要具有较高素养和实践能力的组织者去实现。实践表明，参与研修活动的教师不是无足轻重、消极被动的接受者，而是既有实践困惑，又有实践经验的学习者。因此，他们对于组织者的素质与能力及学习活动的质量往往具有很高的期待。我个人多年的教师研修工作的切身体会是，只要我们能够努力做一名真诚的学习者、一名有智慧的成人学习促进者，就能够带给那些愿意完善自身专业的教师以有价值的学习成就体验。

四、结语

投身促进教师专业发展的实践探索和学术研究，使我有机会和众多合作者一起亲身体验了毛泽东所倡导的用国外成功经验之“矢”、射中国实际问题之“的”这样一个国际知识本土化过程。本文所呈现的众多实践案例真实地记述了许多研修故事，并借此揭示教师专业能力发展理念与实践方法。

在探究教师研修这条道路上，我边学习、边实践、边研究，一路虽有辛苦，却乐此不疲。回望这段不长也不短的生涯旅程，我深深感到：人生追求的职业幸福，或许就是找到一个自己热爱的专门领域，能做得有滋有味，并能因具有实效性得到服务对象由衷的认可。教师研修，既是我多年学习实践的主题，也是我赖以回馈亲人、师长和朋友及社会的专长。原来，教育就是在成就他人中丰富自己的一种善行；而教师研修究其价值而言就是帮助有志于终身从事这种善行的教师们获得专业素质的一种力量。也正是凭借这些实践探索，我也找到了实现自身专业价值的一个重要领域。

当我终于如愿以偿地对于自己多年以来在教师研修领域的学习与实践有了一个较为系统的总结，不由再次想起“天时、地利、人和”的古训。

“天时”对我而言，主要就是这个我们身处其中的跌宕起伏的时代。我庆幸在经历了文革动乱、插队锻炼、工厂劳作等社会生活历练之后，赶上国家改革开放给教育事业带来的前所未有的机遇，为我们这一代人在中国这块热土追求人生理想、回报社会提供了极为难得的学习与职业成长环境。

“地利”对于我就意味着投身教育改革开放所获得的丰富多样的实践机会。我所供职的甘肃省教科所借助联合国教科文组织、世界银行、联合国儿童基金会、欧盟及国际社会的智力支持与资金援助开展了许多教育革新实践。来到北京工作后，全新的教育环境又恰逢国家先后启动九年义务教育与普通高中课程改革，给我的教师研修理念与实践提出了新的挑战和丰富的机会。至今，我和基层教师合作开展的教师研修实践从甘肃发展到北京、上海、四川、重庆、内蒙古、新疆、西藏等十余省市自治区，年段覆盖了从幼儿园、小学、中学的许多学科和学习领域。此外，我本人还因工作需要得到很多机会参加国际学术交流，考察许多国家的教育实践，从中建立了更为广阔的实践与理论参照系。

“人和”则是自己更为刻骨铭心的资源。在自己教育工作的不同阶段有幸遇到的许许多多中国的、外国的同事、朋友和师长。他们用自己的教育实践、学术思想和人格力量赋予了我职业发展的力量，引导着我实践探索的方向，让我坚信人格完善、能力发展和学术进步是一个人际互动影响并不断优化的历史过程。“人和”也成就了我对于教师研修的不懈追求。实际上，本文所汇聚的不仅是我在众多老师指导下的理论学习心得，更多的是我和许许多多志同道合的老师们，围绕不同主题合作开展有创新意义教师研修活动的真实记述和解读。事实表明，教师研修的确是一个互为资源、共同学习、集体受益的经验分享、知识建构与能力成长的专业发展机制。“人和”自然也离不开我的家人多年以来一如既往地支持我的职业追求，宽容我没有能够恪守义务，默默地为我担待了原本属于自己的许多责任和义务。

在此，我要将自己的感恩之心奉献给你们。在我多年来追求教师教育实践创新和学术成就的道路上，有了你们的指导、合作和陪伴，我不仅积累了可以享用终生的职业体验，也收获了籍慰心田的真诚友情。

此时此刻，我的切身体会是：在成就他人的努力中，我收获了更为丰富的自己。这也许就是我多年从事教师研修乐此不疲的不竭动力吧。做高质量的教师研修，如今已经成为我体现自身价值、回馈社会对于教师发展需求的一种服务方式。

希望自己还能够在这条道路上继续走下去，也殷切期待教师教育同行的批评指正。

2014年9月终稿于教师节

（责任编辑　苏丹兰）

周正逵 1936年生，天津人。人民教育出版社资深编审，课程教材研究所研究员，教育部中小学语文课程标准核心组成员。1959年北京师范大学中文系毕业，曾在北京景山学校工作，后调入人民教育出版社，先后参与编写10余套中小学语文教材。独立主持编写了一套教育部立项的高中语文实验课本，在全国部分地区使用达20多年，后经全国中小学教材审定委员会审查通过，作为正式教材，供全国重点高中选用。近年来，致力于中小学语文教学整体改革研究，并提出了一套义务教育九年一贯制语文教材的改革方案。先后发表有关语文教改的论文近百篇，教育专著有《语文教育改革纵横谈》和《探索者的足迹》等。

《语文教改五大疑难问题新解》导读

语文教改五大疑难问题新解

周正逵

【摘要】中小学语文教育有许多基本理论问题，人们缺乏共识，各种观点争论不休，至今依然如故。本文对几个基本理论问题进行剖析。语文教育改革的方向是实现现代化，改革的途径是走向科学化，改革的基础是坚持民族化；语文课程的基本性质是“基础工具性”，基本任务是培养学生正确理解和运用祖国语言文字的能力；语文的教学目标是以语文知识、文化教养、生活体验为基础，以思想品德、思维品质、审美情趣为导向，以语文能力为核心，全面提高学生语文素养；能力发展规律：分阶段、有重点、逐步发展学生的听、说、读、写能力。阅读能力分为认读、释义、解析、鉴赏、研读五个层级。写作能力分为书写、用语、构段、谋篇、立意五个层级；教材体系改革：变“文选组合”为“训练系统”；变“阅读本位”为“分进合击”；变“文体循环”为“能级递进”；变“讲读中心”为“自学指导”。

【关键词】语文教育；性质特点；教学目标；能力发展规律；教材体系改革

一、语文教育改革向何处去

研究语文教育改革，首先要明确方向。方向问题就是明确向何处去。语文教育从过去到现在是怎么走过来的，以后又该怎么走，我想搞改革的话首先要明确这个大的方向。大的方向如果不明确，下面就很难走。如果慌不择路，就很难达到预期的目标。

（一）语文教育改革的目标是实现现代化

邓小平同志提出的“三个面向”是我们国家整个教育改革总的指导方针，“教育要面向现代化，面向世界，面向未来”，这对语文教学改革同样是适用的。

“面向现代化”，就是要立足现实，志在高远，把现代化作为我们教育发展的总目标。这也是语文教育发展的总目标。

“面向世界”，就是我们的视线不能仅仅局限于自己的国家，要放眼全球，争创一流。我们国家的语文教育，不但应该是世界上一流的语文教育，而且应该是世界上最好的语文教育。为什么？因为我国的语文教育有几千年的优良传统，有极其丰富的历史经验，就这一点来说，只有二百多年历史的美国与我们是无法相比的。我们要放眼世界，争创一流，必须有这样的雄心壮志。

"面向未来"，就是不要被目前的困难吓倒，要对未来充满信心。我过去讲到教育改革发展的愿景时，有人说，现状如此不景气，你提这么高的目标，能做到吗？我说，用"三个面向"的精神想问题，我们不应该消极地适应现状，而应该积极地探索未来。面向未来就是要向前看，大步走，不达目的不回头。我想对语文教育改革来说也是如此。

语文教学改革如何贯彻"三个面向"精神，大家的看法并不一致，需要进一步深入展开讨论。

"三个面向"的核心是"面向现代化"。语文教学贯彻"三个面向"的精神，一是要为现代化服务，二是自身也要现代化。这是一个问题的两个方面。

语文教学为现代化服务，就是要根据现代化建设的需要，全面、系统地加以改革，努力提高质量，提高效率，争取用较少的时间，尽快地完成语文教育的各项任务，为学好其他各门知识打下坚实的基础，也为学生将来进一步"成才"创造必要的条件。

语文教学自身的现代化，从根本上说，就是要改革一切违反教育规律的教育思想、教学内容和教学方法，逐步建立起一套具有中国特色、又比较科学的语文教育新体系，以保证语文教学的高质量、高效率。

语文教学为现代化服务和语文教学自身的现代化，必然会带来一系列的变革，使整个语文教学的面貌发生显著的变化，但是这种变化并没有改变语文课程的基本性质和基本任务，只是通过必要的改革，在努力实现科学化的基础上，全面培养和迅速发展学生的语文素养，把我国的语文教育提高到世界先进水平。

（二）语文教育改革的途径是走向科学化

要实现语文教育的现代化，必须克服语文教育长期以来存在的随意性和盲目性，大力加强语文教育的科学性和自觉性。科学性和自觉性从哪里来呢？只能从科研中来。一定要把我们的全部工作，包括教学理念、教学内容、教学方法、考核方法以及师资培养等方方面面，都建立在科学研究的基础之上，真正实现语文教育的科学化。

什么叫语文教育的科学化？科学化不是西方化，也不是把语文变成一门自然科学，像数学那样搞一套公式。科学化就是实事求是，一切按客观规律办事。语文教育的科学化就是一切要按照语文教育的规律办事。怎么才能按照语文教育的规律办事呢？

1. 必须认真研究和把握中国语文的特点。因为你搞的是中国的语文教育，中国语文不同于其他国家的语文，也不同于其他学科。这点一定要认识清楚。

2. 必须认真研究和把握中国青少年学习中国语文的规律。这里为什么强调中国青少年呢，因为外国青少年学中文有一定的规律。中国人学外文也有一定的规律。现在一定要认清的，是中国青少年学习中国的语文有什么规律。

把以上两个方面都弄清楚并且很好地结合起来，才能够构建比较科学而又具有中国特色的语文教育新体系。

（三）语文教育改革的基础是坚持民族化

“文革”过后，大家研究语文教育改革，语文教育科学化问题又一次引起人们关注，张志公先生特别为此写了几篇文章并作了报告。但是语文教育的科学化怎样才能真正实施呢？一时好像也说不太清楚。有一次，我和景山学校原校长敢峰同志谈到这个问题，他说语文教育改革只提科学化是不够的，还有个民族化的问题。我很赞同他的观点。

为什么民族化的问题也很重要呢？因为语文教育的科学化是语文教育改革合乎规律的发展，它不能脱离现实，也不能割断历史，应该按照“古为今用”和“洋为中用”的方针，对中外古今一切言之成理、行之有效的好经验，都要认真研究，并且有批判地加以吸收，作为语文教学科学化的基础。又由于语文教学具有鲜明的民族特点，加上我国语文教学的传统源远流长，历史经验相当丰富，所以研究中国青少年学习本国语文的规律，主要还是靠总结我们自己民族的经验（包括历史经验和现实经验）。同时也有必要从外国人学习他们本国语文的经验中，吸收一部分确实对我们有用的东西。但是，决不能生搬硬套，或简单地“移植”，必须同我国语文教学的特点相结合，使之逐步“民族化”，化为我们自己的血肉，这样才能真正有用处。

一百年以来我国语文教育曲曲折折的发展历程，完全证明了这一点。“五四”高举“民主”与“科学”的大旗，向封建主义旧文化旧制度猛烈开火，语文教育也随之发生巨大的变革。为了实现语文教育“民主化”与“科学化”的目标，我们曾经先后学习日本、美国，以及苏联等国的经验，最近几年又学习芬兰的经验，无非是想借它山之“石”来攻自己的“玉”。然而由于思想方法存在着片面性，在认识上出现些偏差：一是过分强调语文教学的政治思想教育功能，而忽视语文学科的基础工具性质；二是盲目搬用西方国家的某些语文教育理论和经验，而忽视语文教育最为突出的民族特点。长期以来，以“思想性”掩盖“工具性”，以“西方化”取代“民族化”，成为束缚语文教育发展的两条无形的绳索，这样做的结果是南辕北辙，适得其反。人们花费很大的气力，也进行了长期的探索，但是功效甚微。语文教育有如盲人骑瞎马，跌跌撞撞，步履蹒跚。虽然改革呼声阵阵，花样不断翻新，但始终不能走上正轨，总也摆脱不了少慢差费。事实告诉我们，忽视语文教育的民族特点，很难做到科学化，自然也谈不上现代化。只有以民族化为基础，以科学化为指导，并且把民族化和科学化统一起来，语文教育才有中国特色，才能不断向前发展，逐步实现现代化的目标。

（四）语文教育现代化的起点在哪里

语文教育现代化的过程，就是语文教育改革不断深化的过程。语文教育现代化的起点就在我们脚下。确定改革的目标，要从实际出发。

语文教育现代化的基本要求既要大力地提高语文教育的水平，又要大力地提高语文教育的效率。“双高”——高水平和高效率，是现代化最核心的要求。而这个要求恰恰是和现在语文教育存在的问题相矛盾的。众所周知，我们的语文教育长期以来存在着“少慢差费”的现象，主要表现在：水平较低，不少高中毕业生语文基本能力不过关；学程较长，花12年的时间去搞语文基本训练；容量较小，知识面窄，内容重复，方法单调；负担较重，课时最多，课业繁重，多劳而少功。

费时较多、内容较少、负担较重、程度较低，这就是我国语文教育的现状。观察近几十年来的变化，好像多数人的语文程度是越来越低了。这不仅反映在学生身上，还反映在不少大人身上。最近我看电视，就发现有些很有名的文化人、专家学者，在语文方面也经常出现一些不该有的毛病。这在过去是不多见的。所谓“少慢差费”就是“双低”——低水平、低效率。它与现代化的要求，完全是背道而驰的。

现代语文教育从清末算起来，差不多有一百多年了，在这期间，有几代人参与探索，到目前为止，据说全国有近一百万人在从事语文教育工作。那么长的时间，那么多的人在努力，结果还是这样子。现在我们已经进入了21世纪，这种状况不能再继续下去了。

根据语文教育现代化的基本要求，并从目前的实际情况出发，我们的教学改革和教材改革，可以用“四个适当”来表述：适当提高程度，普遍地、全面地提高语文素养；适当缩短学程，语文基本训练必须在初中阶段完成，而不是过去用12年时间完成；适当加大容量，加大训练力度，丰富教学内容，拓宽知识领域；适当减轻负担，改进教法，讲求实效，严格控制课业。

程度要适当提高，学程要适当缩短、容量要适当加大、负担要适当减轻。这四者互相配合，密切相关，形成一个完整的链条，不容分割。用过去的话来讲叫“多快好省”，用现在的话来说就是“高质量高效率”。我觉得这是语文教育现代化的基本要求，也是语文教育科学化的具体体现。解决这些矛盾的关键就在于：加强自觉性，克服盲目性，把全部工作建立在科学研究的基础之上，严格按照语文教育教学的规律办事，并在实践中不断总结经验，逐步探索出一条切实可行的改革之路。

有人会说，“又要马儿跑，又要马儿不吃草”，这能行吗？当然不行。如果马儿不吃草，就饿死了，还怎么跑呢？但是，如果换个说法，“又要马儿跑，又要马儿少吃草”，成不成呢？完全可能。这就需认真研究马儿饮食与成长的规律，如给它吃什么样的草料最好，各种草料如何搭配最好，还有一天24小时当中什么时候进食最好，如此等等。一句话，就是实行“科学饲养”，努力寻求“少吃快跑”的诀窍。

语文教育也同样有这样的问题。由于长期缺乏深入的科学研究，语文教育至今还存在着改革方向不明，课程性质不定，教学目标不准，发展规律不清，教材体系不新，教学方法不当等问题，结果形成很多的无效劳动，费时甚多，成效甚微。如果认真加以改革，清除以上种种弊端，真正实现语文教育科学化与民族化的统一，不但能大大地提高语文教育的水平，也能大大地提高语文教育的效率，从而达到既能提高程度，又能缩短学程，既能加大容量，又能减轻负担的理想境界，逐步达到语文教育现代化的宏伟目标。

二、如何把准语文学科的“定盘星”

对任何一门课程都必须首先明确它的性质和特点，因为它决定了这门课程的任务、目标、内容、方法等各个方面，是整个课程的定盘星。对语文课程的性质和特点如何认识，历来是有争论的。在新的语文课程标准中也没能明确指出。请看，课标上的标题是“语文课程的性质”，回答呢？却是“工具性和人文性的统一是语文课程的基本特点”。为什么没有正面回答呢？据我了解，当时社会上对此有不同的认识。有人认为语文学科是人文学科，过去语文教育的主流派，把语文定位为工具性学科，使语文课程丧失了人文精神的光辉，因此路子越走越窄。有人提出要“高举人文精神的大旗”，引导语文教育的新潮流。一批高校的文科教授也群起呼应，展开了一场“工具性”论者与“人文性”论者的大辩论。在“课标组”成员中，有人倾向于工具性，也有人倾向于人文性，双方各有理由，争执不下。怎么办？有的建议干脆回避，但是征求意见之后，发现不提不行，还是得表个态。可是怎么写呢？说是工具性，有人反对；说是人文性，也有人反对；就讲工具性和人文性的统一吧，好像大多数人能够接受。可是直截了当地说工具性和人文性统一就是语文课程的性质，也不好，后来就说是特点。实际上所答非所问，这是一种临时应付的障眼法。

但是我想，对严肃的语文教育工作者来说，这个问题是不能回避的。应该实事求是，是什么就是什么。当然问题不那么简单。语文课到底是什么，的确是说不大清楚的。有人说，从“语文”这个名词出现的那一天起就已经讲清楚了。谁讲的？叶老。他怎么解释“语文”呢，他说，“说出来的是语，写出来的是文”，合起来就叫“语文”。这是叶老给下的经典性定义。但是你查字典，没收这个释义。为什么呢？因为没得到公认。语文课的复杂性只用这两句话恐怕解释不清楚，所以后来就有很多争论。如果说“语”是语言，那么“文”是什么？按叶老的解释好像就是文字，“说出来的是语，写出来的是文”，给人的感觉语文就等于“语言文字”。咱们国内的语言学派的学者基本上都这么解释，大学里的现代汉语教授，也都是这么解释，“语文就是语言文字”。但是，文学派坚决反对，说把语文解释成语言文字是贬低了语文，应该是把语文理解为“语言文学”，所以上世纪50年代的“文学汉语分科”就是这样，一个是汉语课本，解决语言问题，一个是文学课本，解决文学问题。把语文课一分为二，合起来就是“语言文学”。后来语文教学又有了新的发展，提出“不要把语文课讲成文学课”，一棒子把文学给打下去了。那不是文学是什么呢？于是又回到“语言文字”。可是有人提出抗辩，说不是“语言文字”也不是“语言文学”，而是“语言文章”，于是实用文就重新一统天下，又排斥了文学等其他内容。这种状况一直持续到“文革”之后的初期。

1983年我们编写“人教版高中语文实验课本”，当时的语文“教学大纲”没有提到文学方面的要求，仍然是从“语言文字”和“语言文章”的角度论述的。我们编写《文学读本》时，第一次把文学鉴赏的要求提了出来。1985年开始实验，实验一年效果不错，1986年教育部修改“教学大纲”的时候才把“初步培养文学鉴赏能力”写进大纲，1991年修订大纲时又重申了这个观点。这样，这个观点才算落住了。本来“文革”后初期的通用教材里没有文学内容，到1986年才开始编有文学单元。按照文学四种体裁编四个单元（诗歌、散文、小说、戏剧）放到教材里面。一直到这次课改之后，文学的地位明显提高了，成为语文教材中一个重要组成部分。

从“语言文字”到“语言文章”再到“语言文学”，语文课程的领域越来越宽，后来我们在教材里又进一步提出了“语言文化”的概念，就是把文化论著也包括在语文教育内容的学习范围之列。从“一般文章的解析能力”，提高到“文学作品的鉴赏能力”，再提高到“文化论著的研读能力”，这是语文能力发展的又一个新的阶段。这样，对语文的理解就又深入了一步。在新“课标”讨论的时候，也吸收了我们的这个思想，起名叫“文化论著研读”，根据这个意向还专门开设了“文化论著研读”的选修课。

这样看来，语文课到底是什么，不是一句话两句话能够说清楚的。简单地说它是工具性的课程，好像不大全面；说它是人文性的课程，好像也欠公允；说工具性和人文性的统一是它的性质，当然也不妥；说这是它的基本特点，也是不大准确的。

（一）语文课程的基本性质是基础工具性

语文课程是一门“基础工具性学科”。基础教育阶段的文化课程，大体上说可分三类：

第一类是以培养某种学习能力为主要目标的，叫“文化工具性课程”，如语文、数学、外语等学科。

第二类是以掌握某门学科知识为主要目标的，叫“文化知识性课程”，如历史、地理、物理、化学、生物等学科。

第三类是以学会某种活动技能为主要目标的，叫“文化活动性课程”，如音乐、美术、体育、劳动、卫生等学科。

在上述三类课程中，语文、数学、外语这三门学科是学好其他各门学科知识和活动技能的基础，也可以把这三门课叫“基础工具性学科”。在这三门“基础工具性学科”中，语文不单是学好各门学科知识和技能的基础，也是学好数学和外语的基础，换句话说，它是“基础的基础”。有人根据语文课程在基础教育阶段的重要地位和作用，把语文教育和整个基础教育比喻成水和船的关系：语文教育水平是水，整个基础教育就是船，水涨了船才能高，如果水浅了，船就要搁浅。这充分说明语文教育在整个基础教育阶段所具有的特殊的重要性。

因此，可以确认，语文课程的基本性质是“基础工具性”，语文教学的基本任务是培养学生正确理解和运用祖国语言文字的能力。

（二）语文课程的主要特点

与其他文化课程相比较，语文课程还具有以下几个显著的特点。

1. 教学内容的综合性。语文学科与其他内容单一的学科不同，它具有突出的综合性。从语言的角度说，有“口头语言”和“书面语言”两类，其中的“书面语言”也就是“文”了。“文”包括什么呢？有文字、文法、文言、文章、文学、文化，甚至还有文明。这就是说，“文”不仅包括知识层面，还牵涉到道德层面和精神层面等。至于说到能力，不只是“听说读写”能力，还包括观察能力、思考能力、想象能力、审美能力等许多方面。总之，语文不仅知识是多项综合，能力也是多项综合，综合性是语文教学内容的一大特点。正因为如此，绝不能用文学代替语文。50年代的“汉语文学分科”实验，排斥非文学，把语文划归到文学的小圈子里。现在某些高校的文科教授，也主张语文等于文学，这种认识有点片面。从一定意义上说，语文包含语言，但不等于语言；语文包含文学，但不等于文学；语文包含文化，也不等于文化；语文包含政治，也不等于政治；语文包括很多很多的东西，但又不是其中某一个东西能够取代的。所以对语文教学内容综合性这个特点，要有充分认识。

2. 教学目标的多重性。其他学科的教学目标相对都比较单一，语文教学目标是多重的，集中到一点就是语文素养。语文素养本身就是一个具有丰富内涵的多面复合体，包含多方面的内容。照我的理解，语文素养最低应该包括七项内容，除了语文知识、语文能力之外，还有文化教养、生活体验、思想品德、思维品质、审美情趣等。这些内容都是语文课程所要达到的目标。但是多重目标并不是平列的，而是有其内在联系的。内在联系用三句话来概括就是：以思想品德、思维品质、审美情趣为导向，以语文知识、文化教养、生活体验为基础，以语文能力为核心。

3. 教学方法的实践性。与课程性质和教学目标相联系的就是语文教学方法的实践性。语文课不是一门知识性课程，不是以传授知识为主要目标，所以光靠讲不行，主要是靠练。要在读中学读、写中学写、听说之中学听说，强调的是语文实践。要在语文实践当中培养和提高他的语文能力。此外，语文学习不能只是在书本上下功夫，还要密切结合生活实践和社会实践，边干边学，在干中学，在干中提高。

4. 科学训练与人文教育的统一性。“工具性和人文性统一”的说法，在概念上有很大的模糊性。我认为语文课程显著特点之一，是“科学训练与人文教育的统一性”。语文实践是一种科学训练过程，在这个过程中始终包含着人文教育（包括思想品德教育）的因素，科学训练与人文教育是互相结合、合二为一的。我们还应该看到，这其实是我国语文教育的一个优良传统。过去的提法就是“文道统一”，发展到今天，提出所谓“工具性和人文性的统一”，也是借用的一种说法，实质上就是在科学训练中浸透着人文教育（包括思想品德教育）的因素。二者不可分割，更不能有所忽视。如果忽视了，语文教育就会走偏。片面强调科学训练而忽视人文教育，就会丧失了人文精神的光辉；而片面强调人文教育而忽视了语文的科学训练，无法完成培养学生正确理解和运用祖国语言文字能力的主要任务，从而丧失了语文课的特有功能，更谈不上达到全面提高语文素养的综合目标。

三、怎样理解“语文素养”的丰富内涵

语文课程标准规定语文教学的目标是“全面提高学生的语文素养”。这个提法与过去历届“教学大纲”相对比，应该说是有了很大的进步。因为它明确指出了语文教育的本质，比较完整地体现了语文课程的全貌。正确理解语文素养的意义，精准地把握语文素养的内涵，对于贯彻课程改革的精神，提高语文教学水平有重要的意义。

（一）语文素养是人的整体素养发展的基础

目前我国正全面进行现代化建设，亟需培养大批具有开拓精神和创新意识的人才。要实现这样的目标，必须全面实施素质教育，即按照社会和人不断发展的需要，以开发少年儿童身心的潜能，提高和完善人的整体素养为根本目的的教育。

人的整体素养，包括思想品德素养、科学文化素养、身心健康素养等等。而其中的科学文化素养，也包括诸多方面，如科学素养、艺术素养、数学素养、语文素养等等。

这些素养各有特点，又互相影响，彼此之间存在着一定的内在联系。如科学素养和艺术素养。作为科学文化素养的主体，反映了人们把握世界的两种基本方式：一种是科学的方式，一种是艺术的方式。科学的方式，是用抽象的概念来认识世界，用一般来概括个别，用必然来概括偶然。艺术的方式，是用情感和想象的手段来认识世界，用个别来显示一般，用偶然来揭示必然。这两个方面的结合，使理性和情感得到和谐发展，从而达到真善美的统一。

又如语文素养和数学素养，作为科学文化素养的重要组成部分，既有相对的独立

性，又是科学素养和艺术素养形成与发展的基础。尤其是语文素养，直接关系到一个人获取信息的能力、社会交际能力以及逻辑思维能力和形象思维能力的水平，对整体素养的发展和接受终身教育有极其重要的作用。因此，新的语文课程标准把“培养和提高学生的语文素养”作为语文课程的教学目标，我认为是适当的。

（二）语文素养是具有丰富内涵的多面复合体

在新课标中，教学目标提得很明确，但在解释时却有点模糊，给人的感觉好像是说语文教学目标和“三个维度”是等同的。这一点不妥当。“三个维度”是此次课程改革的指导原则，适用于所有学科，不能把它当作语文学科的教学目标。如果结合语文学科的特点进行考察，我认为，语文素养具有很丰富的内涵，其主要内容至少应该包括语文知识、语文能力、生活体验、文化教养、思想品德、思维品质和审美情趣等七个方面。

但这七个方面内容并不是孤立的，也不是并列的，而是存在着一定的内在联系的。概括地说，语文素养应以语文知识、生活体验和文化教养为基础，以思想品德、思维品质和审美情趣为导向，以语文能力为核心，形成一个完整的统一体。

语文素养的整体结构图示如下：

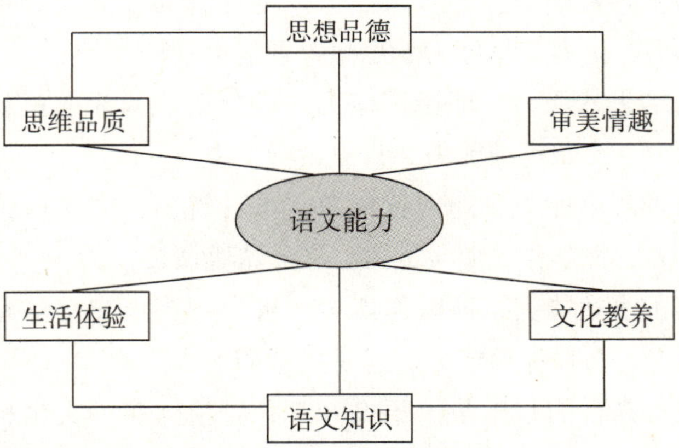

关于语文素养所包含的各项内容，具体分述如下：

1. 语文素养的基础——语文知识、生活体验、文化教养

（1）语文知识指培养和提高语文能力所必须掌握的语文基本知识，除了听、说、读、写的一般知识之外，还有语言文字学基本常识、文章学基本常识、文学基本常识和文化学基本常识等。这是形成和提高语文能力的必要条件，是构成语文素养的重要内容，全面、扎实地掌握实用的语文知识，也是语文素养教育的重要目标。

（2）生活体验指对社会生活观察、分析、理解和感受的能力。这是培养和提高语文能力的必要条件。

（3）文化教养指对科学、文学、艺术等方面的知识和修养，对语文素养的发展

也有重要的影响。

2. 语文素养的导向——思想品德、思维品质、审美情趣

（1）思想品德指政治方向、思想修养和为人处世之道，它贯穿在语文教育和整个训练过程之中，对语文能力的形成有重要指导作用。

（2）思维品质指思维的准确性、思维的严密性、思维的灵活性和思维的创造性，它对语文能力的发展有很大的制约作用。

（3）审美情趣指正确的审美观点、健康的思想情感和高尚的艺术趣味。这也是语文教育的重要任务。

3. 语文素养的核心——语文能力

语文能力指正确理解和运用祖国语言文字的能力，包括“口头语言”和“书面语言”的理解和表达能力。

语文能力一般概括为听、说、读、写能力。这四种能力都很重要，都是语文能力不可缺少的组成部分。听、说、读、写能力全面、均衡地发展和提高，是语文素养的核心内容，也是语文教育的主要目标。

语文能力包括以下四个方面：

（1）口头语言的理解能力，即听话能力。可分解为：语音分辨能力、语词释义能力、语段分析能力、内容概括能力、思想鉴别能力。

（2）口头语言的表达能力，即说话能力。可分解为：标准正音能力、日常会话能力、即席发言能力、专题讲演能力、自由论辩能力。

（3）书面语言的理解能力，即阅读能力。可分解为：文字认读能力、文辞释义能力、文章解析能力、文学作品鉴赏能力、文化论著研读能力。

（4）书面语言的表达能力，即写作能力。可分解为：文字书写能力、文辞用语能力、辞章构段能力、布局谋篇能力、思辨立意能力。

为什么“语文素养”的基础是“语文知识、生活体验、文化教养”三项呢？过去曾经提“以语文知识为基础”，这种说法范围太窄了。从语文素养的角度来讲，“语文知识”是一个重要方面，但不是全部，还需要有丰富的“文化教养”。“文化教养”就是除了语文之外其他方面的，包括科学、艺术等方面的一些知识。同时，还要增加“生活体验”这一项，因为语文课不光要有书本上的知识，还需要有生活方面的知识和历练。

把“思想品德、思维品质、审美情趣”放在导向的位置上，因为它们是个方向性的问题。比如你学一种知识，培养一种能力，都有一个立场、观点、方法的问题，受思想品德等方面的影响。现在强调语文课的意识形态属性问题，都是在导向的考虑之内。但是你不能变成以它为主，过去把语文课教成政治课，或半个政治课，就是企图把思想品德当核心看待，我们不能走过去那个老路。我也不赞成以“思维品质”

为核心，训练思维尤其训练逻辑思维主要靠数学和逻辑学。数学又名“思维的体操”，是专门训练思维的；逻辑学里面讲概念、判断、推理等，也主要是训练思维。语文当然也有思维训练的内容，特别是形象思维的训练，但总体上看，它还不能成为核心。此外，语文课程虽然也有审美情趣方面的要求，但也不能以审美情趣为核心，以它为核心就不是语文课了，变成文学课了。

那么，语文素养的核心到底是什么呢？只能是“语文能力”。这个说法看起来很平常，其实这是总结多年来语文教育改革的经验才得到的一点共识。新中国成立60多年来，我国语文教育走过了一条曲折的道路：先是以政治思想教育为核心，把语文课教成了政治课，又以文学教育为核心，把语文课教成了文学课，再以语言知识为核心，把语文课教成了语言课，最后才认识到“以培养语文能力为核心”，才是真正的语文课。

有人在解释语文教学目标时，认为语文素养是综合的，不能再提核心，否则容易片面，甚至走老路。我认为这是一种糊涂观念。任何学科都可能涉及方方面面的知识，但一定会有它的核心内容，核心内容才体现了本学科的基本特点，没有核心内容也就没有了学科。试问，失去了“语文能力”这个核心内容，语文这个学科还能存在吗？当然，强调以“语文能力”为核心，并不是说其他几个方面不重要。相反，没有语文知识、文化教养和生活体验的坚实基础，语文能力也培养不起来；没有思想品德、思维品质和审美情趣的正确导向，语文能力的发展也就失去了方向。只有以语文知识、文化教养和生活体验为基础，以思想品德、思维品质和审美情趣为导向，以语文能力为核心，并在教学实践中，把三者有机地结合起来，才能全面提高语文综合素养，真正达到语文教育的总体目标。

（三）语文素养要在长期积累和反复历练中提高

1. 语文素养的提高，需要经过长期积累，成效自见；不能临时突击，追求速效。但是，必须通过系列改革，努力提高效率，适当缩短学程。

2. 语文素养的提高，需要通过反复历练，不断磨合；不可浅尝辄止，一曝十寒。但是，必须把握语文训练的规律，逐步走上科学化的轨道。

3. 语文素养的提高，需要真正承认学生的主体地位，充分发挥他们的主体作用；不能以讲代练，越俎代庖。但是，必须发挥教师的主导作用，真正能把学生“领进门”，让他们“自主翱翔”。

（四）语文素养的考查要抓住核心，突出重点

1. 综合考查。要对语文素养所包含的各项内容进行全面考查，并作出综合评价；不能单从某一方面着眼，以偏概全。

2. 抓住核心。要抓住语文素养的核心，以语文能力的发展水平作为检验语文素养的主要杠杆；不能偏离重心，舍本逐末。

3. 区分阶段。要认识语文能力形成和发展的客观规律，注意其阶段性的区分，从各阶段的实际情况出发，确定考查重点；不能从概念出发，不分主次轻重。

4. 把握能级。要把握各项语文能力从无到有、从低级到高级、从简单到复杂，逐步发展和提高的客观进程，循序渐进，步步为营；不能只凭主观愿望，要求一步到位。

5. 尊重个性。要注意语文素养的一般要求，更要突出语文素养的个性特征，发挥特长，鼓励创造精神；不要搞统一模式，千人一面。

6. 承认差异。要有语文素养考查的统一标准，也要承认语文素养状况的各种差异，区别对待，因材施教；不能要求整齐划一，同步发展。

7. 简便易行。要根据语文素养的特点，选用简便易行的考查方法，抓住要领，讲求实效；不要漫天撒网，搞繁琐哲学和弯弯儿绕。

（五）全面提高语文素养是培养创新人才的需要

21世纪要求培养具有开拓精神和创新意识的人才。这种人才的基本条件是：

1. 热爱祖国，有强烈的民族自尊心和社会责任感，有远大的理想和抱负，有正确的人生观和世界观，有较强的群体意识、平等观念、团结合作精神，有艰苦奋斗、知难而进、百折不回的顽强毅力，有自强、自律、自理、自我教育的意识和自我调控的能力，有乐观向上、不骄不馁的个性品质。

2. 掌握现代科学文化知识，有较强的适应社会生活的能力，有善于捕捉、收集和处理信息的能力，有主动学习和不断更新知识的能力，有强烈的创新意识和进行创造性思维的能力，有较强的动手实践能力和宣传组织能力。

3. 有健康的体魄和较高的文化修养，有高尚的审美情趣和鉴赏美、表现美、创造美的能力。

这些条件综合起来，就是一个创新人才都应具备的基本素养。培育这些基本素养就是基础教育阶段的重要任务。全面提高语文素养，将为培养人的整体素养打下坚实的基础，也为培养一代创新人才开辟广阔的道路。

四、语文能力的发展有规可循吗

（一）听说读写要不要并重

“文革”前，大都认为语文能力就是读写，不提听说。“文革”后，有些专家批评语文教学只重视读写而忽视听说。记得叶老曾写过一篇文章，题目好像是“听说读写都很重要”，强调在培养读写能力的同时，要加强听说能力的培养。于是有人提出为了落实四种能力并重的主张，语文教材也要听说读写四条腿走路，在课本中分别设计听的训练、说的训练、读的训练、写的训练。这样做是不是妥当，很值得研究。

听说读写要不要并重呢？我认为，语文能力包括“口头语言能力”和“书面语言能力”两类，每一类又可有其理解能力和表达能力，交错起来的关系就是：口头语言的理解能力就是听的能力，口头语言的表达能力就是说的能力，书面语言的理解能力就是读的能力，书面语言的表达能力就是写的能力。这四种能力都是语文能力不可缺少的组成部分，应该一视同仁，不能厚此薄彼，否则就是欠缺，就会影响语文能力全面而均衡的发展。

但在母语环境中学母语，又有其特有的规律。在通常情况下，口头语言的理解能力和表达能力也就是“听和说”总是领先的，而书面语言的理解能力和表达能力也就是“读和写”总是滞后的，也就是“先学会听说，后学会读写”。一般说来，听说能力，从婴幼儿时期就开始训练，这种训练是自然的训练，在与周围人包括父母、爷爷奶奶、兄弟姐妹等反复进行对话的过程中，经过不断地反复模仿与矫正，自然而然地形成了。而读写能力则不然，读写能力必须进入学校之后，在教师或家长的指导之下，比较系统的学习文化知识，并通过比较严格的读写训练，才能逐步形成。在这一点上，进行母语教育和外语教育是有很大区别的。外语教育是教学生学会一种完全陌生的语言，无论是口语还是书面语，都不懂。学习这种完全陌生的语言，要从扫“语盲”开始，即从口语训练开始。而学母语则不然，它不是从扫“语盲”开始，而是从扫“文盲”开始。二者的教学起点不同、教学重点和教学计划也就不尽相同。

根据美国的心理学家统计，儿童在 6 岁之前，口头语言的理解能力和表达能力都已经有了相当的发展，主要表现在：

1. 对母语的语音系统完全掌握，比如在北京长大的小孩，掌握北京地区的语音系统完全没问题；

2. 儿童生活常用的语汇基本上都能掌握；

3. 所在地方的语法规则基本上已能掌握，比如主谓宾、复杂的谓语、双宾语都不会弄错；

4. 常用的表达方式，如简单的记叙、说明、议论等都已初步学会；

5. 简单的判断和推理，以及具象的思维能力等也开始具备。

这说明儿童在学龄前的口语能力包括语音、语汇、语法，以及表达方式、思维方式等都有了一定的基础。但是，如果不识字、不写字、不念书、不作文，不进行这方面的训练，那么他的阅读能力和写作能力等于零，那也就是“文盲”。“文盲”不是完全没有语文能力，而是语文能力有欠缺，他们能说会道，但是不能读、不能写，在书报等文字材料面前，是个“睁眼瞎”。要想改变这种况，就需要上学，学语文课，进行比较严格的语文系统训练，逐步培养和提高阅读和写作能力。

可见，听、说、读、写这四种能力不是同时形成，同步发展的，而是有先有后，分阶段，有重点，逐步发展起来的。

大体上说，学前的重点是发展听说能力，入学以后的重点是发展读写能力。当然不是说口语能力就不发展了，而是在侧重发展读写能力的同时，以读写能力的发展来带动口语能力的提高。一个是缩小它的距离，一个是带动它的发展。在训练过程中，逐步地做到平衡，使“口头语言能力”与“书面语言能力”得到协调发展，进而达到全面发展。这也就是语文教育的最终目标。因此我认为，如果对语文能力的构成作静态分析，“听、说、读、写”应该是并重的；如果从语文教育的最终目标来看，“听、说、读、写”也应该是并重的，但是在语文教育工作的全面计划和教学活动的具体安排中，“听、说、读、写”不能不分程度，不分先后，等量齐观，相提并论，因为这样做是不符合语文能力形成和发展规律的。

语文训练应以培养阅读能力和写作能力为重点，同时也要重视听说能力的提高。在语文训练的过程中，逐步求得听说读写能力的均衡发展，最后以听说读写能力的全面发展为目标。这一点可以说是得到了大多数人的共识，但是阅读能力、写作能力以及听说能力的形成和发展又各有什么样的规律呢?

这些问题，需要认真加以研究，才能为制订教学计划、教学大纲，编写教材和进行教学提供必要的科学依据。目前我们还缺乏这方面的科学依据。所以，在制订大纲和编写教材的工作中存在着很大的盲目性和随意性。20世纪80年代以来，我们在编写“人教版高中语文实验教材”的过程中，重点探讨了这方面的问题，并且通过实验，取得了一定的成果，在认识上有了一定的突破。

（二）从人的体能发展过程谈起

首先，我们从人的体能发展过程得到很大启发。人一生下来就会躺着，这是动物性的本能，不用训练。由动物向人演化的第一步，就是要坐起来。坐不起来，那就永远不能进化到人。从坐不稳到坐得稳，有一个训练的过程；坐稳了才能练站。同样，从站不稳到站得稳也是一个训练过程；站稳了才能练走，走稳了才能练跑，跑好了才能练跳。从坐到站，从站到走，从走到跑，从跑到跳，这个过程可以看作人的体能发展的五个阶段或者五个能级。这五个能级互相紧密联系而且存在着一种递进的关系，前者是后者发展的基础，后者是前者发展的方向，顺序不能颠倒，阶段也不能逾越。为什么一定是这样的呢？因为坐，是先练脊椎，好托得住头；站，是练腿的功力，可以支撑全身；走，是把体重轮流地支撑在一条腿上；跑，是两条腿都离地身体悬空；跳，不光是两条腿离地，还要往前腾跃。这是人的体能由简单到复杂、由低级到高级的一般发展过程。

有人可能提出疑问：坐，一定是比站低级吗？老和尚打坐，练坐功，可以几年在坐那里不动，那功夫一般人有吗？站就一定比走低级吗？解放军站岗，几个小时纹丝不动，一般人做得到吗？竞走运动员的走可以几十公里徒步如飞，难道不比一般人的跑显得更高级吗……

其实这很好理解，因为我讲由坐到站，由站到走，由走到跑，由跑到跳，这是说的普通人的基本体能。老和尚的坐功、解放军的站岗、竞走运动员的竞走，他们的“坐功”“站功”“走功”都属于专业人员的特殊体能，而非普通人的基本体能。就其基本体能的养成来说，无论是和尚，还是解放军或竞走运动员，同样也要经历过“坐站走跑跳”这样一个发展过程。因为这是人的基本体能发展的一般规律。语文能力形成和发展的过程是否也有与此类似的情况呢？

（三）阅读能力是怎样形成与发展的

什么是“阅读能力”？“阅读能力”是怎样从无到有，从简单到复杂，从低级到高级逐步发展起来的呢？阅读能力，就是对书面语言的理解能力。一个人对书面语言的理解能力是从什么时候开始的？很简单，是从认字开始的。如果有人向你发出一种声音符号，它刺激你的耳朵，你能够接受，也能够理解，这就是口头语言的理解能力，也就是听的能力；如果有人向你发出的不是声音符号，而是文字符号，刺激你的眼睛，你能够接受，也能够理解，这就是书面语言的理解能力，也就是读的能力。对文字符号的理解，就是识字，可见识字就是阅读能力的起点。一个人只要识字，就开始有了阅读能力。但是汉字有一个特点，不是你认识几个字就能够阅读了，而是必须认识相当数量的字才能够具备阅读能力。根据过去的经验，一个人最低要识 1 500 个常用字才能有最基本的阅读能力，才能阅读最浅显的读物。这就是过去扫盲的标准。识 2 500 字应该是初小生的标准，识 3 000 字应该是高小生的标准，识 3 500 字是初中生的标准，高中生则大体上要掌握 3 900 到 4 000 字左右。由此可见，识字还是不识字，就是有没有阅读能力的分水岭。识字数量的多少标志着一个人文化水平的高低。

识字，在阅读学上把它叫作“认读能力”。“认读能力”是阅读能力的起点，也是阅读能力的基础。我们上面说的 1 500 字、2 500 字，或 3 500 字，指的是常用字，而且是简体字、楷体字。实际上文字认读能力的范围还不仅仅这些。当今华语区存在的除了简体字，还有繁体字；我们读古书，还会碰到一部分文言文才用的字；平时生活中看到的除了楷体字外，还有行书、草书等字体；如果参观一些名胜古迹，还需要认读篆字、隶字等。这些都属于认读能力的范畴。当然对于小学生而言，主要要求掌握常用字的简体字和楷体字，其他一般不作要求。

但是有时候字能认识，但不一定懂得它的意思。例如“胸有成竹”，四个字都认识，如果不了解这个典故的知识，就不懂得真正含义，可能会望文生义闹出笑话。还有许多非本义的词语，更容易产生误解。因此，不但要认识一个一个的字，还要认识由字组成的词，由词组成的句，由句联成的段。所有的词语，不仅认得，而且还能准确地把握它们的真正含义，就叫作“释义能力”或“释读能力”。这是阅读能力发展的第二阶段。

对一篇文章，不仅每个字都认识了，由字组成的词、由词组成的句，由句组成的段，意思都能准确地把握了，这还不够。要想理解这篇文章所表达的内在思想是什么，写作特点是什么，这从字面上是看不出来的，是需要透过字里行间去分析和概括，才能真正理解。这种能力叫作“解析能力”，或“解读能力”。这是阅读能力发展的第三个阶段。

对一个材料，字认得，意思也懂得，内在的思想也能够理解，作为一般的阅读过程就完成了。但是如果进一步追问，对这一篇作品进行评价，认定它是真的、善的、美的，还是假的、恶的、丑的，有没有价值，站得住站不住，仅就它本身而言，没法判断，必须通过和有关材料进行比较才能得出。这种能力叫“鉴赏能力”，或“品读能力”。鉴赏文学作品，没有比较就没有鉴别。鉴赏能力是阅读能力发展的第四个阶段。它和孤立的阅读单篇文章不同，不仅是由表及里，而且是由此及彼，要和别的作品联系起来通过比较才能进行判断。

鉴赏能力的一大特点是具有强烈的主观色彩，可以是见仁见智，各投所好。在这个阶段，允许有不同的趣味，不同的理解，并作出不同的评价。比如郭老说他喜欢李白不喜欢杜甫，你说这是对还是错呢，说不上，因为鉴赏允许有个人的好恶。他在文革期间专门写过一本书，叫《李白和杜甫》，说李白是进步商人的形象，而杜甫是保守的地主的形象。在《茅屋为秋风所破歌》里有“南村群童欺我老无力，忍能对面为盗贼”的诗句，郭老批语：“南村群童者，贫下中农子弟也”，骂贫下中农子弟为“盗贼”，这不是站在地主阶级的立场上吗？本来不喜欢杜甫是可以的，但这里提出的理由却不一定经得起推敲。因为简单地贴阶级标签的做法，不符合马克思主义的观点，而是一种庸俗社会学的观点，人们不敢苟同。

鉴赏阶段，允许见仁见智，只要是言之成理，持之有故，就应该允许存在。但终究不是永远公说公有理，婆说婆有理，不管谁的理，都应该合乎公理。公理就是撇开个人的好恶，依据科学的理论和方法来进行探究而得到的正确的认识和科学的评价。这种研究式的阅读，叫作“研读能力”，也就是我们现在说的“探究”。这是阅读能力发展的最高层次。

现在回过头来说，从认读到释义，到解析，到鉴赏，再到研读，这是阅读能力形成和发展的五个阶段或五个层级，它体现了阅读能力发展的一般规律。

现以《红楼梦》阅读为例。如果是从“文盲”开始，第一要解决认字的问题，字不能有障碍，然后书中所有的词语都得懂得意思。这些都过关了，才可能进一步把握它的思想内容。思想内容清楚了，对书中人物和人物之间的关系才能有所理解，然后才谈得上喜欢还是不喜欢。例如有人喜欢林黛玉，有人喜欢薛宝钗等，这些情况都是可以的。但是，你喜欢或不喜欢的根据是什么？你的论点是什么？这些要进一步明确，最后才谈到对《红楼梦》的研究并提出独到的见解。所以，如果从扫盲开始到研究《红楼梦》，这个过程从阅读角度而言要经历“认读、释义、解析、鉴赏、研读”这五个阶段。

“认读—释义—解析—鉴赏—研读”，这是阅读能力从无到有，从简单到复杂，从低级到高级的发展过程。五个阶段顺序不可颠倒，阶段不可逾越。前者是后者发展的基础，后者是前者发展的方向。这就是阅读能力形成和发展的一般规律。

同样，也会有人提出疑问：“认读能力”一定比“释义能力”低吗？“释义能力”一定比“解析能力”低吗？“解析能力”一定比“鉴赏能力”低吗？有些文字学家，他们的认读能力是超常的；有些训诂学家，他们对文字的释义能力是超常的；还有一些律师，他们的文件解读能力也是超常的。这又如何解释呢？我想这些人如同前面说过的“和尚”、“解放军”、“竞走运动员”一样，都受过专业训练，他们的能力属于专业人员的特殊能力，而我们这里讲的是普通人的基本能力。

我们根据以上的认识，认真设计了高中语文实验课本的阅读教材，编写了《文言读本》、《文学读本》和《文化读本》，经过20多年的实验，证明我们这个设想基本上是可行的，是广大师生可以接受的。

（四）写作能力是怎样形成与发展的

先说什么是写作能力。对书面语言的理解能力，是阅读能力。对书面语言的表达能力，就是写作能力。写作能力是怎样从无到有，从简单到复杂，从低级到高级，逐步发展起来的？这一点，我想从我的老母亲谈起。

我母亲是个农村妇女，从小没有上过学，家里有人上学，有点存书，她就自学，经常看点小书。慢慢的，看多了，她的水平也就不断提高。到她老年的时候，除了一般书报之外还能看《三国演义》，甚至能看《聊斋》。懂不懂呢，没测过，但是她看过之后可以给我儿子讲里面很多故事，可以说是大体看懂吧。这说明她是有一定的阅读能力的。这阅读能力恐怕不低于初中的水平。但是她的写作能力等于零，为什么？因为从来没练过写字。就是她能说，能看，但不能写。我现在保存了她写过的唯一的一张字条，只有几十个字，上面还有好几个错别字。这纸条是“文革”期间我在景山学校挨整，她从天津托人捎给我的，鼓励我要在困难处境中保持乐观的精神，至今我还珍藏着。

这个事例告诉我们，有了阅读能力不等于就有了写作能力。我的母亲有思想，也能看书，但是不能写。问题在哪儿呢，就是不会写字。识字是阅读的基础，会识字就会阅读；写字是写作的基础，会写字就会写作。因为写作是用书面语言表达思想，不会写字就无法用文字来表达思想。反过来说，如果会写字了，也就有了写作能力。可见会不会写字，是有没有写作能力的分水岭。

因此，“文字书写能力”是写作能力的基础，也是写作能力的第一个能级。我认为，根据汉字的特点，“文字书写能力”应该包括：

1. 常用字的正写法。就是首先要写得规范。

2. 常用字的快写法。因为进入写作阶段，不能和练字一样。写作要求有速度，写楷体无法进入写作状态，写作状态中写字一般用行草，起码是行楷。

3. 正确使用标点符号。口语的表达可以用声音、停顿来表情达意。书面语言则一定要通过标点符号来表达意思。

4. 常见的行款格式。包括各种应用文的格式。

这四个方面的能力具备了，也就有了初步的写作能力。“我以我手写我口”，你有思想，用文字表达出来，这就是作文。

在这个基础上想提高怎么办？第二步，就是“文辞用语能力”，积累词汇，锤炼句子。从学生作文中反映出的问题，比较普遍的是语汇贫乏，一提笔就感到没词。要想提高作文水平，必须积累语汇。语汇是作文建筑的砖瓦，文章的高楼大厦离不开这些砖瓦。长期以来，语文教学在积词教学方面效果很差，其重要原因，就是背书太少。从小学到高中，语文课花了那么多课时，课文也学了那么多，语言材料也接触了一批又一批，但都是老师讲过了，学生听过了，而在学生心里没留下多少痕迹。实际上，语汇的积累，除了在生活中要注意吸收之外，主要是靠背书。

有人说背书是写作的基本功，很有道理。书是什么呢？书是人类语言的精华，智慧的结晶。词语主要不是从词典上学的，也不是听老师讲的，而是把一部分好文章吃到肚子里变成自己的营养，才不知不觉地掌握的。我们学语文花那么多时间，假如老师少讲一点，学生也少听一点，老师少问一点，学生也少说一点，多读读书，多背背书，他自然就会有“词”了。语汇多了才谈得上炼句，炼句是有选择性的，语汇少了没办法炼句。听说有个学生登上了长城，向远方眺望，感到十分雄伟壮丽，想赞美几句，肚子里又没词儿，好半天才说了一句：“啊，长城，真他妈的长啊！”你看，这多可悲呀！看起来，背诵似乎是一个很笨的的办法，其实也是一个最有效的办法，也是我国语文学习的宝贵经验和优良传统。但至今仍然有人反对，说背诵就是死记硬背。要知道学语文的初级阶段就是要靠死记硬背才能打好基础，没有这个基础，后续的训练如解析、鉴赏、研读等能力的培养都会落空。现在这个观念没有树立，教材选文也不大适合背，教学中也没给学生充分的时间去背，考核也没有把背诵作为一项重要的内容，因此，尽管学生上的课不少，学的课文也不少，但都没留下多少东西。所以才出现一提笔就忘字，一作文就没词儿的现象。

第三步，就是“辞章构段能力”。这是长期以来语文教学无意中缺失的一个环节。我们过去讲语文基础知识的时候都有一个说法，叫作“字词句篇”。字是写字，词是词汇，句就是语法，语法学完了之后就是成篇的作文。从小学开始，一个学期几大几小，要求整篇作文，做了一次又一次，学生收获不大。为什么？有个中间环节“段”，也就是过去所说的文章的“章”给忽略了。篇章结构，篇指全文，是由若干章构成的。长期以来，作文教学缺少“构段”的训练。

其实，任何一个结构完整的段，如果加上题目，就是一篇小文章。因为文章的要素在段里面全都具备。所谓“麻雀虽小，肝胆俱全”。对段训练起来比较方便，也容易看出问题。由于忽略段的训练，结果是学生的作文经常出现文理不通的现象。比如前言不搭后语，上下层次不清，首尾不能呼应等问题，经常在段里出现，问题的症结就在这里。

第四步，就是“布局谋篇能力”。写一篇完整的文章，当然要讲究布局谋篇，主要是思路和结构问题。思路和结构问题比较复杂，但也不能把篇章结构搞得很神秘。虽说“文无定法”，但“写有常规”。常规是什么呢？按照传统经验就是“起承转合”。过去批“八股”，把这“起承转合”也给一棒子打死了。其实这“起承转合”就是文章结构最基本的规律。只是说不能停留在这里，更不能简单地程式化。“起”有不同的“起”，“承”有不同的“承”，“转”有不同的“转”，“合”有不同的“合”，这样就演变成各种各样的方法。所以，一方面要知道“写有常规”，另一方面又要懂得“文无定法”。两个方面要紧密结合起来。首先要教给学生规矩，然后再教给他们变化。规矩完全是可以教的，变化主要是靠自己去悟。但是不教规矩，变化从哪里来呢？

所以，从文字书写能力，到文辞用语能力，到辞章构段能力，再到布局谋篇能力，这是作文训练的基本步骤，也可以说是写作能力发展的几个阶段。换句话说，学生从不会作文到学会作文，都要经过这么几个阶段。但是，光学会写还不成，还得想着怎样才能写好，这就需要进一步解决思辨和立意的问题。

写一篇东西，除了文通字顺、结构严谨等基本要求之外，在立意和构思方面也要有一定的新意和特色，这是作文训练的较高标准，也是作文能力发展的最高阶段。要达到这样的目标，就需要不断提高思辨立意能力，要善于发现别人看不出的问题，要精心思索别人想不到的问题，既要有逻辑的思维，又要有辩证的思维。写记叙文有自己鲜明的特色，写议论文有自己独到的见解。希望高年级的学生经过系统的训练和不懈的努力，都能争取达到这样的水平。

总之，从文字书写能力，到文辞用语能力，到辞章构段能力，到布局谋篇能力，再到思辨立意能力，这是学生写作能力从无到有，从低级到高级，从简单到复杂，不断发展和提高的过程。

我们根据这样的认识，认真设计了高中语文实验课本的写作教材，编写了《写作与说话》1—6册，以“思考与表述”、“思路与章法”、“思辨与立意”为重点进行系统的作文训练。多年的实验证明，以上设想基本上可行，得到广大师生的认可。

至于听说能力形成和发展的规律问题，可能更为复杂一些，以后准备专题论述，这里暂不做研究。

以上关于阅读能力和写作能力形成与发展的规律的研究，还只是开始，认识还很肤浅，是否站得住脚，还有待进一步实践的检验。希望有更多的人对这方面的问题做出更深入的研究，以便为语文教育改革提供可靠的科学依据。

五、语文教材问题的要害在哪里

教材改革是语文教育改革的中心环节，也是提高语文教育质量的根本保证。语文教材不仅体现了课程改革的指导思想和课程标准的具体要求，而且规定了语文课程标准的基本内容和语文教学的基本方法，成为教学工作的重要依据。

（一）语文教材体系陈旧已经延续了上百年

“文革”过后，满目疮痍，百废待兴。1977年，小平同志复出，为了拨乱反正，他自告奋勇做工作，一抓科技，二抓教育。科技就是开了“全国科学大会”。在教育方面，他首先办了两件大事：一件是恢复全国统一高考，一件是恢复全国中小学统编教材。这后一件事本来可由人教社来承担，但是，在“文革”中已被解散的人教社尚未完全恢复，连办公地点都有困难。所以根据小平同志指示，先从全国各地抽调200多位专家、教师、编辑组成一支临时性的编写队伍，以“全国中小学教材会议”的名义，暂时在北京西苑饭店办公，主要任务就是尽快编出一套符合新形势要求的新大纲和新教材，供全国各地统一使用。当时的“中学语文组”召集到的人员有张志公、刘国正等十五六位同志，我也有幸参加了这项工作，成为“中学语文组”的一名成员。

编写工作是从1977年9月正式开始的。大家认真学习相关文件，广泛开展调查研究，精心制作改革方案，反复进行讨论修改，经过4个月的紧张劳动，在1978年初编写出一套新的“中学语文教学大纲”（草案）和新的初高中语文课本（样本）。编好以后呈送国家教育部予以审定。

过了不久，教育部送来了胡乔木同志对这份新大纲和新教材提出的意见，共七条，其中核心的一条是“这个课本不是经过认真研究的，跟过去差不多”。听了这个批评，我们感到很吃惊，明明是费了好大力气才编出来的新大纲和新教材，怎么会“跟过去差不多”呢？在经过仔细琢磨之后，我们似乎明白了。因为在“文革”前的17年中，人教社编写的《中学语文教学大纲》和中学语文课本，水平最高、反映最好的，就是1963年的那一套，而1978年新编的《中学语文教学大纲》，主要是参照1963年那份大纲制定的。新编的“中学语文课本”，也主要是参照1963年那套课本编写的。从1963年至1978年，已经过了15年，中间还横着一个“史无前例”的“文化大革命”，可是，把新编的教材和15年前编的教材作一个比较，看不出有什么新的突破，的确是“跟过去差不多”。换句话说，“文革”后编写的教材与“文革”

前编写的教材，没什么两样，这不是因循守旧，故步自封吗？乔木同志的批评一针见血，一语中的，真是令人深思呀！

然而，问题不仅如此。过了不久，我们又收到叶老（圣陶）看了这份新大纲和新教材后提出的七条意见。其中首要的一条是这样说的：

别的学科且不管，单说中小学语文教材教法，50 多年来可以说很少变革，什么方面都要继续革命，而这二个方面连革新都说不上，不要说革命了。

这一下更把我们说蒙了。怎样理解“五十多年来”很少变革？我们查了一下有关资料：在 1922 年前后，当时的教育部，在章士钊总长的领导下，组织制定了我国第一套中小学各科课程标准，叶老就是初中语文课程标准的主持人。从那时起，叶老不论是做教师、做编辑、办开明书店，还是当人教社社长，五十多年来，始终在和语文教材打交道。他对我国中小学语文教材几十年的发展和变化，了如指掌，对语文教材改革更是寄予莫大的希望。这一回他感到很失望，因为新编教材仍然没有走出几十年来旧教材的窠臼。“连革新都说不上，不要说革命了！”这是多么沉重的话语呀！叶老的批评，高瞻远瞩，语重心长，他用历史比较的方法，尖锐地指出语文教材陈旧，改革迟缓，不尽人意，这种由来已久的不正常现象，绝不能再继续下去了。大家普遍感到震惊，至于语文教材陈旧的具体表现在哪里？我们从后来教材会议上提供的另一份文件中又得到新的启示。

那是 1948 年夏，华北人民政府教育部编写了一套小学国语课本，送交当时的中央宣传部审查。负责审查教材的徐老（特立）看后，给华北教育部领导写了一封信，说明自己对这套课本的看法：

小学国语，我和今吾（程今吾，后来当北师大校长）同志曾一浏览，认为（课本）有某些字句和少数课文虽有些不合处，并不关重要。至于全书是反映我们革命的活动，与过去一切课本有区别。但各册相互间及各课相互间的联系，以及国民需要最低限度的知识全面性和计划性，都和辛亥以来的国语教科书无甚差别。这一问题在中国历史发展近百年来未能解决，目前我们急需解决。

“近百年来”什么含义？他这是 1948 年讲的，往上推一百年，则是指 1848 年，也就是鸦片战争以后。鸦片战争使原来中国的封建社会逐步演变成半封建半殖民地社会。外国殖民者打开中国的大门之后，中国的政治、经济、文化等方面都起了变化。教育上的突出变化就是“废私塾，兴新学”。原来的私塾是大一统，从小学的是一个大的综合文科。可是西方的教育是分科的，“兴新学”之后学西方，把课程分成文科和理科，理科的又分成数理化生等，文科的有教育、历史、哲学等。剩下的管读管写的，就是语文课了。当时不叫语文，有的叫中国文字，有的叫中国文学，有时叫国语，有时叫国文。总之名称挺乱的，但不管叫什么，就是这些内容。从语文课单独设课的那一天起，语文教材到底该怎么编，教学该怎么教，这些问题一直没有很好研究。但是课要上啊，当时有个权宜之计，就是模仿了《古文观止》一类书的编法，从大量的经典著作当中，选取一部分适合学生学习的文章，汇集成册，就当作课本。老师讲读这些文章，让学生模仿着进行写作，这就构成了语文课的基本内容。至于语文课到底是什么性质的课程，它有哪些特点，有哪些规律，应该怎么教才合乎科学，等等，都一直没有认真研究过。于是语文教材中的这种模式，就陈陈相因，把它继承下来了。民国之后，社会动乱，来不及研究，只能沿袭旧办法。所不同的是"五四"之前的国文课，统统都是文言文，读文言写文言，"五四"之后的变化就是白话文进了课本，写作是"文"也可，"白"也可（目前台湾仍是这样做法）。

前面说的"差不多""很少变革"和"无甚差别"，指的是什么东西？后来我找到一份材料，可以帮助我们理解。1978年3月25日刘国正先生访问叶老，叶老跟他讲对编辑语文教材的意见，他回来追记，给我们传达（根据顾振彪同志记录）。题目是"叶圣陶先生对编写教材的意见"，第一段是说：

目前有些同志在争论文与道的关系问题，我看这是钻牛角尖，把力量还是用到实处。

下面一段说：

语文教材历来编得不好，不是吹毛求疵，也不是谦虚，有些同志考虑搞出个体系，我看，要把练习搞成个体系，也就是把读写训练搞成个体系。由易到难，知识的介绍和能力的训练要一环扣一环，过去我们的教材练习也不少，但没有组成一个体系。

叶老在这里明确指出教材编得不好主要就是没有一个科学体系。在1980年1月14日，叶老在"小学语文研究会"成立大会上发言时又指出：

现在大家都说学生们的语文程度不够，追究起来，原因是多方面的。而语文教学还没有形成一个周密的体系，恐怕是多种原因之中相当重要的一个。

他又说：

语文课到底包含哪些内容，要训练学生的到底有哪些项目，这些项目的先后次序是该怎么样，反复和交叉又该怎么样，学生每个学期必须达到什么程度，学生毕业的时候必须掌握什么本领，诸如此类，现在都还不明确。因而，对教学的要求也不明确。任教的老师只能各自以意为之。如果大家认为我的看法大致不错，现在小学语文教学研究会成立了，是否可以把我所说的作为课题，在调查、研究、设计、实验各方面，花他两三年的功夫，给小学语文教学初步建立一个较为周密的体系来。

叶老有他几十年的语文教育经验，他深知语文教育的主要弊病在什么地方，一语道破了语文教材问题的要害所在，为中小学语文教材改革指明了方向。

前后对照，不难看出，徐老、叶老和乔木同志的批评意见是完全一致的。认真领会他们的批评意见，可以明确地认识到：中小学语文教材陈旧的现象由来已久。说它

“陈旧”，主要表现不是在思想内容方面，而是在教材体系方面。这个问题已经存在了几十年，甚至上百年，但由于长期缺乏系统研究，始终未能妥善解决，目前是到了应该解决的时候了。

徐老在信中所说的“目前”，指的是1948年。30年后，也就是1978年，在教材会议上，我们才看到徐老这份宝贵的意见。从那时起，到现在，又是30多年过去了，问题解决了没有？应该说，在教材会议之后，经过不少语文教育工作者的不懈努力，语文教材体系改革研究已经有了重大进展，以全新的理念和全新的思路编写的新式教材，也在全国部分地区的部分学校进行了长达20多年的教学实验，并取得令人信服的优异成绩。可是，长期以来，在大面积上普遍使用的语文课本，虽然也在不断地有所调整，有所改进，但从整体上看，还是摆脱不了传统观念的束缚，呈现出“跟过去差不多”的老面孔。从这个意义上说，中小学语文教材体系陈旧问题依然存在，语文教材改革这一历史性任务尚未完成，建设有中国特色的现代化语文教育新体系，还是任重道远，需要一切有志于语文教育改革的人们更加奋力前行。

（二）语文教材的“多变”与“不变”

说来也怪，与以上几位专家异口同声的评断相反，大多数语文教师根据自己的直觉，反映语文教材的变化实在过于频繁，令人难以招架，希望能尽早稳定下来。看看其他学科，教材虽然也不断小有变动，但大体上总能保持相对稳定。教师教起课来，一年生，二年熟，三年五载成“里手”，十年八年更纯熟。而语文课则不然，教材经常变动，而且往往是“大变脸”，“三年一小变，五年一大变”，有时一轮教材还没教完，就又更新换代了。以前是人教社一家教材变化就不少，现在十几家语文教材，变化更是很大。对青年教师来说，面对着几乎是“年年新教材”，“年年新要求”，要想真正熟悉教材和把握教材，感到十分困难。即便是老教师，教了一辈子语文课，被动地换用过不知有多少套语文教材，也难得有效地积累多少成功的教学经验，甚至还有不少人在退休时发出感叹说：“语文课越教越不知道该怎么教了！”

如果把专家们的理性评断和教师们的直觉感受综合起来进行考察，就可以发现，我们以往的语文教材有一个突出的特点：它既有“经常多变”的一面，又有“经久不变”的一面。“经常多变”的是它的“外貌”，也就是它的表面形式；“经久不变”的是它的“内涵”，也就是它的编写理念。教师们凭自己的直觉感受，只看到了它的“外貌”变来变去；而专家们靠自己的理性评断，却看透了它的“内涵”始终如一。了解这一点，我们就能比较全面地认识语文教材的状况，比较准确地把握语文教材内在的发展规律，明确语文教材改革的主攻方向。

先说说语文教材为什么会“经常多变”。因为语文课是一门人文精神很强的基础工具性学科，它和方方面面都有密切联系，语文教材的编写也会受到其他各种因素的制约。

1. 选材内容随着政治形势的变化而变化

语文教材与政治形势密切相关，政治形势不断变化，语文教材也相应地跟着变化，特别是反映在选文的思想内容上，总是要和政治形势的发展相配合。这是语文教材频繁变动的主要原因。比如毛泽东同志的《别了，司徒雷登》一文，在中美关系紧张时就上，关系缓和时就又下来了。随着政治形势的不断变化，选文内容也跟着不断变化，这是一条经久不变的规则，到今天也还是如此。

2. 教学要求随着教改要求的变化而变化

语文教材与教改形势密切相关，教改形势不断变化，语文教材也相应地跟着变化，特别是反映在教学要求方面，总是要和教改形势的需要相匹配。这也是语文教材频繁变动的重要原因。比如课改之前和课改之后，教学要求大不一样，教材也要跟着大变样。

3. 教材分量随着课业负担的变化而变化

语文教材与课业负担密切相关，课业负担不断变化，语文教材也相应地跟着变化，特别是反映在教材分量上，总是要和课业负担的状况相适应。为了提高程度，就要增加课文，课本就变厚了。课文多了，负担又重了，要减轻负担，就得砍课文，于是课本又变薄了；课文少了，学生程度又下降了，为了提高程度，又得增加课文，于是课本又变厚了。如此循环往复，这也是语文教材频繁变动的原因之一。

4. 编排体例随着编者意图的变化而变化

一种教材编成什么样子，不同的编者，不同时期的编者，或者不同类型教材的编者，各有各的意图，或者各有各的爱好。就拿人教社的课本来说，最简单最朴素的课本，就是一本文选，比如30篇课文，从一排到三十，汇编成册，其他什么都没有，就跟白水煮面条一样，不加任何作料的。后来认为，应该分组分单元，于是有单元之分。后来教师反映这么“素”的教材不好把握，该有点提示，或者有一点指导性的东西，所以教材后面出现了“思考与练习”，开始就是两道题，一道思想题，一道语言题或写作题。后来慢慢的就变成了前头有提示，中间有眉批，后面有总评等，花样越来越多。语文教材和编者意图密切相关，编者意图不断变化，语文教材也相应地跟着变化，特别是反映在编排体例方面。这也是语文教材频繁变动的原因之一。

政治形势、教改要求、课业负担、编者意图，这四大因素经常发生变化，而且这种变化又常常是交织在一起的，所以语文教材的面貌，也就五花八门，变化多端。不论是不同时期的同一版本，还是同一时期的不同版本，所有的语文课本，在选文内容、教学要求、教材份量、编写体例等方面，都呈现出各不相同的“特色”。这也是语文课本不同于其他课本的“独到”之处。

再说说语文教材有哪些东西“经久不变”。据考察，从清末到现在，大约百年间，语文教材不断演变，从表面形式上看，可以说是林林总总，花样不断翻新。但经过仔细研究，就会发现，绝大部分教材在最基本的编写理念上，都是一脉相承，守旧如初的。

1.“文选组合”的模式不变

语文教材基本上都是模仿过去《古文观止》的模式，即从古今中外的各类优秀作品中，选取一定数量适合中小学生阅读的好文章，然后按照一定的法则，把它们组合起来，编定成册，即为课本。直到现在，还是普遍采取这种模式。

2.“阅读本位”的体制不变

语文教学的目标是多元的，其重点是阅读和写作，语文教材应该如何处理二者之间的关系呢？有一种理论，认为在语文学习中，阅读最重要，要想“写”得好，必先“读”得好，真正学会了“读”，“写”是不成问题的，因此主张语文教材必须以阅读为本位，写作处于从属地位。这种把语文课本编成“阅读课本”的做法，一直延续至今。

3.“文体循环”的序列不变

语文教材选文数百篇，要分编成册，各学段、各年级、各学期，如何确定训练重点，并形成一定的序列，多年来的做法是以“记叙”、“说明”、“议论”这三大文体循环为主线，即小学阶段是“简单”的记叙、说明、议论，初中阶段是“一般”的记叙、说明、议论，高中阶段是“比较复杂”的记叙、说明、议论。这种做法，风行了几十年，至今仍可不断看到它的身影。

课改以来，不少人都采取了以“人文主题单元”的形式来编排语文课文，这从表面上看，似乎是改变了“文体循环”的旧程式，但仔细一看，就会发现在“人文主题单元”的背后，仍然隐藏着记叙说明议论那一套旧路数，语文教材仍然缺少合理的梯度。

4.“讲读中心”的方法不变

课本中的选文，叫作“讲读课文”，就是让教师在课堂上讲给学生听的。在1963年制定的《中学语文教学大纲》中曾经明文规定：“教师应该有计划有重点地把课文讲解清楚，并且引导学生认真地积极地听讲和完成作业”，还强调指出：“学生的读写能力不能凭空养成，要以讲读为中心，进行种种严格的训练。”后来制定的教学大纲中虽然没有了这样的表述，但是，“以讲读为中心”的理念和做法，却早已深入人心，成为万人遵守、挥之不去的不二法则。

“文选组合”、“阅读本位”、“文体循环”、“讲读中心”是传统语文教材的四大特征，也是语文教材旧体系的四大支柱。这一套教材编写的理念和做法，是在过去几十年，以至上百年的教学实践中，逐步形成的。应该说，这些理念和做法，有其相对合理的因素，也曾经发挥过一定的积极作用，只是随着时间的推移，越来越突出地显现出它的弱点和不足。科学的发展和社会的进步，迫切要求我们的教育工作能尽快赶上新时代的步伐，进一步更新观念，改进方法，把语文教学建立在更加科学的基础之上。

有什么样的教材体系，就有什么样的教学体系。旧的教材体系缺乏明确的训练目标、周密的训练计划、系统的训练内容和科学的训练方法，使语文教学产生了很大的盲目性和随意性。结果是花费课时较多，课业负担较重，所学内容较少，语文程度较低。这种“高消耗、低效能”的状况已经持续了相当长的时间了。经验告诉我们，“旧体系”和“低效率”是一对孪生兄弟，不从根本上改革旧的教材体系，就打不开语文教学的新局面，也无法实现语文教学的科学化，更不可能彻底改变语文教学“少慢差费”的状况。因此，要提高语文教学的效率，必须加大语文教材改革的力度，特别要抓住要害，在教材体系的改革上狠下功夫。这是真正提高语文教学水平并使语文教学彻底摆脱困境的最重要的一个环节。

（三）语文教材改革要抓住要害，对症下药

语文教材改革是语文教育改革的中心环节，而教材体系改革是语文教材改革的重要关键。多年以来，在我们的教育科研工作中，研究语文教育改革中一般问题的人很多，但研究语文教材改革的人很少，而研究语文教材体系改革的人就更少了。因此，有关语文教材体系问题的研究只是刚刚起步，比较成熟的经验还不多。在那次中小学教材会议之后，我和一些志同道合的朋友一起，结合编写“人教版高中语文实验教材”的工作，对语文教材体系问题做了较长时期的探讨和研究。积30年之努力，我们对语文教材体系问题有了进一步的理解，对如何解决教材体系的陈旧问题，也想出了一些应对之策。

我们的基本方针是“抓住要害，对症下药”。具体做法是：

1. 变“文选组合”为“训练系统”

语文课的总体目标是全面提高语文素养。它的基本任务是通过系统的训练，让学生切实掌握语文工具，为学习、工作和生活服务。所以语文教材应该体现“训练系统”的思想，以系统的语文训练为中心，而不应该是“文选组合”，以选文为中心。

2. 变“阅读本位”为“分进合击”

语文课的核心目标是提高语文能力，重点是读写能力。“读”和“写”既有联系，又有区别。二者各有特点，有不尽相同的发展规律。语文教材应该把握它们的特点和规律，让它们双线发展，分进合击，而不应该是“阅读本位”，把写作置于从属地位。

3. 变“文体循环”为“能级递进”

语文课要真正培养和提高语文能力，就必须严格按照语文能力形成和发展的规律，由低到高，由浅入深，循序渐进，逐步提高。语文教材应该体现“能级递进”的思想，以有计划有步骤地训练各项语文能力为主线，而不应该是“文体循环”，以常用文体和读写知识的循环为主线。

4. 变“讲读中心”为“自学指导”

语文课是一门实践性很强的课程，应该充分发挥学生的主体作用。语文的课堂不限于学校，他的教师不限于语文老师，他的教材不限于语文课本，也就是说，在母语环境当中学母语，到处是课堂。如果自己有志于学又学习得法，完全可以自学。当然在学校里有老师的指导可以快一点，避免走弯路。过去把这关系给颠倒了，以“讲读为中心”就是以教师为中心，以讲代练，其结果祸害了一代又一代的人。这就是为什么学生的语文水平江河日下的重要原因之一。语文教材应该体现“自学为主”的思想，以“自学指导”为基本方法，不应该是“讲读中心”，不应该把讲读教学当作基本方法。

“训练系统”“分进合击”“能级递进”“自学指导”，这是语文教材新体系的四大特征，也是构成语文教材新体系的四个不可缺少的组成部分。根据这样的认识和设想，编写出来的人教版高中语文实验课本，就与以往的语文课本大不相同了。

这套新教材贯彻“三个面向”的精神，体现高中阶段素质教育的要求，结合高中语文教学的特点，以全面提高语文素养和教学效率为目标，以民族化与科学化统一、知识性与实践性统一、科学训练与人文教育统一为基本原则，把握中国青少年学习本国语文的规律，运用现代科学的系统方法，采取知识分类、能力分级、训练分步、教材分编等形式，力求使各项训练在纵向发展与横向配合上，都有相对合理的内在联系。全书构成一个比较科学、比较系统、比较新颖而又切实可行的训练体系，摆脱以“文选组合”“阅读本位”“文体循环”“讲读中心”为基本特征的传统模式，建立以“训练系统”“分进合击”“能级递进”“自学指导”为基本特征的新模式，在高中语文教材体系的改革上有较大的突破。

20多年来，通过在研究的基础上实验，又在实验的过程中研究，我们对语文教材体系改革问题，不断加深理解，不断坚定信心。同时，我们也认识到，语文教材体系改革是一个十分复杂的问题，是“近百年来未能解决”的问题。我们的研究工作还仅仅是开始，我们所取得的进展，更是微不足道。摆在我们面前的是问题累累，矛盾重重，如何解决这些问题，如何化解这些矛盾，还需要更多的人，用更多的时间，花费更大的力气，走更长的路，才有可能开出一片崭新的天地。

（责任编辑　周国华）

肖朗 1958年生，江苏苏州人。现任浙江大学教育学院教授、博士生导师，浙江大学中外教育现代化研究所副所长。南京大学历史学学士（1982），日本名古屋大学教育学硕士（1992）、博士（1997），浙江大学教育学博士后（1999）。主要从事中外教育史、教育学术史及教育哲学研究。主持国家社会科学基金课题“中国近代教育学术史研究”及省部级课题多项。曾参加编纂《欧洲历史大辞典》（上海辞书出版社2007年版）、《中国教育大百科全书》（上海教育出版社2012年版）等。在国内外学术期刊上发表论文百余篇，多篇论文被《新华文摘》、《中国社会科学文摘》、《高校文科学术文摘》及人大报刊复印资料转载。主编的《世纪之理想——中国近代义务教育研究》获教育部第三届中国高校人文社会科学优秀成果一等奖，参与主编的《中外教育交流史》获浙江省第十三届哲学社会科学优秀成果一等奖。指导的博士学位论文《中国近代教育学原理的知识演进——以文本为线索》获2013年度全国百篇优秀博士学位论文提名奖。主要社会兼职为中国教育学会教育史分会副理事长、中国教育学会杨贤江教育思想研究分会副理事长、浙江省哲学社会科学“十一五”、“十二五”学科组专家。2004年在日本东京大学大学院教育学研究科做客座研究员。

《詹姆斯·穆勒功利主义教育思想述评——以其代表作〈教育论〉的文本分析为中心》导读

詹姆斯·穆勒功利主义教育思想述评

——以其代表作《教育论》的文本分析为中心

肖　朗

【摘要】 功利主义教育思想是19世纪英国重要的教育思想流派，詹姆斯·穆勒是其主要代表人物。他继承了以洛克为代表的英国经验主义哲学传统，又接受了法国启蒙思想家爱尔维修等人的教育思想，在其代表作《教育论》中运用“最大多数人的最大幸福”的功利主义原理和联想主义心理学理论研究教育问题，提出了旨在追求和实现个人及他人“幸福”的教育目的观和广义教育观，认为教育的重点在于培养人具有“聪颖”、“节制”、“公正”、“慷慨”等精神品质，并主张通过“家庭教育”、“技术教育”、“社会教育”、“政治教育”等途径来实现，从而使功利主义教育思想与功利主义伦理思想、法律思想、政治思想、社会思想一样成为功利主义思想体系的重要组成部分，并对当时英国教育的改革和发展产生了较大的影响。考察和分析詹姆斯·穆勒的功利主义教育思想，有助于人们理解和把握这种教育思想的主要观点、基本特征及其历史地位，对当前我国教育改革和发展也不无借鉴意义。

【关键词】 詹姆斯·穆勒；功利主义；教育思想；《教育论》；联想主义心理学

19世纪可谓英国教育思想繁荣的历史时期。这一时期曾产生较大影响的教育思想有欧文（R. Owen，1771—1858）倡导的空想社会主义教育思想，有以赫胥黎（T. H. Huxley，1825—1895）、斯宾塞（H. Spencer，1820—1903）为代表的科学教育思想，还有纽曼（J. H. Newman，1801—1890）主张的以“博雅教育”（Liberal Education，也称“自由教育”）为核心的高等教育思想。长期以来国内学界对上述教育思想曾开展了广泛而深入的研讨。除此之外，这一时期英国出现了以边沁（J. Bentham，1748—1832）、詹姆斯·穆勒（J. Mill，1773—1836，以下简称詹·穆勒）

及其长子约翰·斯图尔特·穆勒（J. S. Mill，1806—1873，以下简称约·穆勒）① 为代表的功利主义（utilitarianism）教育思想。其中尤以詹·穆勒的教育思想引人注目，这不仅因为他是当时英国功利主义思想的代表人物之一，也因为他撰写的《教育论》（*Essay on Education*）② 堪称功利主义教育思想的主要代表作。鉴于国内学界对这一时期英国功利主义教育思想的研究相对薄弱，特别是考虑到上述《教育论》迄今为止在大陆尚未出版完整的中文译本，本文拟考察詹·穆勒教育思想产生的社会背景和理论基础，并试图以《教育论》的文本分析为中心来阐述詹·穆勒教育思想的主要内容、观点及其特征，在此基础上力求对其功利主义教育思想的历史地位作出客观、公允的评价。

一、詹·穆勒教育思想的社会背景和理论基础

詹·穆勒出生于英国苏格兰小手工业者兼自耕农家庭，1790 年受约翰·斯图尔特爵士（Sir J. Stuart）的资助入爱丁堡大学学习，四年后入神学科深造。毕业后詹·穆勒当过几年家庭教师，并从事巡回传教工作。1802 年，他跟随约翰·斯图尔特爵士前往伦敦，次年开始担任《文学杂志》（*Literary Journal*）的主编。据约·穆勒记载，1808 年詹·穆勒结识功利主义思想家边沁，从此两人建立起长达 20 余年的深厚友谊，“父亲可谓英国名人中最早透彻理解和主要采用边沁的伦理、政治和法律观点的人”③。从 19 世纪 20 年代初起，詹·穆勒开始在《威斯敏斯特评论》（*Westminster Review*）等杂志上发表文章，宣传功利主义思想，并提出政治改革、司法改革等激进主张。他一生勤奋刻苦，著述颇丰，著名的有《英属印度史》（*History of British India*，1818）、《政治经济学要义》（*Elements of Political Economy*，1821）、《人类精神现象的分析》（*Analysis of the Phenomena of the Human Mind*，1829）。关于教育及其改革，除上述《教育论》外，他还曾发表题为《学校是为所有人，而非仅为传教士》（*Schools*

---

① 也可译为詹姆斯·密尔，因为 19 世纪末 20 世纪初著名启蒙思想家、翻译家严复将其长子所著《论自由》（*On Liberty*）和《逻辑学体系》（*A System of Logic*）分别翻译成《群己权界论》和《穆勒名学》时将 Mill 译为“穆勒”，且此中文译名长期流传于学界，所以本文遵循“约定俗成”的惯例沿用这一译名。

② 1815 年詹·穆勒受邀为《不列颠百科全书》（*Encyclopedia Britannica*）撰稿，至 1823 年他分别撰写了涉及政府、法理学、出版自由、监狱、教育等主题的论文，其中关于教育的论文题为“Essay on Education”，但现收入 *James Mill on Education*（Edited by W. H. Burston，Cambridge University Press，1969）和鲍尔（Terence Ball）编《詹姆斯·密尔政治著作选》（中国法政大学出版社 2003 年版）中的英文原文，其题目均为“Education”。

③ F. W. Garforth，*John Stuart Mill on Education*. New York：Teachers College Press，Columbia University，1971，p. 85.

for All, *in Preference to Schools for Churchmen*）的长文，提倡不分宗教派别的学校教育，并要求普及初等教育。同时，詹·穆勒赞成推行贝尔—兰卡斯特制（Bell-Lancaster System），即导生制，主张以此来缓和和解决当时英国普及初等教育所面临的学生人数多而教师人数少的矛盾。为此，他曾出任“皇家兰卡斯特协会”（the Royal Lancasterian Society）的财务委员，并协助该协会的艾伦（W. Allen）创办《慈善家》（*Philanthropist*）杂志。此外，詹·穆勒曾与辉格党政治家布鲁厄姆（H. Brougham）一起模仿欧文的新拉纳克（New Lanark）工厂学校创办了伦敦第一所幼儿园①，筹建“西伦敦兰卡斯特联合会”（West London Lancasterian Association），并与普莱斯（F. Place）等人共同致力于调查伦敦西部地区小学分布状况及该地区对初等教育的需求。詹·穆勒晚年又积极参与创建伦敦大学的活动，并成为其前身——伦敦大学学院（University College London）校务委员会24名成员之一。② 应该说，詹·穆勒的教育思想贯穿其一生的活动之中，而这些活动也成为其教育思想形成的重要基础。

詹·穆勒生当近代英国社会改革和转折的历史时期，其功利主义教育思想的产生有着深刻的社会背景。18世纪后期英国率先爆发了工业革命，它实现了生产力的飞跃，进而促使社会财富极大地增长。正如有的法国史学家所指出的：“它的发展，自始就是那么迅速并且造成那么些后果，以致人们能够比之为革命，的确，许多政治革命还不如它这么彻底。”③ 据统计，英国工业革命时期工人日平均劳动生产率提高了20倍，国民总收入同期也增长了257.5%。④ 然而，财富增长和经济繁荣的背后却隐藏着无法掩饰的矛盾和危机。从整个社会来看，工业革命加速了工业化和城市化的进程，“许多地方，公地的瓜分已把小土地同小工业的传统结合永远破坏了，这就足以使乡村工人的地位难以保持，足以把他们成群驱赶到城市中去”⑤。成年工人和童工接受一定的教育，已成为英国资本主义发展的必要条件；加之大量农村人口涌入城市，在为大工业生产提供廉价劳动力的同时也导致社会秩序混乱等一系列社会问题，凡此种种引起了社会和政府的关注，许多有识之士清醒地认识到普及教育的重要性和必要性。经济学家亚当·斯密明确指出：“在文明的商业社会，普通人民的教育，恐怕比有身份有财产者的教育，更需要国家的注意。”⑥ 马尔萨斯在谈到救贫与教育的

---

① W. H. G. Armytage, *Four Hundred Years of English Education*. Cambridge: Cambridge University Press, 1970, p. 94.

② 詹·穆勒生平不详，其主要传记为：A. Bain, *James Mill*, *A Biography*. London, 1882.

③⑤［法］保尔·芒图著，杨人楩等译：《十八世纪产业革命——英国近代大工业初期的概况》，商务印书馆1983年版，第9、51页。

④ 中国科学院经济研究所编：《主要资本主义国家经济统计》，人民出版社1962年版，第182页。

⑥［英］亚当·斯密著，郭大力、王亚南译：《国民财富的性质和原因的研究》下卷，商务印书馆1974年版，第340页。

关系时也认为："我们已经在穷人身上挥霍了大量金钱……但在对他们的教育上，在传播与他们关系最为密切的政治事实方面，我们却做得可悲地不足。而做这些工作也许是我们力所能及的范围内唯一能够改善他们的状况，使他们成为比较幸福、比较安定的臣民的途径。"① 总的来说，穆勒教育思想就是应英国工业化、城市化这一大背景的需要而提出的。从政治方面来看，英国革命后其政权一直为少数贵族阶级所把持，而工业革命造就了包括工厂主、企业家、中小地主和商人、医生、律师、牧师等在内的中产阶级，其经济实力已超过贵族阶级，但在政治上却仍遭受贵族阶级的压迫；工人阶级虽与中产阶级有阶级矛盾，但在与贵族阶级展开斗争以争取政治权利方面也存在着共同的利益和一致的要求，如为了争取普选权和改革议会制度，中产阶级和工人阶级曾共同掀起了19世纪二三十年代的激进主义运动，功利主义及其教育思想就是在这一过程中发展起来的。作为中产阶级的代言人，詹·穆勒抨击已腐败、堕落的贵族阶级，认为不能靠他们来治理国家，而中产阶级凭借自身的勤奋和才干积累财富并在社会上崭露头角，他们才应成为整个国家和民族的领导者，于是他阐述了教育改革与政治、社会改革的关系并在此基础上提出了符合中产阶级理想的功利主义教育思想。从教育本身来看，由于英国历史上存在着私人或教会办学的悠久传统，政府始终未介入教育领域，直到19世纪上半叶教育主要由家庭、教会及民间团体主办，因而很不普及。但19世纪上半叶由于出生率上升和死亡率下降，整个英国人口激增。据统计，1781年英国人口只有925万，1811年约为1 260万，1821年上升到约1 439万，1831年已接近1 654万。② 其中儿童和青少年占有很大的比例，致使解决他们接受初等教育的问题成为英国的当务之急。而在中、高等教育方面，课程教学以传授狭隘的古典人文知识为主，与学生的日常生活和社会实际严重脱节，说明当时的学校教育已难以培养适合近代工业社会需要的人才。面对上述教育现状，詹·穆勒结合其政治改革、司法改革及社会改革的观点倡导教育改革，并由此而提出了功利主义教育思想。

詹·穆勒教育思想产生的另一个重要背景就是功利主义思想本身，它构成了其教育思想的理论基础。功利主义在本质上是一种以实际功效或利益作为评判道德是非的核心标准的伦理学说，在欧洲和英国有其思想渊源和传统，但边沁被公认为"系统的功利主义的奠基人"③。这种伦理学说远承古希腊伊壁鸠鲁的思想，近袭英国经验主

---

① ［美］E. P. 克伯雷选编，任宝祥、任钟印主译：《外国教育史料》，华中师范大学出版社1991年版，第581页。

② W. H. Burston, *James Mill on Philosophy and Education*. London: Athlonne Press, 1973, p. 5.

③ 舒远招、朱俊林著：《系统功利主义的奠基人——杰里米·边沁》，河北大学出版社2005年版，第2页。

义哲学的传统和情感论伦理观的特质①，宣称趋乐避苦是人性的基本规律，并以此为功利主义伦理学的逻辑起点。依据这一规律，边沁解释道：功利（utility）“是指任何客体的这么一种性质：由此，它倾向于给利益有关者带来实惠、好处、快乐、利益或幸福（所有这些在此含义相同），或者倾向于防止利益有关者遭受损害、痛苦、祸患或不幸（这些也含义相同）；如果利益相关者是一般的共同体，那就是共同体的幸福，如果是一个具体的个人，那就是个人的幸福”。因此，功利主义的原理“是指这样的原理：它按照看来势必增大或减小利益有关者之幸福的倾向，亦即促进或妨碍此种幸福的倾向，来赞成或非难任何一项行动。我说的是无论什么行动，因而不仅是私人的每项行动，而且是政府的每项措施”。② 按照功利主义的原理，凡能增进当事人幸福的行为在道德上便是“善”，在政治上即为“正义”，在法律上则可称作“权利”。日后，边沁又进一步指出“功利一词不像幸福和福乐那么清晰地表示快乐和痛苦概念，它也不引导我们考虑受影响的利益的数目”，故建议将“最大幸福或最大福乐原理”作为功利主义的基本原理或原则。③ 为了能具体贯彻上述功利主义原则，边沁将数学计算方法引入伦理学，提出“道德估算原理”，其目的在于通过对快乐和痛苦的数量进行运算和统计来判断一个行为的总的趋向究竟是快乐还是痛苦。关于个人利益与社会利益的关系，边沁认为社会利益就是组成社会所有成员的利益的总和，因而提倡以个人利益为基础的社会利益，并试图用英国心理学家哈特莱（D. Hartley）的联想主义心理学理论来处理和协调个人利益与社会利益。此外，他论述了四种道德制裁，即自然的制裁（如疾病）、政治的制裁（如法律）、道德或公众的制裁（如舆论）、宗教的制裁（如教会）。④ 边沁也十分关注当时英国的教育改革，并发表了相关见解，如他曾与亚当·斯密等人一起呼吁为所有的人提供教育机会，他还把对工人阶级的教育视为解放资本的必要手段。尤其值得一提的是，边沁曾撰写用希腊文“Chrestomathia”为题的著作⑤，设计了一所以功利主义原则为基础的新型中学的方

---

① 所谓情感论伦理观是指以感情为主要道德标准的伦理观点，在近代英国亚当·斯密可谓这种伦理观的主要代表人物。参见［英］亚当·斯密著，蒋自强等译：《道德情感论》，商务印书馆1997年版。

② ［英］边沁著，时殷弘译：《道德与立法原理导论》，商务印书馆2000年版，第58页。

③ ［英］边沁著，时殷弘译：《道德与立法原理导论》，第57页。目前学界通常将这一原理表述为“最大多数人的最大幸福原理”。参见周敏凯著：《十九世纪英国功利主义思想比较研究》，华东师范大学出版社1991年版，第17页。

④ 参见吴式颖、任钟印主编：《外国教育思想通史》第七卷，湖南教育出版社2002年版，第78—83页。

⑤ “Chrestomathia”是用罗马字母拼写的希腊文，原意为“有益的学习”，国内有些学者根据该书的内容将其书名译为《功利主义示范学校》；詹·穆勒在《教育论》中曾提及该书，并认为边沁“以其特有的深度和见识，通过论述教育的目标及其模式表达了自己的观念”。W. H. Burston, *James Mill on Education*. Cambridge: Cambridge University Press, 1969, p. 108.

案，它提供一种百科全书式的教育，教学内容包含历史、传记、文法等文史知识，更多的则涉及数学、物理学、化学、植物学、动物学、天文学、地理学等学科，从而为学生提供自然科学知识和职业技术方面的训练；该学校还实行一些新的管理和教学方法，如取消体罚、学生自治、缩短课时等，也采用导生制。① 尽管这一办学方案未能付诸实施，但毕竟为创立英国近代中学教育作了可贵的探索。边沁毕生致力于用功利主义伦理学来探讨法律和政治问题，所以未曾系统地论述教育问题，这一历史重任便落到了詹·穆勒的身上。

二、詹·穆勒教育思想的主要内容、观点及特征

总体而言，詹·穆勒的教育思想是运用功利主义原理研究教育问题的理论成果，反映并标志着功利主义思想在教育领域的延伸和发展，从而使功利主义教育思想与功利主义伦理思想、政治思想、法律思想、社会思想一样成为功利主义思想体系的重要组成部分。另一方面，詹·穆勒的教育思想又深受以霍布斯、洛克为代表的英国经验主义哲学的影响，特别是接受了18世纪法国启蒙思想家爱尔维修（C. A. Helvétius）等人所主张的“环境决定论”、“教育万能论”的观点，并在此基础上运用休谟、哈特莱等人的联想主义心理学来解释人的精神及心理现象以及教育对人的影响等问题，英国哲学家罗素曾断定“边沁及其学派的哲学的全部纲领都是从洛克、哈特里（即哈特莱——笔者注）和爱尔维修来的”②，从而使这种教育思想形成了以功利主义理论为经、以英国及欧洲其他多种学说为纬的综合杂糅的总体面貌。如前所述，詹·穆勒的教育思想集中体现在《教育论》中，它包含“导言”和其他四节的内容。“导言”部分旨在说明《教育论》探讨的范围、主题，并界定了教育的目的以及“幸福”的内涵。第一节“人类精神的理论及其在教育学说中的重要性”围绕经验、感觉等人的主观精神及心理现象，概述了以洛克等人为代表的经验论思想传统和以康德等人为代表的观念论思想传统，并重点介绍了霍布斯、洛克、休谟、孔狄亚克（E. B. de Condillac）关于人类精神及心理的观点以及哈特莱的联想主义心理学。第二节“作为教育事业的成果所应追求的精神品质”主要论述教育应赋予人类的四种精神品质，即“聪颖”（intelligence）、“节制”（temperance）、“公正”（justice）和“慷慨”（generosity），并强调所谓“节制”并非基督教宗教道德所说的“禁欲”。第三节“幸福，教育应追求的目标”进一步说明教育应追求的目标在于通过培养上述四种精神品质来实现人类的幸福。第四节“教育的手段及其实际效益”首先介绍了爱尔维修以及卢

① 参见陈茹：《近代英国功利主义教育思想研究》，浙江大学硕士学位论文，2014年。

② ［英］罗素著，马元德译：《西方哲学史》下卷，商务印书馆1976年版，第327页。

梭对教育和环境的看法，然后着重分析了通过教育方式对精神起作用的“物质环境”和“精神环境”，前者包括体质、年龄、性别和食物、劳动、空气等因素，后者主要指“家庭教育”（domestic education）、“技术教育”（technical education）、“社会教育”（social education）和“政治教育”（political education）这四个方面的教育。由此可见，《教育论》篇幅虽小，但它阐发的教育思想涉及面很广，内容也很丰富，既有教育理论的阐述，又有教育现状的分析；既包含历史上的教育思想和学说，又重点考察了当时英国教育实践层面上的问题；既以教育的理论和实践为研究的主题及中心，又广泛借鉴了哲学、政治学、社会学，特别是心理学的研究成果。而且由于《教育论》原本是为《不列颠百科全书》撰写的文稿，所以具有言简意赅、深入浅出的特点，较成功地做到了内容和形式的统一与结合，从而成为英国及西方教育名著之一，受到学界的关注和重视。英国教育学者、詹·穆勒教育思想研究专家伯斯顿（W. H. Burston）曾将《教育论》誉为“用英文写的有关教育的最佳论文之一”①。

（一）詹·穆勒的教育目的观和广义教育观

1. 教育旨在实现个人和他人的幸福

根据功利主义理论，《教育论》开宗明义地指出：“教育的目的是尽可能使个人成为幸福的手段，首先成为自身幸福的手段，然后成为他人幸福的手段。”②换言之，教育是手段，幸福是目的，教育既要帮助个人实现幸福，也要帮助他人实现幸福，但首先是要实现个人自身的幸福，至于他人的幸福已涉及“人类共同体”——社会的利益或幸福，而功利主义理论宣称社会是由个人组成的，社会利益或幸福不过是个人利益或幸福的总和，所以实现个人幸福是实现他人幸福的前提和基础。可见詹·穆勒在这里坚持了功利主义的基本观点，同时他认为只有当一个人真正体验过幸福，他才会懂得应当给予他人的幸福是什么，这正如常言所说的“推己及人”。继而，《教育论》写道：“个人与实现这个目的的手段相适应的性质，一部分在于其身体的性质，另一部分在于其精神的性质。”③以詹·穆勒之见，作为手段的教育及其目的幸福均与个人身体和精神两方面有密切的关系，因为“所谓幸福，正如凭借体力而获得益处那样，直接有赖于身体的状态；同时，就像精神的性质将受到身体状况的影响那样，又通过精神而间接地有赖于身体的状态”④。也就是说，幸福取决于人的身心两方面，直接地取决于人的身体状态，间接地取决于人的精神状态，但他认为，“一般来说，如何促使身体成为有助于实现幸福的最适当的手段则属于别种领域的研究，如医师或其他人便从事于研究如何完善人的体力”⑤。经过以上一番阐述和梳理后，詹·穆勒从教育目的、作用和功能的角度对教育下了定义：“为了使人类精神有助于实现最大

①②③④⑤ W. H. Burston, *James Mill on Education*. Cambridge: Cambridge University Press, 1969, pp. 40-41.

幸福而使人最完善地利用所有可利用的手段。”并断言：“这个研究领域的范围是极其宽广的。”① 上述定义表明詹·穆勒的教育目的观建立在功利主义原理的基础上，也反映出这种目的观把教育的重点放在人的内在精神层面，同时它又为詹·穆勒教育思想的另一个重要观点——广义教育观作了铺垫。

詹·穆勒认为，“公共利益的意识——形成这种意识并赋予它以形式，这是良好教育的最终目的”②。但由于他将个人的利益和幸福作为研究教育的出发点及主要考察对象，所以《教育论》中关于教育旨在实现他人的幸福这一问题并未作专门的论述，而是渗透在其各个部分中。

2. 教育应重点关注和培养人的精神品质

既然人的外在身体状态主要是医师等人所应研究的课题，那么教育主要研究的课题则在于人的内在精神状态，而詹·穆勒把人的内在精神状态主要归结为“聪颖”、“节制”、“公正”、“慷慨”等精神品质，并强调关注和培养这些精神品质应成为教育的中心任务和主要工作。众所周知，古希腊苏格拉底率先提出了“智慧即美德”的观点，柏拉图根据自己的哲学体系指出人的理想的道德境界应包含“聪颖”、“勇敢”、“克己”、“正直”这四种品德，欧洲中世纪基督教伦理道德思想在一定程度上吸取了上述观点，提倡“四达德”，即“智慧”、“正义”、“勇敢”、“节制”。詹·穆勒在新的历史条件下，为了适应时代和社会对人及其教育的要求，依据功利主义的原理对人的精神品质作了新的诠释。

关于“聪颖”，詹·穆勒认为这是最重要的精神品质，它反映了人所具有的智慧，主要包含知识和洞察力（sagacity）两个要素。他说：“为了获得最大程度的幸福，必须在自然所允许的范围内尽可能充分地使用所有手段。但自然所允许的手段即意味着我们被置身于其中的那个系统所允许的手段，只有掌握了有关该系统的最完备的知识，才能掌握那些手段。为此，要求人们掌握最高程度的知识。然而，单纯的知识是不够的，一大堆被记忆的事实只是无用的财富。在多种多样已知的事情中，哪些对我们所追求的目的是有用的，哪些是无用的，对此必须有加以区分和选择的力量。……知识提供素材，而洞察力则处理它们；知识显示存在的东西，而洞察力使它们发挥最大的用处；知识使我们知道什么可用作手段、什么不可用作手段，而洞察力使我们能在适当的时刻抓住任何适合某一特定目的的手段，并把这些手段结合起来使用。”③上述观点既反映出培根、洛克等近代英国思想家强调“知识就是力量”的传统，又体现了作者对当时英国学校盛行死记硬背的教学方法的批判态度。

---

①③ W. H. Burston, *James Mill on Education*. Cambridge: Cambridge University Press, 1969, pp. 41, 62-63.

② W. H. Burston, *James Mill on Philosophy and Education*. London: Athlonne Press, 1973, p. 122.

詹·穆勒虽赞成每一个人都应追求自身的幸福，但并不主张去追求每一种快乐或满足每一个欲望，相反他认为应克制某些欲望并抵制某些快乐，以便去追求和实现那些能带来更大满足和最大幸福的目标，为此必须培养古希腊、古罗马哲学家所倡导的“节制”和“坚韧”（fortitude）的品质。“古代哲学家心目中的节制仅仅以实现现世生活的幸福为目的，它构成了抵制人性中当前倾向的力量，而屈服于这种倾向将导致祸害大量产生，或妨碍人们享受更大的福分，不论现世生活的祸福乃为何物，这种抵制的力量分为两部分：其一是抵制快乐的力量（即节制——笔者注），其二是抵制痛苦的力量；而后者有一个恰当的名称，叫作坚韧。”① 当然，詹·穆勒也明确指出所谓“节制”“与基督教宗教道德所谓克制的美德或风度并非一回事”，因为后者意味着禁欲，“甚至不仅是禁欲或无端拒绝快乐，而且包含着有义务承受痛苦的意思”。②总之，詹·穆勒旨在说明要教育人们学会放弃眼前的快乐而去追求长远的幸福，这种主张符合功利主义思想的本质。

詹·穆勒认为，如果一个人有了上述两种精神品质，那么从主观上讲就足以使他自己获得幸福了，但“所谓教育不仅要成为造就个人幸福的最佳手段，而且应该成为造就所有其他人的幸福的最佳手段。从这个意义上来说，能使一个人为他人尽可能创造最大幸福所应具备的精神品质究竟是什么呢？”③他回答道：“一个人对他人的幸福产生影响，这既可通过有意避免做危害他人的事，也可通过积极地做有益于他人的事。有意避免做危害他人的事，可称作公正；积极地做有益于他人的事，可称作慷慨。公正和慷慨成为适宜于增进同胞幸福的两种精神品质。”④可见，“聪颖”和“节制”是有助于个人幸福的精神品质，而“公正”和“慷慨”是有助于他人幸福的精神品质，它们结合起来则较全面地体现了詹·穆勒功利主义教育目的观。

必须强调的是，关于上述四种精神品质的观点虽在一定程度上承袭了西方伦理道德思想的传统，但詹·穆勒赋予了它们新的内涵，这正如有的学者所指出的，四种精神品质的观点集中体现和贯彻了“个人主义原理”和“平等主义原则”。⑤ 詹·穆勒认为每个人不仅享有追求幸福的权利，而且何谓幸福应由他们自己来判定。他说：“每个人应自己来判断个人的幸福何在。”⑥ 根据“个人主义原理”，他进一步认为国家对个人应“少一点干涉，让个人有更多的自由去寻觅自己的幸福”⑦。提出这一主

---

①②③④ W. H. Burston, *James Mill on Education*. Cambridge: Cambridge University Press, 1969, pp. 63-64.

⑤ 朱镜人、汤燕：《詹姆斯·穆勒功利主义教育思想研究》，载《河北大学学报（哲学社会科学版）》2007 年第 5 期。

⑥⑦ W. H. Burston, *James Mill on Philosophy and Education*. London: Athlonne Press, 1973, pp. 113, 127.

张固然是因为英国有着个人主义的思想传统，它也成为英国自由主义思想的基础之一①，但更主要的原因则在于当时英国的政治状况令詹·穆勒失望和不满，他谴责被贵族和教会掌控的国家已成为满足统治阶级及上流社会私欲的工具，广大民众的利益受到漠视。与“个人主义原理”相辅相成的是“平等主义原则”，因为詹·穆勒也是“平等主义原则”的倡导者。功利主义理论强调人人都享有追求幸福的权利，都应把自己的快乐让他人分享，快乐和幸福应当平均分配。据此，詹·穆勒指出：“幸福不仅有一个最大化的问题，而且有一个人人享有的问题。”② 并主张把这种分享快乐和幸福的“平等主义原则”推广和运用到教育领域，首先使人人都有机会接受教育。他看到在当时英国的底层社会里，“穷人的孩子一般都未接受教育，他们在街头或田野闲荡，染上了社会不良分子所有的懒散无序的习惯”③，于是大声疾呼学校应面向所有儿童敞开大门。

3. 教育作为影响人类精神品质的环境因素

通读《教育论》就不难发现詹·穆勒所说的“教育”并非狭义的学校教育，而是指广义的教育，其中虽也包含形式化（formal）的学校教育，但更多地含有家庭教育、社会教育以及教会教育等非形式化（informal）的教育；不仅如此，它甚至包括了所有对人的成长起作用的环境和条件，其中又主要分为物质环境（physical circumstance）和精神环境（moral circumstance，也称道德环境）。这样就形成了一种广义教育观。这种教育观的基本特征是把教育归结为环境，甚至等同于环境，于是教育被看作影响人的成长，特别是人的精神品质的环境因素，反过来环境所具有的教育作用和意义也就十分突出了。究其形成的原因，主要在于下述两点：其一，如前所述，直到19世纪上半叶英国的教育很不普及，尤其是形式化的学校教育十分落后，所以对大多数英国人的成长来说反倒是各种非形式化的教育以及环境的因素发挥了较大的作用，事实上洛克在其名著《教育漫话》中所说的“教育”即意味着广义的教育，这种状况即便在斯宾塞1861年出版的名著《教育论：智育、德育和体育》中也未完全改变，因而可以说这种广义教育观是近代英国教育和社会现状的产物。其二，18世纪法国“百科全书派”的思想家大多是“环境决定论”者，而爱尔维修又在此基础上提出了“教育万能论”，因为在他看来，人是物质的实体，受自然规律的支配，人的一切认识均来源于客观世界，其成败得失也都取决于他生活的环境，其中关键的因素是教育。英国功利主义思想家大多受到“百科全书派”的影响，詹·穆勒便赞同和

① 参见［英］艾伦·麦克法兰著，管可秾译：《英国个人主义的起源》，商务印书馆2008年版。

② W. H. Burston, *James Mill on Philosophy and Education*. London: Athlonne Press, 1973, p. 105.

③ W. H. Burston, *James Mill on Education*. Cambridge: Cambridge University Press, 1969, pp. 126-127.

接受了爱尔维修的思想，主张教育不可局限于学校教育，而应包括影响人的精神品质的各种环境和条件。

詹·穆勒所说的“物质环境”包括两个方面，即一方面指人身的内部环境，如体质、年龄、性别、相貌等；另一方面指人身的外部环境，如食物、劳动、空气、休息等。他通过引用哈特莱、达尔文（E. Darwin）、卡巴尼斯（P. Cabanis）、克莱顿（Sir A. Crichton）等人的研究成果①，试图说明人的身体状态与人的精神状态有着密切的联系，人类应该充分利用和改善有利于人身心发展的“物质环境”。詹·穆勒又认为“家庭教育”、“技术教育”、“社会教育”、“政治教育”作为人类的“精神环境”是作用于个体精神的四大影响源，他围绕如何改善“精神环境”这个主题展开论述并发表了自己的看法。

首先，在现实生活中詹·穆勒发现许多家庭的父母总是竭力呵护孩子，使其免受痛苦，结果便会使儿童长大后无法适应真实的环境，或产生错误的观念。所以，他告诫父母在开展家庭教育的过程中应为儿童提供一个自然而真实的环境，使之既能感受快乐又能体验痛苦，用《教育论》中的话来表述就是：“儿童获得的最深刻的印象是痛苦和快乐，必须在儿童开始有感觉的时候便尽可能使上述两种印象与自然真实的秩序相吻合。”② 无疑，这种家庭教育观点与卢梭在《爱弥儿》中所提倡的“自然主义”教育的精神是一致的。

其次，詹·穆勒非常重视学校所提供的“技术教育”的重要性③，认为学校教育应充分发挥其实现社会成员幸福的作用。为此，他主张立足于社会实际来改革当时英国的学校教育。除了要求普及初等教育外，詹·穆勒着重批评当时英国的中、高等教育机构无视社会的变革和发展，其教学内容抱残守缺，其价值观念矫揉造作，并认为：“在欧洲的大学中，几乎没有一所大学其教育的编年史上未曾记载它对一切改革持反对立场。”④他进一步谴责教会和大学相互勾结，“从而使人类精神的智性方面、道德方面或上述两方面均遭受到愈来愈大的创伤，最终使大学成为恶弊的盟友”⑤。他还表示不赞成弥尔顿（J. Milton）和洛克所主张的“绅士教育观”，指出“他们两人对人类这个大家庭都怀有仁慈之心，而且都具有民主的意识”，但“教育是让穷人们可以分享到的祝福这样的想法，甚至在他们的心中也丝毫不存在”。⑥

---

① 达尔文，英国医生，进化论主要代表人物达尔文的祖父；卡巴尼斯，法国生理学者，孔狄亚克的弟子；克莱顿，英国医生，曾做俄国皇帝亚历山大一世的御医。

②④⑤⑥ W. H. Burston, *James Mill on Education*. Cambridge：Cambridge University Press，1969，pp. 95、112、113、106.

③ 詹·穆勒所说的“技术教育”不同于现在的技术教育，它主要指的是学校教育，所以他有时把“技术教育”称为“学术教育”（scholastic education）或“博雅教育”。

再次，关于“社会教育”①，詹·穆勒强调社会环境对人的思维和行为方式会产生潜移默化的巨大影响，尤其是为了满足物质利益以及提升社会地位等需要，人们不可避免地会屈从有权有势的统治阶级及上流社会，从倾羡到模仿他们，久而久之，自私、虚伪、贪婪等人性中的不良成分就会主宰人的精神世界并形成不良的社会风气，这种风气又通过影响父母和教师，进而影响他们所教育的子女和学生，乃至代代相传，其结论是“社会如何占有支配我们精神的力量的源泉，就是社会对影响我们的教育具有多大程度的力量的源泉”②。因此，詹·穆勒认为，良好教育是良好社会的产物，改革教育必须与改革社会同步进行。他由此推论道：一个良好的社会应由中产阶级来领导和治理，这不仅因为中产阶级具有勤劳、勇敢、诚实的品质和治理国家的能力，而且因为一旦中产阶级成为统治者，人们为了博得统治者的好感，势必效仿他们并形成良好的社会风气。在这样的社会环境中实施的教育势必注重美德的培养，从而使教育成为有助于个人和他人幸福的手段。

最后，在詹·穆勒看来，“政治教育犹如拱门的基石（key-stone），其整体构造的强度有赖于它”③。他说明四种教育的关系是“家庭教育和技术教育的强度几乎全部有赖于社会教育……社会教育的本质几乎全部有赖于政治教育”④。而政治教育取决于政治制度。《教育论》用下面这段警句般的话结束了全文：“当政治机构处于这样一种状态，即人的重要欲望的目标不是朝向美德、才能这类回报，而是朝向服从统治者，朝向接受其眷顾的报酬，朝向把对地位高的人的关注作为获取财富、权力、眷顾等等的唯一有效手段，这时讨得地位高的人的欢喜的手段便成为人们追求的最重要的目标；而且来自地位高的人的眷顾必然是有限的，于是在争取这种眷顾的人们中间每一个人必须使别人失望自己才能有望获得眷顾，从而使得排挤他人成为重要的技术。这样一来，‘阴谋’、‘奉承’、‘诽谤’、‘背叛’等词汇所表达的各种能力便成为一切，政府只把国民的许多利益看作第二层次的目标，在此状况下政治教育也必然不可能结出丰硕的果实。”⑤

罗素曾明确指出：“詹姆斯·穆勒非常钦佩孔多塞和爱尔维修。他和那个时代的所有激进主义者一样，信服教育万能。”⑥ 这里的“教育”即意味着广义的教育，因为詹·穆勒心目中的教育是一个极其宽泛的概念，它包括家庭和学校，也包括社会环境和政治制度等，所以这种广义教育观揭示了教育与政治、经济、道德、社会、家

---

① 詹·穆勒所说的“社会教育”和“政治教育”不同于现在的社会教育和政治教育，它们主要意味着社会环境、政治制度等对人的成长所产生的教育影响和作用。

②③④⑤ W. H. Burston, *James Mill on Education*. Cambridge: Cambridge University Press, 1969, pp. 115, 117, 117-118, 118-119.

⑥［英］罗素著，马元德译：《西方哲学史》下卷，商务印书馆1976年版，第330页。

庭、学校之间存在着的广泛而深刻的内在联系，从一个特定的角度出发阐明了教育的基础和背景，不仅对当时英国的教育改革有着突出的指导意义，而且即使在今天也不乏重要的借鉴价值。

（二）詹·穆勒教育思想的心理学依据及特征

爱尔维修说过："哲学家研究人，对象是人的幸福。这种幸福既取决于支配人们生活的法律，也取决于人们所接受的教育。要使这些法律和教育完善，必须首先认识人心，认识人们的精神及其各种活动，以及妨害科学、道德、政治、教育进步的种种障碍。"① 应该说，这段话准确扼要地反映了詹·穆勒功利主义教育思想的宗旨和意图，也在一定程度上揭示了其教育思想的心理学取向和特征的认识根源。詹·穆勒认为在考察教育之前首先要关注教育的对象——人，特别是要研究人的内在精神层面。他说："教育这个大主题所涉及的众多研究领域首先当推关于人类精神性质的研究。"② 这主要是因为"作为教育目的的幸福有赖于个人的行为，而个人的所有行为均来自他的感觉或思想，所以教育事业旨在促使一些感觉或思想的产生，同时抑制另一些感觉或思想的产生"③。为此，他运用并发展了休谟、哈特莱的联想主义心理学理论，试图用"观念联想"的原理来为其功利主义教育思想提供心理学的依据。当然，詹·穆勒并非第一个运用联想主义心理学来论证功利主义思想的人，事实上正如罗素所言，边沁的"全部哲学以两个原理为基础，即'联想原理'和'最大幸福原理'。……边沁追随哈特里，把联想原理当作心理学的基本原理"④。在此基础上，边沁认为由于"观念联想"的作用，人们在追求个人幸福时也会关心他人的幸福，于是由个人推至社会，由个人幸福推至"最大多数人的最大幸福"。因此，有的专家客观地评价道："边沁是联想主义功利观的倡导者，詹·密尔则充实、发展了这种功利观。"⑤

根据前人的学说及他本人的研究，詹·穆勒认为，一切心理现象都起源于感觉，观念则是感觉的影像、摹本，简单观念通过联想结合在一起就产生了复杂观念，而频度（frequency）和生动度（vividness）是影响联结强度的两个主要因素。就生动度而言，他又认为："（1）感觉比观念更生动，因此感觉之间的联结比观念之间的联结更强；（2）与快乐或痛苦相联系的感觉和观念比不与之联系的感觉或观念更生动；

① 北京大学哲学系外国哲学史教研室编译：《十八世纪法国哲学》，商务印书馆 1963 年版，第 478 页。

②③ W. H. Burston, *James Mill on Education*. Cambridge: Cambridge University Press, 1969, pp. 45, 52.

④［英］罗素著，马元德译：《西方哲学史》下卷，商务印书馆 1976 年版，第 327 页。

⑤ 周敏凯著：《十九世纪英国功利主义思想比较研究》，华东师范大学出版社 1991 年版，第 25 页。

(3) 最近产生的观念比以前产生的观念更生动，因而产生的联结更强烈。"①据此，詹·穆勒认为："教育研究的重点之一在于通过最完善的形式来发现那些手段，它们可导致有益的相关联结反复产生。"② 他举例道，重复是一种很好的教学手段，因为它是建立和巩固有效联结的重要方式，可用于语言、算术等知识的教学，以便加强学生的记忆。詹·穆勒进一步指出："我们发现对于相关联结产生决定性影响的有两个因素，即习惯与苦乐。它们是强有力的手段或力量，教育的意图可以通过它们得以实现。"③特别是与快乐和痛苦相联系的感觉和观念会对人的精神及其教育产生深刻的影响。例如，一般来说充足的食物给人所带来的快乐将有益于人的精神状态，相反，"食物量的不足以各种各样的方式对精神起着坏作用。……这种状态与快乐完全无缘，是一种每时每刻都饱受痛苦的状态。……那些始终生活在痛苦之中、差不多没有一件快乐的事、几乎失去所有希望的人，将会逐渐丧失对同胞的同情心，并对其快乐心怀嫉妒；最终他将怀恨在心，希望看到其他人像自己一样不幸"④。至于身体的健康或疾病则会对人的精神状态产生更为直接的影响，所以"如何保健也应成为有关人的知性的、道德的教育的主要部分之一"⑤。詹·穆勒特别强调"观念联想"会对儿童产生深远的甚至终身难以消除的影响，教育者务必加以关注。例如，当儿童要走进黑暗的空间时，家长习惯于用语言或手势加以阻止，致使许多儿童对黑暗产生了莫名的恐惧，詹·穆勒解释其根源多半在于"把黑暗与鬼魅弄成了联想"⑥。"但这将成为恶劣的教育的一大源头，因为人的许多邪恶的偏见即可追溯于此。"⑦因此，他认为教育应发掘和利用一切因素，使它们有助于在人们心中形成有益的"观念联想"，如通过回忆故乡的一山一水、一草一木来引起和激发人们对父母之爱及兄弟姐妹手足之情的"观念联想"，进而引起和激发人们热爱家乡和祖国的"观念联想"。总之，詹·穆勒运用联想主义心理学理论来分析教育对象——人的某些心理现象及其特征，主张教育应该利用和创造有益于人身心健康成长的"观念联想"，同时阻止并克服那些不利于人身心健康成长的"观念联想"，用他本人的话来说，即"精神的性质在于观念的相关联结，所以教育的目标与其说在于其他方面，不如说在于不断创造出固定的相关联结"⑧。

（三）詹·穆勒的家庭教育思想及其实践

詹·穆勒的教育思想著称于19世纪的英国，这一方面是因为他通过《教育论》

---

① ［美］B. R. 赫根汉著，郭本禹等译：《心理学史导论》上册，华东师范大学出版社2004年版，第225页。

②③④⑤⑦⑧ W. H. Burston, *James Mill on Education*. Cambridge: Cambridge University Press, 1969, pp. 58, 58, 87, 79, 96, 58.

⑥ ［美］B. 蓝德编，唐钺译：《西方心理学家文选》，科学出版社1959年版，第5页。

等论著阐明的功利主义教育思想，另一方面则是由于他用这种教育思想在某种程度上成功地培养了约·穆勒，对此美国教育学家古特克（G. L. Gutek）简约地概括道：詹·穆勒不仅在功利主义哲学和自由主义思想上，还在约·穆勒的“教育上有着重要的结果”①。因此，可以说詹·穆勒的家庭教育实践从一个重要的侧面生动地反映出其教育思想，特别是家庭教育思想的基本特征。詹·穆勒认为人们在童年时代最早获得的感觉和观念会对人产生最持久、最大的影响，因为“稚嫩的心灵极为敏感”②，容易接受外部环境的影响，所以他主张家庭教育应为儿童提供一个自然而真实的环境，如可能的话应尽力为儿童创造一个有益于其身心健康成长的环境，使之养成良好的习惯和精神品质。这种观点成为詹·穆勒教育约·穆勒的指导思想，贯穿在他的家庭教育实践之中。同时，他在教育约·穆勒的过程中，也运用了联想主义心理学理论。

据约·穆勒回忆，父亲竭力为他提供所谓良好的教育环境，1813 年冬当约·穆勒 7 岁时举家迁入威斯敏斯特王后广场向边沁租赁的一处房子③，从此边沁也开始关心约·穆勒的教育。在开展家庭教育的整个过程中，詹·穆勒几乎控制了所有的环境因素，如为了防止不良影响的侵扰，他很少让儿子与其他同龄孩子在一起；他认为妻子缺乏智慧，所以也不允许她参与对孩子们的教育，以至于整个家庭被詹·穆勒“冰冷的理性主义和冷漠的逻辑学所控制”④。

在教育内容方面，约·穆勒从其父那里可谓接受了“百科全书”式的知识。他从 3 岁起学习希腊文和算术，并在父亲的指导下阅读古希腊文名著，如《伊索寓言》、色诺芬的《苏格拉底言行回忆录》、希罗多德的《历史》等，还阅读了大量英文书籍；8 岁开始学习拉丁文、几何、代数，并在父亲指导下阅读了恺撒的《高卢战记》、维吉尔的《牧歌》、奥维德的《变形记》、李维的《罗马史》以及西塞罗的作品等拉丁文名著，并进一步阅读了希腊文和英文著作；12 岁开始学习逻辑学、政治经济学、法学、哲学、心理学等，学逻辑学的教材是亚里士多德的《工具论》、霍布斯的《计算法或逻辑学》，政治经济学主要通过把李嘉图和亚当·斯密的著作进行对比阅读来学习，法学则主要学习罗马法和阅读边沁的《立法论》，哲学和心理学则主要阅读洛克的《人类理解论》、爱尔维修的《精神论》、哈特莱的《对人的观察》、休谟的《论著集》，以及詹·穆勒的《人类精神现象的分析》。⑤上述内容广泛，涉及人文社会科学和自然科学的多个领域，不仅使约·穆勒从小形成了比较全面的知识结构，而且影响了日后他对教育，特别是高等教育的看法。

---

①④ [美] 吉拉尔德·古特克著，缪莹译：《教育学的历史与哲学基础——传记式介绍》，湖南教育出版社 2008 年版，第 377、379 页。

② W. H. Burston, *James Mill on Education*. Cambridge: Cambridge University Press, 1969, p. 92.

③⑤ F. W. Garforth, *John Stuart Mill on Education*. New York: Teachers College Press, Columbia University, 1971, pp. 85-86, pp. 44-47, 49-57, 62-64, 92-99.

在指导约·穆勒学习上述知识的过程中，詹·穆勒有意识地采用了灵活多样的教学方法。从总体上看，教学过程和方式包括正式授课、和父亲散步时的口头教导、自由阅读、作业等不同环节，此外在父亲的安排下他还得到了外出旅游、与前辈大师交流、为父亲和边沁整理书稿、参加学会等多种多样的学习机会。从正式授课看，詹·穆勒也运用了自己独特的方法来进行教学，如讲授希腊文时教了单词后便让约·穆勒直接做翻译练习，讲授拉丁文则以名著为教材辅之以文法。另外，散步时的口头教导体现了詹·穆勒教学方法的独到之处，约·穆勒通过每天散步时向父亲复述所读的书的内容梗概，既可整理思绪、加强记忆，又可经父亲的点拨而深化对作品内涵的理解，而且这也反映出詹·穆勒运用了联想主义心理学关于重复可强化记忆的观点。特别需要说明的是，詹·穆勒运用上述教学方法有一个明显的意图，即培养儿子的独立思考和判断能力，这也符合他在《教育论》中所提出的“洞察力”比“知识”更重要的观点。约·穆勒回忆道：“我接受的不是填鸭式的教育，父亲决不允许我学任何东西仅仅是记忆的练习。他尽力要我透彻理解每一阶段的教学内容，而且尽可能在他讲授前要我先去领悟那些内容；凡是能运用自己思考来掌握的内容父亲从不教我，只有尽我努力仍不能理解的问题才给予指点。”① 可以想象，如果詹·穆勒未曾注重培养儿子的独立思考和判断能力，那么约·穆勒长大后决不可能成为一个在若干领域均卓有建树的大思想家。

与此同时，詹·穆勒也十分注重儿子的道德教育，尤其注重培养其良好的生活习惯，把约·穆勒塑造成品格高尚、富于理想的优秀人才。从一定意义上讲，约·穆勒不愧为詹·穆勒的“教育作品”，因为前者是后者用自己的教育思想和方法创造出来的杰作，遂在英国及欧洲教育史上留下了一段脍炙人口的教育佳话。

三、詹·穆勒教育思想的历史地位及影响

评价任何一个历史人物的思想都必须把这种思想放在特定的历史背景中，着重分析它与前后及同时代其他思想的相互联系；评价詹·穆勒教育思想的历史地位及影响也必须把它放在19世纪英国及欧洲的历史背景中，分析它与前后及周边教育思想的内在联系。

首先，从詹·穆勒与边沁及其功利主义理论的思想联系来看，边沁是近代英国功利主义的奠基人，根据功利主义的原理他把教育视为实现“最大多数人的最大幸福”的手段，提出了普及教育的主张，但他主要研究的是法理学和政治学，对教育思想未

① F. W. Garforth, *John Stuart Mill on Education*. New York: Teachers College Press, Columbia University, 1971, p. 66.

作系统的阐述。詹·穆勒信奉边沁的功利主义理论，一方面继承边沁的主张，要求和呼吁学校应为所有人敞开大门；另一方面运用这种理论比较系统地阐述了功利主义教育思想，使这种教育思想成为功利主义思想体系中的有机组成部分，从而使功利主义思想的内容更为丰富，体系更为完整。同时，正如英国哲学家索利（W. R. Sorley）所言，詹·穆勒“能够弥补边沁作为一个心理学家的缺陷。……为功利主义的上层建筑打下了心理学基础”①。特别是他运用联想主义心理学为功利主义教育思想提供理论依据，遂使这种教育思想更能令人信服。此外，边沁在创立功利主义思想体系时提出了“道德估算原理”而忽视了“快乐”和“幸福”的质量问题，这一点常为后人所诟病；而詹·穆勒在阐述功利主义理论及其教育思想时，克服并开始纠正边沁的缺点，这从他指出教育应重点关注和培养人的精神品质即可得到佐证，约·穆勒则进一步发扬光大了这一观点。至于詹·穆勒批评当时英国的教育现状、主张改革学校教学内容和方法等思想，日后均为约·穆勒所继承和发展，从而推动了19世纪英国的教育改革运动。边沁是功利主义思想体系的奠基人，约·穆勒则成为其集大成者，詹·穆勒的形象或许不如他们那样耀眼亮丽，但他的确发挥了承前启后、继往开来的重要作用，尤其是他的教育思想具有不可抹杀的历史地位及影响。

其次，结合同时代英国的其他教育思想来看，应该说功利主义教育思想不是孤立的，而是与其他教育思想相互联系着的，它们相辅相成，共同促进了当时英国教育的改革和发展。例如，尽管欧文的空想社会主义教育思想与功利主义教育思想在许多方面有区别，但边沁对欧文在新拉纳克进行的教育实验表示赞赏。詹·穆勒也曾模仿这一实验创办了伦敦第一所幼儿园。再如，由于英国有着私人或教会办学的传统，教育历来被认为是“私事”，所以19世纪上半叶英国朝野上下普遍反对国家干预教育，詹·穆勒、约·穆勒等功利主义思想家虽要求政府出资普及初等教育，但不赞成政府直接办学，因为他们担心政府在教育上的过多干涉会妨碍儿童个性的自由发展。这种观点为斯宾塞所接受。他认为：“我们关于国家职责的定义禁止国家管理宗教或慈善事业，因此它也同样禁止国家管理教育。”② 并解释道：“归根结底，消费者的兴趣不仅是消费品优质的有效保障，而且也是最好的保障。……无论在表面上如何不同，教育这个商品的选择，和所有其他商品的选择一样，可以放心地让买主自己去判断。”③另外，功利主义的教育目的观及其主张教育应适应社会发展的需要、应与学生的生活环境相结合的观点也对斯宾塞的科学教育思想产生了明显的影响，促使他提出了“生活预备说”的教育目的观及其课程论思想。

最后，从功利主义教育思想的心理学取向和特征来看，早在17世纪的英国洛克

① ［英］索利著，段德智译：《英国哲学史》，山东教育出版社1992年版，第241—242页。

②③ ［英］赫伯特·斯宾塞著，张雄武译：《社会静力学》，商务印书馆1996年版，第149、155页。

就曾表达了联想主义心理学的某些观点并用它们来解释教育现象，18世纪时休谟、哈特莱发展了联想主义心理学；就整个欧洲而言，18—19世纪随着心理学和教育学的发展，用心理学来构筑教育学的理论基础已成为普遍的诉求，裴斯泰洛齐便提出了“教育心理学化”的口号并为此作了尝试①，赫尔巴特则把“实践哲学”（即伦理学）和“心理学”作为其教育学理论体系的两大基础并对教育的心理学问题进行了更深入的探讨②。詹·穆勒的心理学研究成果被誉为“联想主义心理学最完全最严密的表述”③，它努力用“观念联想”的原理来揭示教育和教学的规律。虽然这种心理学理论存在着机械论的思想倾向和特征，以致“有时被称作‘心理物理学’或‘心理机械学’”④，但毕竟为功利主义教育思想提供了心理学的依据，并对从心理学的角度来构建教育学理论作出了独特的贡献。

正如任何历史人物的思想都有其局限性一样，詹·穆勒的功利主义教育思想也存在着历史局限性。这种局限性主要可归纳为以下三点。其一，旨在追求和实现“幸福”的功利主义教育目的论具有不确定性，如法国社会学家、教育学家涂尔干批评道：詹·穆勒的教育目的乃是“使个人成为一种为自己和同伴谋求幸福的工具”，而这种说法不能令人满意，因为“就其本质而言，幸福是一种主观的东西，每个人都是用自己的方式去评价幸福的。既然幸福留给了个人幻想的余地，那么这样一种表述就会使教育的目的甚至教育本身变得无法确定”。⑤ 这不仅是对詹·穆勒教育思想的批评，也是对功利主义原理和理论的批评。其二，功利主义教育思想夸大了教育的功能和作用，它认为“个人出生时完全是被动的”，“教育的责任就是正确地塑造个人的心灵”，⑥ 进而宣称人与人之间“存在着的或可能存在的差别全都是由教育造成的”⑦。这主要缘于詹·穆勒的广义教育观将众多环境因素与教育混为一谈，从而对教育作了泛化的解释，这不仅与事实相违，而且会模糊并妨碍人们对教育本质及特性的认识和把握。其三，功利主义教育思想片面重视知识教育和道德教育而相对忽视了体育和情感教育，这一缺点突出地反映在詹·穆勒对儿子所开展的家庭教育中。詹·穆勒在《教育论》中表露出一种错误的观点，即身体过分强壮会阻碍智力和道德的发

---

① 夏之莲等译：《裴斯泰洛齐教育论著选》，人民教育出版社1992年版，第189页。

② ［德］赫尔巴特著，李其龙、郭官义等译：《赫尔巴特文集·教育学卷一》，浙江教育出版社2002年版，第187页。

③ ［美］G. 墨菲、J. 柯瓦奇著，林方、王景和译：《近代心理学历史导引》上册，商务印书馆2010年版，第138页。

④ ［美］B. R. 赫根汉著，郭本禹等译：《心理学史导论》上册，华东师范大学出版社2004年版，第225页。

⑤ ［法］爱弥尔·涂尔干著，陈光金等译：《道德教育》，上海人民出版社2001年版，第302页。

⑥ ［美］托马斯·H. 黎黑著，李维译：《心理学史》上册，浙江教育出版社1998年版，第290页。

⑦ W. H. Burston, *James Mill on Education*. Cambridge: Cambridge University Press, 1969, p. 71.

展，用他的话来说，“肌肉的强壮会使人放弃精神的追求，像动物的所作所为那样，渴求和炫耀体力”①。他怀有这种偏见，自然不可能重视对儿子开展体育训练，无论日常散步，还是外出旅游，这些活动在客观上虽有利于约·穆勒锻炼身体，但詹·穆勒主观上主要是为了以此来增进儿子的知识。另一方面，据约·穆勒回忆，“对于各式各样热烈的情绪和人们用高度热情说出的话或写出的文章”，父亲“均表示出极度的鄙视”。②“父亲就像大多数英国人那样，羞于表露感情。”所以，约·穆勒不无遗憾地认为，“在父亲与他的孩子们的道德关系中主要缺少的成分就是温情”。③结果，这种以“理智有余，情感不足”为主要特征的家庭教育使约·穆勒的身心发展严重失衡，导致他20岁时患上了抑郁症，在治疗的过程中他主要借助诗歌、音乐得以康复，从而使他“意识到人类幸福不是由保持账户一样的快乐和幸福的借款和存款来决定的。相反，人类兴趣是一个整体——是生活的智力、情绪、认知和感情层面的结合体”④。这一教训值得后人牢牢记取，引以为鉴。

（责任编辑：冯卫斌）

---

① W. H. Burston, *James Mill on Education*. Cambridge: Cambridge University Press, 1969, p. 80.

②③ F. W. Garforth, *John Stuart Mill on Education*. New York: Teachers College Press, Columbia University, 1971, pp. 81, 83.

④［美］吉拉尔德·古特克著，缪莹译：《教育学的历史与哲学基础——传记式介绍》，湖南教育出版社2008年版，第383页。

周洪宇　1958年生，湖北武汉人。历史学博士。华中师范大学教育学院二级教授、教育史专业博士生导师组组长，长江教育研究院院长。湖北省人大常委会副主任，全国人大代表。兼任国家基础教育课程教材专家咨询委员会、教育部教师教育专家咨询委员会委员，中国教育学会教育史分会副理事长，中国地方教育史志研究会副会长，中国陶行知研究会副会长等。著有《学术新域与范式转换——教育活动史研究引论》《周洪宇文化教育史论》《陶行知与中国现代文化》《陶行知生活教育学说》《教育公平论》《教师教育论》《中部教育论》《教育的信念与追求》等。在《教育研究》《历史研究》和 *Chinese Education and Society*（美）等中外学术刊物上发表论文百余篇。

蔡幸福　1966年生，湖北通山人。教育学博士。主要从事中国近现代教育和中外教育史交流研究。著有《融通与创新——陶行知与牧口常三郎教育思想比较研究》《船工之子与教育大师——牧口常三郎的教育活动》《牧口常三郎画传》等，参与编写《教师的教育科研与专业发展》《WTO与武汉》等。在《比较教育研究》《教育科学》《教育导刊》《河北师范大学学报》《华中师范大学研究生学报》《高教与人才》等刊物上发表论文数十篇。

《牧口常三郎创价教育思想之研究》导读

牧口常三郎创价教育思想之研究

周洪宇　蔡幸福

【摘要】牧口常三郎是日本近现代知名教育家，他毕生从事教育事业，提出了较为系统的创价教育思想，对改革近现代日本教育产生了积极影响，具有现实和历史意义，值得深入研究。

【关键词】牧口常三郎；创价教育思想；作用

牧口常三郎（1871—1944）是日本近现代具有相当原创力、真正形成了自己的教育思想体系（创价教育思想）、富有世界影响的教育思想家，也是创价教育学会的创立者。2007年，美国知名学者、哥伦比亚大学教育学院哲学和教育学教授戴维·汉森（David T. Hansen）在他主编的《教育的伦理视野——实践中的教育哲学》一书中，介绍了世界最具影响力的十大教育思想家。其中，唯一的一位日本教育思想家就是牧口常三郎，与美国教育家杜威（J. Dewey）、巴西教育家保罗·弗雷勒（Paulo Freire）、美国黑人教育家杜包斯（W. E. B. Du Bois）、中国教育家陶行知、意大利教育家玛丽亚·蒙台梭利（Maria Montessori）等十位教育家并列，①足见牧口常三郎教育思想在国际学术界的巨大影响以及被国际人士的高度认可。牧口常三郎的创价教育思想博大精深，内涵丰富，值得我们深入研究。

一、牧口常三郎的生平经历

1871年7月23日（农历六月初六），居住在柏崎县刈羽郡荒浜村（现在的新潟县柏崎市荒浜村）的船员渡边长松和他的妻子伊莱，生下了一个男孩，并给这个男孩起名叫渡边长七。

---

① David T. Hansen (Ed.). *Ethical Visions of Education: Philosophies in Practice*. New York and London: Teachers College Press, Columbia University, 2007, pp. 1-2.

渡边长七 3 岁时，他的父亲渡边长松前往北海道打工之后竟然音信全无，其母无奈改嫁给本村的柴野右卫门。1877 年 5 月 9 日，6 岁的渡边长七被牧口善太夫收养，成为牧口家的养子，改姓牧口。

长七上学后因为成绩优秀，在学校里小有名气，养父牧口善太夫经常引以自豪。可是，虽说从事漕运，也只是小买卖，为补贴家计，养父不得不让长七辅助家里的工作。碰到家务繁忙时，长七只好一连几天都不上课，在家里当帮手。但是，在长七不去学校的日子里，他绝对不会忘记向同学询问上课的内容，将所缺的课及时补上。所以尽管长七要帮助家里做大量的家务，但功课仍名列前茅。遗憾的是，因为家庭实在困难，长七不得不在读完寻常小学四年级后辍学。

家计的艰难并没有阻碍长七的向学之志。他一有空闲就刻苦学习，期待着“英雄有用武之地”那一天的到来。1885 年，这一想法最终得以实现，长七启程去了北海道。结束了长时间的海上航行到达小樽港后，长七拜访了叔父渡边四郎治。在叔父的帮助下，长七来到当地警察署做勤杂工。长七老实本分的性格和热心的工作态度很快得到了从署长到警员的好感。没有事情可做时，他肯定会捧着书读，因此警员们都不约而同地称呼他为“勤奋杂役”。

机灵而勤劳的长七很快得到了署员们的认可和呵护。更幸运的是，他的勤奋和向学之志深受署长森长保的赏识。

1887 年 3 月，森长保署长由小樽调至札幌工作。署长看重长七的才能，在其由小樽调往札幌的时候，也让长七作为署长家的寄食生（边帮着干家务边学习的学生）一同前往。做工读学生的生活持续了大约两年后，长七向署长展示了超乎期待的成果。他克服自己只有小学毕业的不利条件，幸运地考取了北海道寻常师范学校（现在北海道教育大学的前身），而且一进校就被编入三年级。

如果说，4 年初小为长七打开了儒学与大和文化之门，那么 4 年的师范教育使长七的文化底蕴更为厚实。

当时，教育被看成明治政府实现富国强兵的基础，而作为教育“母机”的师范教育自然被视为富国强兵的先行部队。长七就学的北海道寻常师范学校，与日本其他师范学校一样，受着严格的管制。尽管在这种军队式的生活和国家主义的气氛中接受的师范学校教育无视人的个性，违反教育规律，但长七不仅没有成为法西斯军国主义教育的牺牲品，反而注意吸取儒学与大和文化中的有益成分，从正面发扬光大了早年所学的《幼学纲要》中提倡的孝行、友爱、信义、诚实、仁慈、礼让、俭朴、廉洁等做人处世的优良品格，走出了狭隘的岛国主义的阴霾，注意到家乡、国家和世界共存共荣的关系，孵化了崇高的国际主义情感。他发愤学习，顺利地修完了所有课程。

1892 年 6 月，长七在本校附属小学实习（4 个月），并担任该校高等科一年级女生班班主任。1893 年 1 月，长七改名为“常三郎”。同年 3 月，成绩优异的牧口常三郎从师范毕业，被分配到附小当训导。

师范毕业后，牧口常三郎一边兢兢业业地教书，一边对教育理论和现实问题进行深刻的思考。

初上讲台的牧口常三郎希望自己未来成为一个优秀的教育家，因此，就算有一点点不明白的地方，也会虚心请教指导老师。教学中最难的科目是作文。其他的科目都有教科书，好歹都可以教，而只有作文，连敷衍的办法都没有。牧口常三郎被逼得没办法，只能挖空心思地设计，而且正得益于此，他自创了文型应用主义作文指导法。这种新颖的作文教学法，有效地增强了学生写作的自信心，自然得到了附小师生的高度评价。

在北海道寻常师范学校就读时，牧口常三郎就对地理课情有独钟。师范毕业后，他兢兢业业地教书，且在教学的同时，从自然科学、社会科学的角度扎扎实实对地理进行深入的研究。面对当时盛行的死记硬背式教学，年轻的牧口常三郎开始推出自己的教学观点。他数次向地方报纸投稿，就如何让孩子对学习产生兴趣等主题发表看法。所有这些，不仅让他脱颖而出，很快成为北海道教育界的新秀，而且也为他的处女作《人生地理学》的问世铺了路。

明治政府十分重视基础教育，然而苦于当时经济不发达、教育条件比较差的现实，许多地方不得不实行将一年级到四年级（现在一年级到六年级）的学龄儿童编成一个年级的传统单级教学（复式教学）。据《北海道教育史》的有关记载，牧口常三郎于1893年就职北海道寻常师范学校附属小学，开始担任单级教学的老师，成为北海道教育的先行者之一。①

在教学的同时，牧口常三郎非常重视科研，而且经常结合自己的教学实践撰写体会文章，也正因此，引起了北海道教育界的关注。1893年，他被吸纳为北海道教育会会员。

1895年，文部省聚集全国府道县的代表，召开了单级教学法研讨会。由于牧口常三郎出色的教学和研究工作得到学校的认可，他被北海道文部厅派到东京参加这次由文部省举办的单级教学法研讨会。牧口常三郎详细地记录了研讨会的内容，回来后，将笔记整理成文章在《北海道教育杂志》的《每日新闻》栏目上以《单级教授讲习笔记大要》为题分9次进行了连载。这不仅显示了他的学习能力和科研才华，也有效地提高了他的知名度。加入北海道教育会的牧口常三郎，这时在教育理论和实践两方面都展开了积极的探索。1898年3月，他被委任为机关杂志的编委。5月，他被选为北海道教育会的评议员。12月，在北海道教育会举办的“北海道地理”有奖征文活动中，他担任评委。1899年5月，他接受了做小学校教员乙种检定委员的任命。他的实力被充分认可，在1900年4月北海道教育会评议员总选举中，他以最高票（105票）当选。

① 聖教新聞社編：『牧口常三郎』，聖教新聞社1972年版，第36頁。

1901年，牧口常三郎担任北海道教育会的干事和理事，同时兼机关杂志的编辑主任。这个时期，他以《北海道教育杂志》为阵地不断发表学术论文。从现存的资料可以看出，1895—1901年，他在《北海道教育杂志》上发表了《观念类化作用》《开发教授的一弊》《儿童观念界的一端》《北海道读本应用作文教材一例》《地理科教材本邦贸易港》《关于作文教授法》《读书科教案一例》《使兴趣持久的游戏一种》《从训练上看多级和单级》《社会教育学的实际方面》等25篇论文。①

1895年，牧口常三郎与故乡荒浜村中素有名望的牧口熊太郎的女儿胡马结为秦晋之好。婚后第二年，牧口常三郎顺利通过了由文部省统一举行的中学教师资格地理专业考试。1900年，他又通过了教育学专业的资格考试，深受同事们敬佩。

1894—1901年，牧口常三郎边教学边积累，同时酝酿着撰写地理学书稿。为便于地理研究和写作，牧口常三郎一直希望长期住在东京。因为东京毕竟是国家的文化中心，便于和一些学者以及图书馆、出版社联系，而且他还希望找一位出版商来帮助自己出版著作。

1901年夏天，牧口常三郎辞职，带着妻子和两个孩子来到了东京。② 一到东京，他连介绍信也没有就突然拜访了文学博士坪井九马三。作为师范学校教谕和北海道教育会干事而活跃于北海道的牧口常三郎，在东京说是默默无闻也不为过。出乎意料的是，当时历史学界的泰斗人物坪井教授热情接待了素昧平生的青年牧口常三郎。两人的学术讨论持续了很长时间。之后，牧口常三郎也多次受教于坪井。

1902年春，牧口常三郎也是没有介绍信就突然敲响了当时地理学界的权威——志贺重昂的家门。幸运的是，他受到心胸豁达的志贺重昂的热情相待。得知这个无名学者耐住衣食贫乏勤勉研究的经历后，志贺重昂心中暗暗称赞他的远大志向，并决定尽可能地帮助他。

1903年春，牧口常三郎又一次拜访了因选举运动去了三河的志贺重昂，请他帮助校对即将送去印刷的书稿。志贺重昂不顾自己工作的繁忙，很爽快地答应了，而且花了半年多时间对此书稿进行了认真校对。同年10月15日，文会堂的老板与志贺重昂一样，有感于牧口常三郎的好学之志，帮助出版了牧口常三郎的处女作《人生地理学》。

1903年11月，牧口常三郎在东京高等师范学校同学会——茗溪会当书记员工作之余，还帮助编辑同学会出版的《教育》杂志，有时还被邀请做地理方面的演讲。为便于教学，他还亲自编辑了小册子《教材集录》。这本册子除体现了每天不断变化的生活现象外，还收录了每天报纸杂志中可能成为有用教材的内容。这不只是得到了由于繁忙

① 聖教新聞社編：『牧口常三郎』，聖教新聞社1972年版，第40頁。

② Dayle M. Bethel. *Makiguchi*：*The Value Creator*. New York and Tokyo：Weatherhill，1973，pp. 34-35.

而无时间学习的教师的好评，在学生中间也有不少人由于接触了这份生动教材而产生了学习兴趣。

1904 年 8 月，日俄军队鏖战正酣，牧口常三郎来到东亚女子学校担任讲师。为了尽到自己的一点微薄之力，他参与创建了一个专为小学毕业女童提供函授教育的组织——大日本高等女学会。为了专心于此，他辞去了茗溪会那份稳定的工作。同时，他还精心编纂了女子学校讲义录。

1907 年 2 月，牧口常三郎主编《日本少女》——一份主要面向少女的杂志。为了使和歌、俳句、插图及读者来信等专栏质量得到提高，牧口常三郎每周都要出席在各地举行的读者见面会。同年 12 月，为了使因贫困而辍学的女童能掌握一两门实用技能，在经济上能自立，牧口常三郎创办了大日本高等女学会的附属学校——女艺教习所。为了使她们能学到一技之长，牧口常三郎让这些女童免费寄宿或走读，同时开设了家政、缝纫、记账、接生等容易就业谋生的课程。日俄战争后经济萧条，大日本高等女学会的资金严重匮乏，女艺教习所遇到了前所未有的挫折，不久就难以为继了。

1904 年 2 月至 1907 年 4 月，牧口常三郎来到专门对中国留学生进行教育的私立补习学校——宏文学院任讲师，讲授人生地理学。遗憾的是，宏文学院的历史并不长。1909 年 7 月 28 日，宏文学院正式停办。

1910 年 8 月，牧口常三郎受文部省之托，来到教材课负责编辑地理教科书。牧口常三郎与新渡户稻造的相遇得益于《人生地理学》的出版。当时，身为日驻台湾总督府的工程师、法学博士、农学博士新渡户稻造阅读《人生地理书》后深受感动，专门从台湾寄来书信给予鼓励。牧口常三郎与新渡户稻造很快结为知己。1910 年 12 月，新渡户稻造创办了乡土会。牧口常三郎被吸纳为会员，并和民俗学家柳田国男私交甚笃。后来，牧口常三郎虽然为专门从事小学教育工作离开了乡土会，但仍经常向柳田国男就自己工作中的小学教育法进行请教。

1912 年 11 月，牧口常三郎推出了他的第二本教育著作——《作为教学统合中心的乡土科研究》。

1913 年 4 月，牧口常三郎就任东京下谷区（现台东区）的东盛寻常小学校长，重新登上了初等教育的讲台。当时，住在东盛寻常小学附近的居民多从事临时工、短工这样的职业，每天早上都聚集在杂工市场寻找一天的活计。遇到阴雨连天的时候，马上就有可能窘迫得连饭都吃不饱。在贫寒的生活中，孩子首先被期待的是充当劳力。这里的居民大都衣衫褴褛，勉强度日。没有几个孩子能买得起笔记本和铅笔。这样家庭里的孩子没有书桌，也基本没有文具，自然也没有多少学习的欲望。遇上雨天，很多孩子因为没有伞，就不来上课。牧口常三郎一门心思想着如何能为这些贫困的孩子做点什么。为了让他们也能平等地接受教育，他屡屡自己掏钱改善教学环境，千方百计地把文具发放到所有学生手中。为了给学生买到廉价的文具，他同许多文具店商量，以打折后的价格一次性大量购入，再分发给孩子们。正是他的慈爱和责任心使他赢得了家长和学生的信任和赞誉。

在东盛寻常小学当了 3 年校长之后，由于素闻牧口常三郎大名的学生家长强烈要求，1916 年 5 月，牧口常三郎被调到下谷区入谷町新建的一所大正寻常小学担任校长。学校的校舍用地原是屠宰场，周围多为贫民窟。这所学校的很多家长连自己的名字也不会写。牧口常三郎亲自一家一家地对学生进行访问，在了解学生家庭状况之后再进行指导。本着提高教学质量、不辜负家长们期望的宗旨，新任不久的牧口常三郎动用了所有的关系，依照认真负责、胸怀大志、有一技之长三条录取标准，面向全国很快招聘了一批德才兼备的优秀教师。①

为推行自己的教育理念，牧口常三郎决定以教学带动科研，以科研促进教学。牧口常三郎希望通过将自己在北海道任教时就已实践过的文型应用主义作为提高学生写作能力的捷径。在习字上，牧口常三郎引入“骨书应用主义”。“骨书应用主义”就是把字帖放在纸下面，用铅笔只描文字的中心部分以构建骨架，再在纸上用毛笔写字。这个方法对于书法差的教师很有帮助，他们因此能迅速地提高书法水平。对牧口常三郎教学中的创新之举，教师们经常带着各自的研究成果在职员会议上发表议论。有的认为文型应用主义抹去了文章所带的气氛和独特味道，有的认为骨书应用主义不能包含写字人的精神，等等。有时争论也常常陷入意见分歧不可收拾的地步，其热烈程度，让人觉得像是要吵起来似的。牧口常三郎总是凝神静听，让大家畅所欲言，将想法全部亮出来后再做总结，而且他总能以自己富有说服力的智慧和诚意打动每一位教师。

牧口常三郎还经常利用上公开课的机会提高教师的教学水平，而且做到率先垂范。牧口常三郎也因为自己的优质教学深得教师们的信服。只要是他的公开课，教室里常常人满为患，不少周边学校校长、教师前来观摩。

牧口常三郎一直认为，学校教育与社会现实生活基本上没什么联系，加上各科教学的知识零散不统合，对儿童的教育效果自然很差。牧口常三郎对此很担心，也正是基于此，他立志改良地理教学，并于 1916 年 9 月在目黑书店出版了《地理教学方法及内容的研究》一书。

随着时间的推移，牧口常三郎的教育理念逐步得到实现。然而在大正寻常小学任职 3 年后，突然出现了排斥他的异动，原因是当地实力人物请他对自己的孩子给予特别关照的要求遭拒。

1919 年，牧口常三郎被调到西町寻常小学当校长。需要特别提到的是，在那里牧口常三郎录用了日后成就自己的得力助手户田城圣。西町寻常小学的历任校长在就任时都要第一时间拜访当地很有势力的高桥义信。厌恶迎合权力的牧口常三郎，像在大正寻

① 聖教新聞社編：『牧口常三郎』，聖教新聞社 1972 年版，第 66 頁。

常小学时那样没有理会他。高桥义信怒火中烧，决定通过策划调动将牧口常三郎逼到无法发挥他作为校长能力的地方。牧口常三郎到任仅仅三个月后就出现了要转任三笠寻常小学的传言。尽管敬仰他的家长和教职员为他发起留任运动，甚至最后发生了联合罢课，但这些还是没有改变牧口常三郎被调任的结果。牧口常三郎在到任半年后就被调到一所特殊小学——三笠寻常小学。①

三笠寻常小学是1901年出于教育机会均等的考虑而为东京市贫困家庭很多的下谷、浅草、四谷、芝、本所、深川等地区的贫困孩子设立的。对于像这样特殊小学的孩子，政府只好给予先免除学费，再供给一切学习用品等种种优惠。在这些学校里，教师兼职为学生理发，下雨时备有雨伞借给学生，草鞋不足时也由学校预备。

牧口常三郎一家随着他的上任从目白搬到三笠寻常小学内的宿舍。不久，户田城圣也调到牧口常三郎所在的三笠寻常小学。为了让白天不能上学的孩子们学到一点知识，政府设立了三笠寻常夜校，牧口常三郎兼任夜校校长。走到哪里，牧口常三郎就将关爱带到哪里。他不分校内校外，对讨厌上学的孩子用“免费（不要钱）”之类的话和诚恳的态度来吸引他们。正因为这样，孩子们对他充满了信赖和尊敬。

在三笠寻常小学，牧口常三郎潜心地实施着慧泽寒门的教育。为了让孩子们能坚持来上学，他经常挨家挨户去家访，详细了解家庭状况，不厌其烦地讲述教育的重要性，以争取家长的理解和支持。学校的上课时间分为上午和下午两个时间段，许多学生来校时忘记带便当，他就自己掏钱为他们购买豆饼和饭团。为了支助那些特别贫困的学生，他节衣缩食，为他们供应三餐并准备午后零食。这比日本学校开始实施供应饮食制度的1932年还要早13年。可以说，牧口常三郎是日本学校供应饮食制度的先驱。牧口常三郎还经常备一些学习用品，甚至亲自为学生理发，有时还让孩子们在学校的宿舍内洗澡。当然，理发或他们洗澡时，他绝不会错过给学生谆谆教诲的机会。不久，牧口常三郎和教师们的努力逐渐有了成效，患沙眼和皮肤病等疾病的学生减少了许多，学生的不当行为也减少了。

随着时间的推移，牧口常三郎的威望越来越高，名气也越来越大，他不仅在教育界和地理学界，在政界也有许多朋友。不过，在大正、西町两所小学发生过的同样的排斥事件又在三笠发生了。就在要对牧口常三郎发出免职令时，担任后藤新平东京市长第三助理的前田多门知道了这件事后，马上向市教育课长打了招呼。教育课长被告知“牧口君是个很有前途的校长，请多关照他。同我是20多年的朋友，我很了解他，我可以用人格担保”后，非常吃惊，于是慌忙改了主意，并想出了个升迁的办法。在前田多门的帮助下，1922年4月，牧口常三郎被调到白金寻常小学担任校长。

---

① 冉毅、曾建平主编：《关爱人性　善待生命——池田大作思想研究》，湖南师范大学出版社2003年版，第113页。

白金寻常小学是1876年1月15日创立的，最初叫作白金村寻常小学。1903年2月改名为白金寻常小学。随着学生增加，1927年5月1日得以扩建。就当时的小学而言，白金寻常小学的设备是一流的。

牧口常三郎到白金寻常小学上任时已51岁，从那以后到61岁，他在那里度过了他十年的黄金教育生涯。他曾任职于东盛、西町、三笠等寻常小学，时间长的也只有两三年，相比之下，这十年对牧口常三郎来说是比以前更便于实践自己的教育信仰。

办学的水平关键在教师，这也是牧口常三郎一直以来的看法。牧口常三郎在白金寻常小学也像在大正寻常小学那样广求教育热情高涨、有能力的人才，所录用的教师来自全国各地。

牧口常三郎处处严于律己，为人师表。他提倡“教师必须先学一步”，而且通过自己的实践予以带动。例如，开设一门新课时，牧口常三郎一定会购买、阅读与这门课有关的最新读物。书读完以后一定会放在任课教师们的书桌上，以期待他们读完后与自己共同探讨感想和意见。剪下报纸杂志中的好文章，记下别人说的有益的话，其他领域的新看法、新想法不管多细小，都不错过并使之成为自己的东西，这些都是牧口常三郎读书学习的好习惯。

牧口常三郎不仅喜欢学习，而且善于学习，乐于思考。教师们发现，牧口常三郎手里经常握着德国哲学家李凯尔特（H. Rickert）的历史哲学书以及其他方面的哲学书或新刊读物。

坐在桌前沉思也是牧口常三郎的习惯，有时他会像突然想起了什么似的在用旧了的纸张背面飞快地将所思所想写下来。这些积累的素材，自然也成了他的教育专著《创价教育学体系》的重要来源。

在白金寻常小学，牧口常三郎充分实践着他的办学理念，与青年教师交流心得体会，一点一滴积累教育经验，不断深化自己的教育思想。也正是在那里，他的创价教育思想得以成熟并形成理论体系。

在办学中，牧口常三郎将教师素质的提高作为提高教育质量的突破口。每周一放学后，他会利用一到一个半小时的时间将所有的教师集中起来，开展教学大练兵活动。主要是组织教师们系统地学习教育理论专著，并让大家就有关研究课题发表意见，有时还请一些专家学者来做报告或进行学术交流。当然，牧口常三郎自己也会发表演讲，以寻求大家的批评和意见。

来到白金寻常小学后，牧口常三郎对以往所探索的教学法进行了总结和发展，形成了一套非常实用的“骨架临摹和语法实用主义”教学法，并与教师们共同在课堂上实践。实践表明，采用“骨架临摹和语法实用主义”教学法的班级，学生的作文水平和书法水平都提高得很快，这种教学方法得到了师生们的认同和推广。

牧口常三郎不仅教书，而且注重育人。牧口常三郎要求每一个学生不要为书本而书本，为学习而学习，而是要紧密关注国家和社会。他非常注意利用生活的内容来教育学生，提高学生的思想素质。

牧口常三郎始终注意取得家长的支持。为了提高家长们的积极性，他对家长联谊协会的人员进行了改组，使原来有权有势者一手遮天的联谊会变成了大家共同参与的组织。此外，为了加强学校和家长的联系，牧口常三郎创办了学校内部刊物——《白金》。师生、家长在这里畅所欲言，广泛互动。

牧口常三郎的不懈努力、教师自身的钻研、独特教育方法的实践、教育环境的改善，这些使白金寻常小学成为东京排名前五的名校。随着学校身价日益抬高，入学就读的学生很快由最初的几十人达到了一千多人，成为区内屈指可数的大校。也得益于牧口常三郎自身的积累和不懈努力，其教育理论日渐成熟。而且，随着研究的深入，牧口常三郎对过去的教育学也越来越不满足，倾注心血完成了《创价教育学体系》的创作。

1930年，在户田城圣的支持和帮助下，牧口常三郎自北海道踏入教育界以来35年思索和实践的结晶《创价教育学体系》第一卷终于面世。

牧口常三郎曾计划以总论4卷、分论8卷，共计12卷的数量出版《创价教育学体系》，其中，第二、三、四卷分别于1931年、1932年和1934年出版，第五卷《道德教育研究》、第六卷《作文教学研究》、第七卷《读法·写法研究》、第八卷《地理科教学研究》、第九卷《乡土科理论》、第十卷《算术科教学研究》、第十一卷《理科教学研究》、第十二卷《历史科教学研究》的写作，由于后来终日忙于弘布佛法，只是拟订了标题而未能完成。

随着白金寻常小学的名声高涨，想谋取这个校长职位的人也在增加。当然，牧口常三郎当时大力倡导“小学校长录用考试”和“取消视学”也惹怒了督学等人，一场难免的危机又来临了。然而因为牧口常三郎的人格、业绩都很优秀，他们很难找到解雇他的充分理由。不过，阴谋势力最终还是通过转任令的方式把牧口常三郎撵到了已被决定一年后停办的麻布区（现在的港区）新崛寻常小学。

1931年，牧口常三郎被调到新崛寻常小学任校长。

新崛寻常小学一直到大正末期都叫作绝江寻常小学，是以贫困儿童为对象的特殊小学。昭和初期始成为寻常小学。

在新崛寻常小学的一年时光也眨眼过去了。1932年7月7日新崛寻常小学停办，从不屈服于权力、热爱孩子的牧口常三郎告别了他近20年的校长生涯。也就是从这时起，牧口常三郎永远离开了他心爱的学校教育岗位。

好在牧口常三郎在此之前就找到了人生的精神寄托。1928年，对牧口常三郎来说，是人生的一个转折点。像他所说的那样，自己真正意义上的“千锤百炼”是在邂逅日莲正宗之后。

1928年6月，已是57岁高龄、担任白金寻常小学校长的牧口常三郎，遇到了住在白金寻常小学附近的日莲正宗在家信徒、时任目白学校校长三谷素启。通过三谷素启的讲解，牧口常三郎很快同心仪已久的宗教——日莲佛法产生了共鸣，并成为日莲佛法坚定的信徒。

1930年，为便于创价教育学从教育改革的理论真正成为教育改革的实践，牧口常三郎和户田城圣两人组织成立了创价教育学会。牧口常三郎任学会会长，户田城圣任理事长。

1932年，牧口常三郎从小学校长岗位退职后，便全力投入到普及创价教育理论和推动创价教育学会发展的宗教革命实践之中。以牧口常三郎为首的所有会员都积极地与各界人士接触，和他们就思想、教育等问题展开对话，以求得他们对以教育改造为目的的创价教育学会的支持。为推动教育改革，牧口常三郎身先士卒，不辞劳苦地奔波于各地做巡回演讲。在会员们的共同努力下，创价教育学会得到了稳步发展。

1939年12月，创价教育学会第一次大会召开。会后，学会以此为契机开始了以《法华经》为中心的广宣流布运动。创价教育学会的所有活动都是在日本对外战争期间进行的。在法西斯政权的统治下，创价教育学会被政府严密地注视着。

1941年3月，日本军国主义政府为了全面备战，禁锢进步思想，颁布了新的《治安维持法》。同年12月，日本偷袭珍珠港，向美国宣战。为统一思想，政府强迫全体国民祭祀皇大神宫的大麻（即神符），信仰其神道。牧口常三郎坚持自己的宗教信仰，对此表示公开对抗，并组织大家烧掉了皇大神宫的大麻，也禁止创价教育学会会员去参拜神社。牧口常三郎将“大善”（和平）作为学会前进的目标。正由于此，牧口常三郎及创价教育学会被反动当局视为眼中钉、肉中刺。1942年，机关报《价值创造》在创办十个月后被迫停刊。

1943年，日本军国主义政府鼓吹为“玉碎”而战，为了加强思想统一，强化法西斯统治，准备合并各教团。宗教联合会召集牧口常三郎和户田城圣，向创价教育学会下达“接受神符令”，遭到牧口常三郎斩钉截铁的拒绝。从此，只要牧口常三郎参加的座谈会，就有特高警察的影子。只要讲话一涉及神符和国家体制，就会被粗暴地叫停。虽然言论被压制住了，但牧口常三郎对国家崇拜、邪教崇拜的深恶痛绝是压制不住的。为了纯粹地守护日莲教义，牧口常三郎、户田城圣在内的12名干部秘密结成了守护创价教育学会的“富士俱乐部”。由于他们的坚决斗争，日莲正宗没有被合并。但是，日本国家权力机关对创价教育学会比以前施加了更大的压力。1943年7月，政府对学会开始实行镇压。

尽管如此，牧口常三郎不顾一切地进行佛法的宣传。1943年7月2日，牧口常三郎明知一个星期前几名学会干部被淀桥警署逮捕，仍然不顾特高警察的严密监视，前往伊豆的下田折伏。6日清晨，72岁的牧口常三郎被下田署的两名特高警察逮捕，原因是违犯《治安维持法》，拟订罪名是“大不敬”。与此同时，户田城圣等21名学会主要领导也被当局以“违犯《治安维持法》”和对神社的“大不敬罪”逮捕，学会被解散。战前的创价教育学会也因此遭受了毁灭性打击。

牧口常三郎在入狱后的一个半月中，几乎每天都要接受严厉的提审，但不管怎么审问，他都是一副悠然自得的样子，始终铮铮铁骨，只是反复地阐述自己对日莲佛法的信仰，坚持“立正安国”，即永远和平的精神。

1944 年 4 月，一审在东京刑事裁判所正式开庭。在最后的审讯中，牧口常三郎仍向审讯员滔滔不绝地讲解佛法，为人类和平的美好愿景同当时的日本军国主义政府进行无畏不屈的斗争。严酷的单身牢房生活严重地损害了高龄的牧口常三郎的身体健康，1944 年 11 月 18 日零点，牧口常三郎永远离开了人世。

二、创价教育的三大基石

牧口常三郎的一生，让人心潮澎湃。尽管他的教育思想在生前没有引起当时日本政府和社会的足够重视，但这并没有影响它的价值。尤其是牧口常三郎以“利、善、美”为核心的价值观，以人的幸福为教育目的的创价教育思想和实践，值得世人推崇和借鉴。牧口常三郎的创价教育思想博大精深，而且以他的哲学思想、宗教思想和政治思想为三大支撑。三个方面杂糅交融，互相烘托，充分阐释了牧口常三郎的创价教育理念。

（一）哲学思想

牧口常三郎的哲学思想主要是围绕价值范畴来展开的，主要体现在《创价教育学体系》第二卷中。价值范畴是牧口常三郎创价哲学思想的核心所在，也是牧口常三郎教育思想的基石之一。

牧口常三郎的哲学思想主要包括以下几个方面的内容。

一是关于真理与价值。牧口常三郎认为，真理是客体以及客体之间相互关系的概念，它意味着客体性质的相同。真理不能被创造。无论人、时代和环境有什么不同，真理都是不变的。价值则是主体和客体的关系的陈述，是一个人和一个客体相互吸引或排斥的一种关系状态，是客体与人生活之间的感情关系，它意味着在客体和评价它的主体之间产生的量的合宜。价值，只意味着主客体之间的合宜或不合宜，它随着人、时代和环境的变化而变化。价值能被创造。价值的要素就是美、丑，利、害，善、恶。①

二是关于认知与评价。牧口常三郎认为，主体在一定程度上意识到客体的影响时，主体就相应而动，这个活动就叫作评价。而主体获得有关客体的印象，这个活动被称为认知。认知意味着注意客体，感知它的性质，在精神中获得对它的概念。评价则是对客

---

① ［日］牧口常三郎著，马俊峰、江畅译：《价值哲学·英文版序言》，中国人民大学出版社 1989 年版，第 11 页。

体和主体之间相关力的衡量。所以，认知是客观的，评价是主观的。理解外部世界，要依靠认知与评价的共同作用，缺一不可。

三是关于价值观体系。牧口常三郎主要从价值的本质、关系和相关力、价值的分类等三个方面对价值观体系进行构建。

牧口常三郎首先肯定价值的存在。他说，正因为它的存在，它才会影响我们的生活，我们才能评价它，也能认识它。通常，评价价值用“利”或“害”来表达，评价者是个人。但是，当社会评价作为该社会之一分子的个人行为时，则使用评价词“善”和“恶”。这种评价只是被所谓的社会认可的价值判断。价值具有相对性，价值的大小因客体与评价者关系的不同而不同。同一个客体既能表述为“利”“好”，也能表述为“害”“坏”。

牧口常三郎从关系和相关力的角度对价值进行了进一步的阐述。他认为，价值是客体与人之间的一种关系。在主体和客体发生关系时，我们可以发现存在着一种客体和主体相互吸引的相关力，我们就叫这种力为价值。也就是说，价值意味着在客体与人的相互联系中正在起作用的“力”或“功能”的状态。

牧口常三郎根据关系的强度和相关力的大小，将价值划分为“有价值”和“无价值”、“正价值”和“负价值”。“有价值”和“无价值”体现了客体与人之间一种关系或相关力的存在和不存在。它们代表了客体与人的关系的存在与否。而“正价值”和“负价值”则体现了客体与人之间一种关系或相关力对于人的存在或者说对于维持生命的有益性和有害性，意味着存在一种有益于或有害于评价主体生活的关系。与此同时，牧口常三郎根据评价主体的不同，将价值区分为主观价值和客观价值。存在于一个人在一定时刻与客体发生联系时所体验的感受中的价值都是主观的，也就是主观价值。而被社会评价为“利”或“害”的价值就叫客观价值。一个客体被评价主体即社会评判时，对个人来说是“利”和“害”的东西就变成每个人都必须客观地同意的“善”和“恶”，每个个人的主观价值则变成了客观的和公众都必须承认的交换价值。所以我们必须认识到，善恶、美丑、利害，既有客观价值，也有主观价值，在教育中，我们必须兼顾两种价值，求得二者的和谐统一。

（二）宗教思想

佛教思想是牧口常三郎创价教育思想的重要基石。

牧口常三郎充分肯定宗教的价值。他指出，宗教应该是起基本原则作用并给我们带来幸福和提供建立和平、幸福世界所必不可少的标准的那种东西。他认为宗教和科学不是绝对不相容的，并对“科学家不可能去追求获得通往上帝和佛的世界之路”“科学世界和宗教没有任何关系”等说法持否定态度。牧口常三郎认为，教育与宗教密不可分。教育是确立国策的基础，宗教是教育的核心和灵魂。教育改造如果仅仅停留在传统的“注入式”教育上，不触及教育的核心问题即宗教上的革命，那么将是徒劳无益的。当然，牧口常三郎对宗教并不是不加选择的。他认为自己应该信奉真正的宗教。在他看来，真正的宗教的研究态度是科学的，它的结果在逻辑上必须能被系统化，在科学上能被证明。① 此外，它的所谓原则和准则必须具有普遍的有效性。它不应该只是在日本发生影响，而在印度则不重要的宗教，或者是在一百年前有效而在今天无效的宗教。

（三）政治思想

牧口常三郎的政治思想充分体现了他的教育价值取向，主要包括提倡个人、国家和社会幸福一体化，倡导建设和平世界，呼吁构建人道主义竞争的社会三个方面。

一是提倡个人、国家和社会幸福一体化。牧口常三郎认为，个人、国家和社会三者是一个利益共同体，互相联系，相互依存，而且一损俱损，一荣俱荣。牧口常三郎主张，个人必须服从集体，服从社会，这是判别善与恶的标准之一。个人行为不过是社会的一个部分。一个人损害他所属的社会的行为，即使这个行为对他个人有利，也不能称为“善”。而一个社会所认可的“善”的行为，有时也会被与它相对立的社会认作是“恶”。他说：如果较小的善反对较大的善，较小的善就被评价为恶；较小的利与较大的利相比，较小的利也是害。当然，上文所说的服从并不是绝对强调问题的一个方面而忽视问题的另一方面。而且，牧口常三郎主张有国民，才有国家。在集体、国家和社会面前应该充分考虑个人利益，充分尊重和保障个人的利益，否则我们也就无法实现个人的利益。

二是倡导建设和平世界。牧口常三郎始终认为：大家的共同愿望是幸福，然而，如果没有世界的和平及稳定，也就不可能有个人的幸福。他把“善”分为“小善”“中善”“大善”。牧口常三郎所说的“大善”，是惠泽全人类的善行。他认为，战争的发动者是威胁人生命最大的“大恶”。

三是呼吁构建人道主义竞争的社会。牧口常三郎认为，要行“大善”，教育必须胸怀“人类”和“地球”。生存竞争是一切物种都共同具有的，可是，竞争的形式随着时间的推移而发生改变。这种变化首先是竞争单位的变化。回顾人类历史，可发现竞争单位随着时间的变化而变化：个人与个人的竞争和家庭与家庭的竞争；乡村与乡村的竞争（社区）；部落与部落的竞争（种族集团）；国家与国家的竞争（国家）。我们现在就处于国家之间竞争的年代。随着竞争单位的变化，竞争形式也会随着时间的流逝而变化，如军事竞争、政治竞争、经济竞争或人道主义的竞争。② 所谓人道主义竞争就是通过无形的道德影响，而不是军事实力或者赤裸裸的经济实力，去实现个人和社会目标所做的努力。他指出，要达到作为竞争发展的最后阶段——人道主义的竞争阶段，我们还有很

---

①［日］牧口常三郎著，马俊峰、江畅译：《价值哲学·英文版序言》，中国人民大学出版社 1989 年版，第 101 页。

②［日］牧口常三郎著，陈莉等译：《人生地理学》，复旦大学出版社 2004 年版，第 252—253 页。

长的路要走，而创价教育在构建这种以理性和道德品质为基础的和谐社会中将起着不可替代的作用。

三、创价教育思想的主要内容

牧口常三郎的教育思想内容丰富，主要体现在以增进人格的价值为归宿的教育目的、以培养创造力为根本的教育功能、以现实生活为核心的教育内容、以授之以渔为关键的教育方法、以“校社合一”为取向的教育组织形式和以追求卓越为使命的教师观等六个方面。

（一）教育目的——以增进人格的价值为归宿①

牧口常三郎对教育目的极为重视，而且将教育目的摆在自己教育思想的首位。他认为，幸福既是人类学习的要素，也是教育的目的。

牧口常三郎的教育目的观主要集中在“创价”二字上，培养创造“利、善、美”价值的人是牧口常三郎创价教育思想的核心所在。

在牧口常三郎看来，幸福的基础就是价值。人能否过得幸福就在于他能否创造价值，人生的价值也就在于能创造价值。创价的目标就是要实现每一个人的幸福和社会的繁荣。创价教育就是培养创造人生目的与价值的人才的教育。教育的目的就是要增进人格的价值。说到底，创价教育的落脚点在于培养创造“利、善、美”价值的人。牧口常三郎强调，幸福不是索取，真正的幸福在于本着对社会的责任感创造并奉献“利、善、美”价值，而且，一个人的幸福与他创造价值的能力成正比。

（二）教育功能——以培养创造力为根本

牧口常三郎认为，教育功能在于让学生学会创造。主要体现在以下三点：

一是传递生存知识与技能。牧口常三郎认为，动物主要是凭借其与生俱有的各种本能机制而生存。至于人类，社会生活所需的各种技能非常复杂，而这些复杂的技能是一个人创造的基础，不可能从这一代遗传到下一代，要完成传递这些技能的任务只有靠教育。二是帮助个人社会化。②牧口常三郎认为，个人社会化是其创造的重要条件，教育的作用就在于帮助个体社会化。教育必须让人们认识到自己应该对自己生活的社会和国家所履行的责任。三是成就价值人生。牧口常三郎认为，人类要生存，就要去创造。而创造这种能力能否得到培养和发展，关键只能通过教育。他指出，幸福的程度取决于创造价值的大小。教育的作用就是要让人懂得幸福的含义以及幸福同每个人为社会所创造价值的大小成正比这一道理。

---

①② ［日］牧口常三郎著，刘焜辉译：《创价教育学体系》第1卷，正因文化事业有限公司2004年版，第33、172页。

（三）教育内容——以现实生活为核心

牧口常三郎主张教育内容应该紧贴生活，从观察日常教育生活着手，加以组织。

他认为，自然从来都不是与人相隔离的，人的生存从来就没有离开过自然。二者你中有我，我中有你。人必须了解自然，明白自然与自身之间的共生共存的关系。这就是教育必须从生活开始的理由。

牧口常三郎始终认为，人虽然依赖自然而生存，但是人又生活在社会中。社会是一个活着的有机体，社会的发展变化从来都不是抽象的，它与人和人共同生活的质量密切相关。因此，认识社会，了解社会，进而形成良好的社会关系理应成为每一个人的重要任务。他指出，教育肩负着使单个人向社会人转变的重任。而且，在学习者生活的社会的自然系统中进行直接学习非常重要，因为道德品质的发展、感激的态度、支撑人生命的对自然和社会系统的好奇心，以及对这些系统的责任感，除了身临其境走进自然、走入社会外，是不可能通过其他途径来培养的。牧口常三郎还从天才的培养视角对教育内容生活化的必要性进行了论证。在他看来，历史上的天才与一般人的差异不是遗传的问题，那些天才并不是生来就是天才，而是那些天才所拥有的巨大潜能得到了充分开发。他坚持认为，孩子们只有直接、主动与自然界进行接触，才能发掘出全部潜能。

（四）教育方法——以授之以渔为关键

牧口常三郎认为，教育不是灌输知识，而是要将开发文化宝库的钥匙交给学生，①就是要授之以渔，把“点金术”传给学生。他强调，学习不能强迫，必须讲求“方便”，顺其自然，因材施教。教育要重视每个孩子的情感和差异。他非常赞赏赫尔巴特（J. F. Herbart）的趣味性教学方法，认为教育的目的在于激发学生的兴趣，教师的作用主要是在学习过程中引导学生，而且，教师必须面对如何激发学生的学习兴趣这样的技术问题。

牧口常三郎指出，教育不是推销信息，而是向人们提供打开知识宝库的钥匙。教师应该激发学习的自我意识，培养学生对学习的兴趣和好奇心。创价教育必须重视学生的亲身参与和体验，重视学生生活能力，尤其是创造能力的培养，要让学校成为学生创造的摇篮而不是约束他们的囚笼。为此，他提倡教育要走向自然，走入社会，甚至鼓励人们通过旅游进行学习。

（五）教育组织形式——以“校社合一”为取向

牧口常三郎针对明治、大正时代教育中偏重知识学习和不到半个世纪就培养出了很多怠惰而不能创造价值的人的状况，提出了教育要走出困境，就必须改变现行封闭的学校运行模式，实施半日学校制度的过人的远识。牧口常三郎指出，实施半日学校制度的根本要点在于弄清学习与生活的密切关系，学习不是生活的前奏，而是伴随着生活进行

① 牧口常三郎著：『创価教育学体系』Ⅳ，聖教新聞社 1980 年版，第 68 頁。

的，没有实际生活就没有学习可言。通过学习可以更好地生活，生活的实践反过来又能促成学习的进步。

在牧口常三郎看来，将小学到大学的学习生活改为半日制，首先可以把以往一天的学习内容压缩至半天学完，从而可以大大提高效率，达到“将效率提升到半日便习得一日之内容”① 的效果。其次，可以充分整合和利用现有的教育资源，盘活教育存量，减轻费用的负担。同时，还可以消除考试地狱，让多数涌至校门的学生能步入学校的殿堂。更为重要的是，可以使生活与学习一体化。此外，半日学校制度的价值还在于能克服日本实业教育中存在的急功近利现象。更有意义的是，实施半日学校制度，不仅可以使学生在校期间就开始有较好的身体准备，而且还可以很好地解决理论与实践脱节的问题，使学生更好地了解自然、社会，更好地学会处理人际关系，从而为将来步入社会后能更好地适应工作打好基础，进而发挥出更大的创造价值。

（六）教师——以追求卓越为使命

身为人师的牧口常三郎，对教育情深意切。他不仅深信“教育是决定社会命运的关键”②，而且认为教师在改造人心、改造社会和改造世界上都起着关键的作用。在他看来，教师不仅神圣，而且身负重任。也正因如此，他认为教师应该追求卓越，希望教师将价值和快乐寓于教育事业中。

牧口常三郎对教师的要求主要集中如下：

一是育人者必先爱人。牧口常三郎指出，教育是为了孩子们的幸福而存在的。③ 教师首先是学生的倚靠，只要是为了孩子，任何事都应该去做。二是教师的作用贵在指导。教育者的主要作用是鼓励和激励学习者去实现他们自己确定的目标，并帮助他们排除学习障碍。三是教师应该追求卓越，献身教育。牧口常三郎认为，教育的成效关键在于得法，而能否得法又取决于教师对待自己工作的热情。牧口常三郎依据教师对教育的态度将教师划分为四个等级：以金钱报酬为首要动机的教师；以身份为首要动机的教师；以爱孩子为首要动机的教师；以热爱教育为首要动机的教师。④ 他认为，第一类教师唯利是图，应该排在最低等级。与以金钱报酬为首要动机的教师相比，被社会地位和职位提升的前景所驱动的教师所采取的态度更“正常”一些。尽管如此，如果名声和地位变成了我们追求的主要目标，教育的真谛就会退居其次。第三类教师将孩子视为伙

---

① 牧口常三郎著：『创価教育学体系』Ⅲ，聖教新聞社 1979 年版，第 247 頁。

② Tsunesaburo Makiguchi. *A Geography of Human Life*. San Francisco: Caddo Gap Press, 2002, p. 190.

③ ［日］创价学会教育本部编：《蓬勃发展的儿童和人性教育——“为了教育而存在的社会”》，ASOKA Co., Ltd. 制作（非卖品），2006 年，第 40 页。

④ Dayle M. Bethel. *Education for Creative Living: Ideas and Proposals of Tsunesaburo Makiguchi*. Ames, Iowa: Iowa State University Press, 1989, p. 177.

伴，尽管他们以对孩子提供无私关怀为主要动机，但是这类教师由于缺乏对事业的坚定，其胸怀势必难以博大，爱心势必难以持久。这类教师距离成为精通技术的教育工作者还有很长的一段路要走。唯有为自己终生事业奉献的教师，也就是第四类教师，才会舍身忘我、不断地去追求教育的鹄的，才会处处、时时为人表率，不失大师的风范。

牧口常三郎认为，要有好的公民，就得有好的学校，就得先要有素质一流的教师。而素质一流的教师都是学成的、养成的，所以国家必须重视师范，重视师范生的培养。

四、创价教育思想的主要特点

牧口常三郎的教育思想，紧紧植根于对人的生命和人类和平的热爱，体现出强烈的革新精神和深沉的忧患意识。其教育思想特质突出表现在以下几个方面。

（一）批判性

日本明治维新以来的灌注式教育让牧口常三郎由感而愤，由愤而批。翻阅牧口常三郎于1903年出版的处女作《人生地理学》，就可以看到他当时对地理教材及教学的批评。在牧口常三郎看来，传统的地理教科书只是僵化知识的堆砌，地理学知识的传授方法也无非是“无人”的知识灌输，这种僵化的教育只能是毁灭儿童的创造力而不是释放和发展其潜能。毫无疑问，他的思想在当时的日本思想界来说是极富特色和挑战性的，而对地理学的冲击也是非常明显的。

随着教育阅历的丰富和从一名普通教员到小学校长角色的转换，牧口常三郎对教育的批评越来越深刻，涉及的面越来越广。在后来的教育教学中，牧口常三郎批判的矛头直接指向整个日本教育。他认为，日本教育是杂乱无章的、无计划的、零碎的、不系统的和无目的的，后果是灾难性的。

牧口常三郎认为日本教育中存在的最大问题是理论与实践之间的矛盾。他强烈呼吁教师们丢掉理论家强制给他们的教条，而根据自己的教育实践构建合理的教育学理论。他迫切希望以创价教育取而代之，使未来的一代能从他认为的当时那种可悲的毁灭人性的日本传统教育中解救出来。他深信，如果自己的思想能实现，整个教育面貌会发生令人满意的变化。从这个意义上可以说，牧口常三郎的教育思想完全是对明治以来日本教育现状不满而进行批判的产物。

（二）创造性

牧口常三郎教育思想的创造性主要体现在他所写的两本主要著作《人生地理学》和《创价教育学体系》之中。透过牧口常三郎的处女作《人生地理学》，我们不难看到牧口常三郎对创造美好生活和人道主义竞争社会的向往。如果说在1903年出版的《人生地理学》中牧口常三郎的“创造”思想还处于萌发状态的话，那么在饱经人生风霜27年后的1930年出版的《创价教育学体系》中，牧口常三郎的“创造”思想已经走向成熟并形成完整的体系。而1930年他和户田城圣一起创立创价教育学会，则标志他的“创造”思想得到了进一步升华。很难想象，如果抽去了“创造”二字，牧口常三郎的思想还是牧口常三郎的思想。牧口常三郎在自己一生的教育理论和实践中始终将“创造”二字贯穿其中。这也是他将自己的教育思想以“创价教育”命名的直接动机。

（三）实践性

牧口常三郎的教育生涯主要分为两大部分：退休前所从事的基础教育工作，晚年全身心所从事的社会传教运动。

从1893年担任小学教师到1934年出版《创价教育学体系》第四卷，屈指算来，牧口常三郎前后从事教育工作长达41年。无论是《人生地理学》还是《创价教育学体系》，都折射出他来源于亲身实践的智慧。牧口常三郎强调“亲知”“亲见”“亲闻”，强调理论和方法必须与教育实践相结合。他认为，只有那些被实践证明行之有效的观念才能被接受并融合到他的理论中来；反之，将被舍弃。

牧口常三郎认为，教育改革的新思想往往来自教育工作者的实际经验。可怕的是，教师在学校学到的教育理论与教学实践几乎完全脱节，随意性和主观武断的评估到处可见。然而，这种随意性和主观武断的评估是不能接受的。牧口常三郎的教育思想的集成品《创价教育学体系》完全是他41年尊重实践并在实践中体会出来的经验结晶。创价教育学的每一个观点无不与当时的各种教育论点有着直接或间接的关联，其直接目的就是为了促使本国的教育早日改革。可以看出，牧口常三郎的创价教育思想无不是他对入学困难、考试地狱、就业困难等一系列教育现实问题的思考和回应。

（四）民主性

牧口常三郎的教育思想具有强烈的民主意识。他指出，明治以来日本的整齐划一式教育的后果是灾难性的。牧口常三郎痛斥日本的教育制度忽视人的幸福，是没有任何功效的原始教育。他主张让孩子大胆地想，要给孩子发表思想的话语权。他认为，只有这样重视民主，才能激发人的创造兴趣，才会有不竭的创造动力，才体现了以人为本。而教育要讲民主，首先就得承认受教育者的主体地位，重视受教育者的主体尊严，要注重对受教育者主体意识和主体能力的培养。在教育中要把学生当人看，当能创造的人看，当能创造价值的人看。

当然，牧口常三郎不主张民主泛滥。他既强调认识和改造自然、自身以及世界的能力，又注重人的行为的正确方向。这一点正是当今那些单纯强调工具主义或智育第一的主体性的人所应该学习和借鉴的，也是我们在素质教育的理论和实践中所应该重视的。

（五）民族性

牧口常三郎是一个强烈的爱国主义者。他决定出版《人生地理学》的一个主要原因就是对日本民族所受到的破坏性教育，或者说日本国民所受到的摧残人性的教育的忧虑。牧口常三郎希望通过教育的努力，培养人们的忧患意识和科学的可持续发展的意识。牧口常三郎还试图用《人生地理学》来回应他所见到的日本的现实。在他羡慕和提倡西方工业文化的某些方面的同时，他劝告不要对西方的模式全盘吸收，并为他的国人提供了一幅独特的日本工业化社会的远景图，其中包含日本地理环境和文化传统的优势与资产。我们还可以看到，尽管牧口常三郎不可能全面了解西方社会所选择道路而产生的灾难性后果的所有方面，但他所理解的部分足以在他内心点燃一种帮助他自己的国家避免由于采用西方模式所造成危机与痛苦的欲望。

当然，他的思想没有就此停步，而是延伸到整个自然和人类。牧口常三郎在《人生地理学》中指出，地球是我们的家园。他鲜明地反对为了自己国家的利益而试图寻找机会去控制和制服其他国家的侵略行径。牧口常三郎还希望通过《人生地理学》传递的一个重要信息就是万物一体、唇齿相依。他提醒人们，战争是人类的“大恶”，不要为了本国的发展和强盛而牺牲其他国家的利益。也正是在此基础上，他提出了构建人道主义竞争社会的美好愿景。

牧口常三郎忧国忧民的思想也表现在后来的教育力作《创价教育学体系》中。正是这种忧国忧民的思想，促使他在40多年的教育生涯中，不断学习、借鉴、实践、探索和创新，用毕生心血研究教育的本土化，形成了具有自身特色的创价教育理论。

需要指出的是，牧口常三郎忧国忧民。他爱自己的民族，也爱别的民族；他深爱本国人民，也深爱其他国家的人民。在对待外来文化的态度上，一方面，他坚决反对不加思考、不切实际的照搬；另一方面，他又认同“他山之石，可以攻玉”。他是一位既善于学习借鉴外来文化，又能结合国情、敢于且善于创新的教育家。在他的教育生涯中，一直致力于教育理论的本土化既是他教育思想的特色所在，也是他对人类教育的贡献所在。

（六）宗教性

佛教思想是牧口常三郎创价教育思想的“重要底色”，是他一生尤其是晚年创价教育实践的力量源泉，也是他理解人的价值和幸福的基础。认真研究牧口常三郎的教育思想，我们会发现他的思想与《法华经》中宣扬的佛法有许多相融之处。比如：佛法主张精进，尽职尽责，要创造与昨天不同的自我，勇猛精进，生命不止，创造不息，等等。这也正是牧口常三郎一生所竭力提倡的。佛法主张从“小我”走向“大我”。同样，牧口常三郎主张个人必须服从集体，服从社会，小善服从大善。当“私人的利益”和“公共的利益”、“局部利益”和“整体利益”相冲突时，“私人的利益”和“局部利益”就应该无条件地服从“公共的利益”和“整体利益”。佛法认为，现象世界本身像网眼一样相互影响、相互关联。同样，牧口常三郎认为，人和环境相互联系，形成遍及全球的生命之网，共生、共存。佛法讲求“智慧”与“慈悲”兼备。这也是牧口常三郎在“道德”和“知识”观方面一贯所持的观念。他认为，如果拥有了知识，我们就会获得智慧；反之，如果没有智慧，我们就不能很好地把握“善”和“恶”的标准，就不能很好地行善，也就不能识别“恶”、防范“恶”，甚至有可能助“恶”、作“恶”。

五、创价教育思想的主要影响

历史证明，牧口常三郎的教育活动及创价教育思想，不仅对当时的日本教育产生了一定的影响，而且他的理论和他所创立的创价教育学会经过他的门徒的宣传和实践，得到了发展和推广，从而影响日本乃至世界的政治、宗教和教育事业。

牧口常三郎的影响首先来自他的处女作《人生地理学》。该书从人与自然、人与人、人与社会三个维度揭示了彼此之间的属性和共存共荣的关系。无论从所涉及的内容还是从呈现的形式来看，《人生地理学》作为一本地理学的教科书都给人一种全新的感受，这就是对生命的重视，归根结底是对人的重视和对人创造价值以谋求幸福人生的重视。在书中，牧口常三郎围绕“创造”，结合自身的实践，对教育内容、教育方法和教育制度等方面的改革发表了过人的远见。毫无疑问，这些思想不仅在当时的日本思想界甚至对整个世界来说都是极富特色和挑战性的，而且有着划时代的历史意义和现实意义。

《人生地理学》一出版就在日本教育界尤其是在地理学界引起了极大的轰动，当时不少报纸和杂志对它进行了报道。出版的当年就再版了三次，而且因其深受欢迎，此后又多次再版。此书在当时的日本教师、学生中间广泛流传，是中学教员接受鉴定考试的必读参考书。① 学术界的一些知名人士对该书给予了较高的评价。如当时著名的农业经济学家新渡户稻造阅读此书后专门从台湾写信给牧口常三郎以示激励。著名的社会学者田边寿利称《人生地理学》是现代前沿的人文地理学，为当时流行的人类地理学的第一块奇石，认为该书的出版使日本的地理学研究为之一变。地理学者小川琢治（原京都大学教授）对该书研究范围之广、立论之新鲜深表佩服。②《人生地理学》问世百年后的2002年，类似的肯定性评价并没有因为时间的流逝而褪色。时年，美国学者戴勒·贝瑟尔（Dayle M. Bethel）的看法就是其中的代表。她指出：牧口所表述的绝大部分教育观和建议，已为越来越多的当代教育家所表述与实践。池田大作先生对牧口常三郎的和平理念更是赞赏有加。他认为，牧口常三郎完全预见到了人类与环境的和谐相处的需要，现在，在目睹和忍受了那个被看作战争与暴力的世纪——20世纪的众多悲剧之后，我们站在人道的角度，至少能够欣赏和分享在牧口先生著作中对“人道与和平的世纪”

① ［美］D. M. ベセル著，中内敏夫、谷口雅子訳：『価値創造者：牧口常三郎の教育思想』，小学館1974年版，第40頁。

② 何劲松著：《创价教育学会的理论与实践》，中国社会科学出版社1995年版，第66页。

的热切盼望。

《人生地理学》不仅对日本，同时对当时的中国也产生了一定的影响。1903年，在日本的中国留学生有许多根据籍贯组织起来的兴趣相同的团体，成员们一边学习，一边组织旨在推翻清朝的革命小组。在这些小组中，一些浙江籍人士组成了浙江同乡会，编辑了杂志《浙江潮》。《人生地理学》在中国的最初反响是在《浙江潮》杂志上刊载的《人生地理学》的翻译论文。

1906年在日本宏文学院听过牧口常三郎讲授的人生地理学课程的中国留学生，回国后编写了中文地理教科书——《江苏师范讲义》。同年，日语版《人生地理学》也被介绍到中国。1907年，《人生地理学》的全文翻译版《最新人生地理学》（世界语言文字研究会翻译）在中国面世，而且获得了好评，当年10月就进行了再版。2000年出版的两本研究清末中国地理学的著作对此书当年在中国的影响进行了充分的肯定。“一本是中国人民大学郭双林教授的，他写了《西洋思潮激励下的清末地理学》一书。这本书所做的结论是，《最新人生地理学》在两个方面给予中国非常大的影响：其一是对中国的乡土地理教育的理论和方法产生了很大的影响，另一点是对中国普及民主思想的学说做出了贡献。另一本是复旦大学教授邹振寰先生的，他写的书名为《清末中国的西洋地理学》。”这两位教授曾在与日本创价大学高桥强的交谈中说：即使他们写书，要在当年再版也是非常困难的。① 从这里也足以看到，此书在当时的中国是深受欢迎的。另据高桥强研究发现，1909年上海新学会发行出版了由浙江同乡会的会员、1903年毕业于宏文学院的凌廷辉先生翻译的《人生地理学》中文版。1942年出版的《近代人生地理学之发达及其在我国之展望》一书的目录中记载了1925年出版的《人生地理学》、1930年出版的《人生地理概要》和《人生地理学史》，从中也可以看到牧口常三郎的《人生地理学》在中国的影响。此外，牧口常三郎在《人生地理学》中提出的许多观点都被一些中国地理学者所引用。2004年复旦大学出版社出版了由陈莉等翻译的《人生地理学》最新中文版，从国内学者李培超撰写的中文版前言中，我们仍然可以看到在《人生地理学》问世后100多年的今天，人们对此书的赞赏不减当年。

《创价教育学体系》也是牧口常三郎的教育宝典。此书的出版在教育界掀起了阵阵波澜，报纸和杂志上各种评论铺天盖地。日本当时的学术权威田边寿利、柳田国男和新渡户稻造都很乐意地接受牧口常三郎之邀亲自为该书作序。田边寿利在该书序言中给予了高度肯定，称之为具有划时代意义的伟大著作。② 柳田国男在序言中说：“……关于创价教育学及其价值，不远的将来也许自有社会的公论。……我相信这种对他来说既容

---

① 贾蕙萱、张可喜主编：《池田大作研究论文集》，香港社会科学出版社有限公司2004年版，第269页。

② 牧口常三郎著：『创価教育学体系』Ⅲ，聖教新聞社1979年版，第278頁。

易又难得的独创的价值足以突破现代教育界的桎梏。”新渡户稻造说：“我确信这是一部名著，它是日本国孕育出的日本人的教育学说。现代人早已期盼着它的问世。”

与《人生地理学》相比，《创价教育学体系》在中国的影响似乎要“逊色”一些。最早向中国介绍的是1989年出版的《创价教育学体系》第二卷的中文版《价值哲学》。《创价教育学体系》第一卷的中文版则是我国台湾学者刘焜辉翻译并于2004年出版的。译者对牧口常三郎的教育思想很是推崇，认为该书“是从教育实践中体会出来的经验结晶”，“结构之完整令人佩服”，“内容之完整性、叙述之明确、见解之独创性，应该受到肯定”，等等。

需要指出的是，20世纪60年代以来，中国学者对牧口常三郎的研究步伐在逐步加速，研究成果也日益增多。尤其是《价值哲学》一书中文版出版后，吸引了更多中国学者的关注和研究。随着国内这些研究和发掘，牧口常三郎的教育思想也正在以越来越强劲的趋势走出国门，走向世界。

我国最早出版研究牧口常三郎的专著的是高达一先生。他曾于1963年编著了《创价学会——日本新兴的宗教性政治团体》一书。书中着重就创价学会的成立和发展经过、日莲正宗、创价学会的基本教义和理论、创价学会的组织和活动等方面向读者进行了初步介绍。与前者相比，何劲松博士撰写并于1995年出版的《创价教育学会的理论与实践》一书，则从纵向的角度对创价学会的形成和发展进行了较为详细的论述。

开展专题研究并最早在中国公开发表研究牧口常三郎价值哲学论文的是孙穗平和孙耀珠两位专家。2002年，孙穗平和孙耀珠在《河北大学成人教育学院学报》发表的《价值与创造价值——牧口常三郎〈价值论〉的核心理论》文章中，对牧口常三郎的价值论的主要内容进行了介绍，并给予了较高的评价。

2003年，湖南师范大学出版社出版了冉毅和曾建平主编的《关爱人性　善待生命——池田大作思想研究》，书中收录了《创价教育之源——牧口常三郎》（冉毅撰写）、《创价学会及其历任会长》（周俊武撰写）和《论牧口与康德》（池田大作撰写，彭程译）等文章。

2004年，香港社会科学出版社有限公司出版了贾蕙萱、张可喜主编的《池田大作研究论文集》一书。书中收录了日本创价大学高桥强先生撰写的《〈人生地理学〉与中国》和中国人民大学外国语学院张昌玉教授撰写的《牧口常三郎与〈人生地理学〉》等文章。张昌玉教授在其文章中指出：牧口是一个非常务实的教育学家，他一向反对虚伪的、毫无实际意义的、空洞的教育学理论；牧口的教育理念值得我们研究和探讨，各国的社会制度、教育体制、教育方针以及目的都不尽相同，不过，牧口的教育理念是非常实事求是、以人为本的理论，可以通用于世界各国。

王玉樑教授在2004年《天府新论》第3期发表的论文《牧口常三郎与价值哲学》中对牧口常三郎哲学思想进行了研究并给予了极高的肯定，认为《价值哲学》是价值哲学发展史上的一部重要著作，对推进价值哲学发展具有重要意义。……文章还精辟地指出，尽管牧口常三郎的价值哲学理论由于时代的原因存在着种种局限，但这并不能掩盖他对价值哲学发展做出的重要贡献。牧口常三郎对价值本质等方面的重要见解不仅在价值哲学发展史上具有重要价值，在20世纪30年代居于领先地位，而且在今天仍对我们具有深刻的启示，值得我们深入研究。

笔者对牧口常三郎的教育思想进行专题挖掘大概起步于2006年。得益于中日两国不少机构和学者（特别是日本创价大学国际部部长高桥强教授，中国著名史学家、华中师范大学原校长章开沅教授，华中师范大学党委书记马敏教授，湖北省新闻出版局副局长、武汉大学历史系陈锋教授，台湾知名学者刘焜辉教授等人，以及华中师范大学创价教育研究所和日本创价学会）的大力帮助，同时重点参考和引用《牧口常三郎》《创价教育之源——牧口常三郎》等日文书籍，牧口常三郎日文著作《人生地理学》、《创价教育学体系》（第1卷）、《价值哲学》的中文版译作，以及上文提到的国内专家学者撰写的关于牧口常三郎的著作和文章，笔者向“和谐社会与和谐世界——池田大作思想国际学术研讨会”提交了交流文章《教育的目的就是要增进人格的价值——日本创价教育思想的先驱牧口常三郎》（见《中外学者论池田大作：和谐社会与和谐世界》，第268页），也就在当年的12月，《教育科学》（2006年第6期）刊发了笔者的《牧口常三郎创价教育思想的三大基石》一文。之后，笔者撰写的《牧口常三郎“创价教育”思想研究》（此文被中国人民大学复印报刊资料《教育学》2007年第10期全文转载）、《从船工之子到教育大师——牧口常三郎的人生历程》和《陶行知和牧口常三郎教育思想之比较》等文章也分别在《比较教育研究》（2007年第6期）、《河北师范大学学报》（2007年第9卷第5期）和《华中师范大学研究生学报》（2008年第1期）上发表。与此同时，西南大学教育科学研究所的张颖夫和廖其发两位学者2007年在《学术论坛》（2007年第5期，总第196期）上发表了文章《论牧口常三郎〈人生地理学〉中的教育思想及其对现代生态文明教育的启迪》。此外，专题研究牧口常三郎教育思想的博士论文《陶行知与牧口常三郎教育思想比较研究》和专著《融通与创新——陶行知与牧口常三郎教育思想比较研究》（山东教育出版社2008年版）、《船工之子与教育大师——牧口常三郎的教育活动》（华中科技大学出版社2011年版）为全面、深入研究牧口常三郎提供了重要的参考价值。

在美国，早在1973年，美国学者戴勒·贝瑟尔就撰写了 *Makiguchi*：*The Value Creator* 一书，对牧口常三郎进行了全面介绍。

牧口常三郎的《创价教育学体系》在20世纪80年代被译成英文，并于1989年在艾奥瓦州立大学出版社出版。译者戴勒·贝瑟尔对此书极为推崇，认为《创价教育学体系》是一部划时代的著作，也是牧口常三郎具有深谋远虑和创新思想的多种著作之一。目前，该书的葡萄牙文、法文、意大利文、西班牙文和越南文等14种翻译本也相继出版。同年，戴勒·贝瑟尔编辑了 *Education for Creative Living*：*Ideas and Proposals of Tsunesaburo Makiguchi* 一书，对牧口常三郎再次进行了推介。2002 年，戴勒·贝瑟尔怀着对牧口常三郎的敬仰之情，将《人生地理学》译成英文出版，为牧口常三郎走向世界打造了一个更为宽广的平台。

在《教育的伦理视野——实践中的教育哲学》一书的“创造价值是教育的目标、牧口常三郎及创价教育”① 一章中，安德鲁·格伯特（Andrew Gebert）和蒙特·约夫菲（Monte Joffee）主要从牧口常三郎的生平、教育思想和创价教育实践三个方面进行了介绍，并给予了高度评价。他们的文章为我们进一步深入研究牧口常三郎的教育思想提供了宝贵的素材。

特别需要指出的是，牧口常三郎所创立的创价教育学会在提升创价教育思想的知名度和扩大其影响上发挥了重要作用。创价教育学会在成立之初便产生了一定的影响。政友会总裁犬养毅牵头，内阁书记官鸠山一郎、乡土会的老朋友新渡户稻造和柳田国男等人成立了创价教育学会声援团。原日本外交官秋月左都夫，贵族院议员古岛一雄，日本大学教授田边寿利、前田多门等人在创价教育学会成立不久就成为其顾问。在牧口常三郎的领导下，经过会员的努力，创价教育学会发展很快。由于日本军国主义政府的打压，会长牧口常三郎、理事长户田城圣等 21 名干部被捕入狱，学会被解散。尽管牧口常三郎于 1944 年在狱中去逝，但他的影响并未消失。这一点从与他联系密切的人在第二次世界大战后的活动中可以证实。户田城圣，是其中的重要人物之一。监狱的生活更坚定了他的宗教信仰。自从他接受了日莲佛法后，他深信自己找到了生命的真正意义。这种经历以及听到牧口常三郎去世的悲伤消息后，他发誓要为传播牧口常三郎的教育思想贡献余生。1945 年 7 月 3 日，出狱后，户田城圣开始着手进行他的被完全摧毁的企业重建和收集牧口常三郎写在小纸条上的教育思想的双重任务。尽管举步维艰，为完成和发展与牧口常三郎一同开创的事业，户田城圣继承牧口常三郎的遗志，出狱后很快重建学会，并将创价教育学会更名为“创价学会”。1951 年户田城圣就任学会第二任会长，与此同时，采取了一系列举措，发动了全国性的传教运动，学会得到了空前的发展。在户田城圣的领导下，学会不仅在日本国内取得了迅速的发展，而且欧洲、美洲、东南亚等地的海外支部或联络站也相继成立。更为重要的是，日莲佛法、牧口常三郎的创价教育思想与和平理念得到了弘扬。1958 年户田城圣逝世后，池田大作于 1960 年继任第三任会长。在此后池田会长长达 40 年的任期中，创价学会以佛法中的“生命尊严”思想为指针，高举创价教育与和平大旗，实现了飞跃性的、国际性的发展。如今，创价学会已成为国际上推广创价教育思想、维护世界和平和促进共同发展的一支重要力量。

---

① David T. Hansen（Ed.）. *Ethical Visions of Education*：*Philosophies in Practice*. New York and London：Teachers College Press，Columbia University，2007，p. 65.

六、创价教育思想的当代价值

牧口常三郎将自己的一生奉献给了教育事业，而且为反抗日本军国主义的战争，维护人类的和平献出了自己宝贵的生命。尽管牧口常三郎的社会地位、外语水平以及组织活动能力等方面都对他扩大自己的影响、宣传和推介创价教育理论有着一定的制约，也尽管牧口常三郎的创价教育思想在他生前因为多种原因没有引起当时日本军国主义政府和社会的足够重视，同时由于他的书最初是以日文出版的，对西方影响不大，对整个世界影响也不大，但这些并没有影响牧口常三郎作为一个教育家的地位。不可否认，牧口常三郎的创价教育思想不仅对当时的日本教育造成了冲击，而且对第二次世界大战后日本教育的个性化、科学化和现代化改革也有着一定的推动作用。事实表明，随着世界和平步伐的加快和教育人性化改革的日益推进，牧口常三郎以人为本的创价教育思想和人道主义竞争社会的构建理想得到了更为广泛的社会认同，并对当今日本乃至世界产生了极为深远的影响。这一点也已经为自创价学会的第二任会长户田城圣以来所继承的创价教育的理论与实践所充分证明。

牧口常三郎根据自己在教育实践中长期摸索出的经验，通过研究在日本能够接触到的各国的教育学说，努力学习哲学、社会学等诸领域先贤的思想，再加上自己的独特思考，融会贯通，创立了创价教育学，并形成了完备的体系。

尽管牧口常三郎提出的教育改革思路在某些情况下显得有些激进，但是反映了他对西方文化的理解。牧口常三郎的创价教育思想始终着眼于人的本质和对价值人生的诉求，与一直流传至今的苏格拉底（Socrates）、柏拉图（Plato）、亚里士多德（Aristotle）及其继任者的幸福哲学思想和教育理念息息相通，而这也充分说明了牧口常三郎的思想具有智慧的深度。

在纳粹主义国家的统治下，牧口常三郎立足杜威等实用主义的立场，洞察到“生命至上”，高呼“教育是为了孩子们的幸福而存在”的人性主义教育；在《人生地理学》的著作中，提出迈向“共生的世纪”“人道的世纪”的格言，创立了创价教育学，并用充满人类博爱、坚强的信念贯注于整个实际行动中；面对物欲横流、利己主义盛行的资本主义社会中人们对价值、人生和幸福等一系列重大问题困惑难解的状况，他跳出“小我”，放眼人类，从“价值创造”入手，提倡“个人和全体的共存共荣”等。所有这些，至今仍是难能可贵的。

牧口常三郎的创价教育思想内容博大。作为一个长期工作在教育一线的实际工作者，牧口常三郎不仅注重实践，而且能够结合实际就教育面临的重大问题进行深层次的反思，并提出了许多富有创意和至今仍具有指导意义的真知灼见：教育的目的和人生的目的是一致的，就在于人的幸福，而人的幸福要凭自己的双手获得，教育的根本宗旨就在于在培养这类人的同时，还要培养能使全社会获得幸福的人；教育要关注每一个生命，平等地对待每一个孩子，任何一个儿童只要教给他思考方法的根本，让他充分发挥自己的能力，都能成为优等生；要注重主体性教学；教育的目的不只是传授知识，而是指导学习的方法，教育就是应该给孩子们打开知识宝库的金钥匙；要崇尚自然，提倡“在生活中学习，在学习中生活”①；教育要讲究快乐、通俗易懂，同时又有效率；建议实行半日学校制度；教育必须承担起培养学生养成良好道德品质的责任；教育学犹如医学，应该像人得了感冒吃感冒药一样，钻研推敲如何让任何一个孩子都爱学的这种普遍的教育技术和方法；在教育中，教师首先必须是一个有用的向导，而非一个信息提供者；教育中最根本的推动力实际上是学生的自我兴趣；教育必须要以能够产生社会意识以及辨别社会道德能力为目的，必须努力培养社会成员所需要的个人品质，使其能够成为社会中一位具有创造性的参与者；等等。不言而喻，牧口常三郎的这些教育主张充分反映了教育自身发展的规律和人的身心发展规律。他从人性的高度、整个人类的利益的层面和教育的角度论证了人与自然、人与人、人与社会之间的关系，提出了许多创造性、前瞻性的论见，对当今和谐教育、和谐社会乃至和谐世界的构建都具有现实的指导意义。牧口常三郎以人为本的教育理念，在深化对教育规律、儿童身心发展规律的认识上有着巨大的现实指导意义，而且他富有洞察力的思想和教育改革建议为我们考察现时的教育困惑提供了一个既使人耳目一新又有益的框架。

特别值得一提的是，牧口常三郎在《创价教育学体系》第二卷《价值哲学》中，详细地阐述了自己独特的价值论。这一价值论，是牧口常三郎教育思想，乃至其一切思想的基础。尽管牧口常三郎的价值哲学理论存在着种种局限，但他坚持以主客体相互作用为基础，从主客体相互作用产生的功能出发去理解价值，从现实生活的实际出发提出了如何科学地把握价值的本质问题的新思路，也把价值本质的研究推进到一个新的高度。这在某种程度上可以说代表了20世纪30年代价值哲学的领先水平，而且在今天仍对我们具有深刻的启示。

牧口常三郎的教育思想以“幸福”“创造”“和平”为价值取向。他始终认为，幸福靠自己双手创造，靠奉献得来。牧口常三郎还从佛学“看破、放下、奉献”的角度对幸福进行了解读，认为无论是谁，只要能摆脱权利的诱惑，抓住事物的本质，历经磨难且能持久如一地追求自己的幸福，这样他就拥有一颗“开放”而非“闭塞”之心，就能成为一个世界公民。牧口常三郎一生对民众所表现出来的智慧总是赞不绝口。他尊重每一个人，为了一个普通的人可以竭尽所能，不顾一切，这也是创价教育的精神之所在。值得欣慰的是，牧口常三郎这种“为了一个人”的精神后来被几代创价人所秉承。

① David T. Hansen (Ed.). *Ethical Visions of Education: Philosophies in Practice.* New York and London: Teachers College Press, Columbia University, 2007, p. 76.

户田城圣在牧口常三郎倡导做一个“世界公民”的基础上，推崇“地球民族主义”。户田城圣认为，生命诚可贵，信仰价更高。在美苏冷战加剧时，户田城圣每天关心事态的最新发展，唯恐爆发战争和冲突，因为受害的总是无辜的普通民众。他认为，为了永久和平，必须超越狭隘的个人信仰，把自己当成地球民族的一员。户田城圣去世后，以师命为己任的池田大作会长主张关注每一个人的“精神觉醒”，认为：只要有一个人发生了变化，整个世界也就发生了变化，所以哪怕只要有一个人存在，就应当去做工作；人民必须创造出属于自己的历史，必须创造出与蔑视人民、轻视人民做坚决斗争的个人力量的联合；世界和平的基石必须建立在超越狭隘的宗派、党派和个人信仰之上，也就是说，只有人性的普遍联合，才能构筑真正的世界和平。可以说，牧口常三郎的教育思想随着他所创立的创价教育学会的发展一步步地被推广到全世界。我们相信，牧口常三郎的创价教育理念随着教育的人性化、个性化、民主化和世界和平步伐的推进，必将在人类历史中大放光彩。

（责任编辑　曾红梅）

EDUCATION SCIENCES IN CHINA

Vol. 1, 2015

Contents

Abstracts

The Founder of the Theory of Curriculum in China, Chen Xia's Educational Academic Contributions

——Commemoration of the 100th Anniversary of the Birth of Chen Xia

Lv Da, Liu Lide

(*People's Education Press*, *Beijing* 100081, *China*)

Abstract: The pioneering and fundamental contributions of Chen Xia to the re-construction of the Theory of Curriculum in the People's Republic of China can be concluded as five "number ones": he wrote and published the monograph *Theory of Curriculum*, the first one in the People's Republic of China; he organized and coordinated the compilation of the part on Curriculum and Subject Teaching in late 1980s, which is included in the first sub-volume of *Dictionary of Education* published in 1990s; he was the first scholar who lectured in curriculum in a number of universities; he contributed to the start of publication of the first academic journal on curriculum entitled *Curriculum*, *Teaching Material and Method*, and took charge of its editorial work since its first issue published in 1981; he compiled the first set of *Series on Curriculum Research* published successively from 1985 and on. His diligent work and great achievements in the areas of the history of curriculum, teaching and learning theory, teacher education, international and comparative education have laid a solid foundation for the re-construction of the theory of curriculum in the People's Republic of China. Chen Xia's educational academic contributions are also reflected in the facts that he was one of the most important founders and the first Secretary General of China Pedagogy Research Society established in 1979; that he organized a series of educational research symposiums, compiled 12 volumes of article collections on pedagogy published from late 1970s to early 1980s including *On the Nature and Functions of Education* published in 1979, which have made enormous contributions to the clarification on how to correctly understand education and its functions in the context of the new era.

Key words: Chen Xia; theory of curriculum; foundation; educational academic contribution

Ren Zhongyin's Life Story and Academic Contributions

Yang Hanlin

(*College of Education*, *Central China Normal University*, *Wuhan Hubei* 430079, *China*)

Abstract: Ren Zhongyin is a famous educational historian and translator of education books in China, whose learning was well-versed in both Chinese and West culture. This article introduces his legendary life, especially discusses and summarizes his academic creativeness, achievements and experiences of teaching. Ren's important academic contributions are as follows: trying to interpret and make every effort to return to the original of some of the Marxist education ideas by relating to some of the misunderstandings of the foresaid ideas; making new explorations of prehistoric education on a series of theoretical problems; doing deep researches in the fields of ancient oriental education and comparative studies of Chinese and Western education, seeking to break the West-centered theory; revealing the historical origin and differences between the culture and education systems of China and Western countries, as well as the advantages of the respective systems. At the same time, he advocates that both sides should seek the common ground while remaining the differences so as to achieve a harmonious world from "harmony in diversity".

Key words: Ren Zhongyin; life story; academic creativeness; master manner

Aesthetics Is the Pedagogy in Future

——Also on Aesthetic Salvation for Modern Education

Tan Chuanbao

(*Center for Citizenship and Moral Education*, *Beijing Normal University*, *Beijing* 100875, *China*)

Abstract: What the Aesthetic View on Moral Education (AVME) and the Moral Education through Aesthetic Appreciation (MEAA) model hope to pursue is essential change of the view of moral education and education as a whole. So what aesthetics can carry for education is not only some artistic teaching skills, but also, and essentially, the repair of the new educational spirit of freedom, the aesthetic view and its methodology. Therefore, it is most important to establish the aesthetic standard for both education theory and practice, and one of the most important choices is the aesthetic salvation for modern education from educational alienations such as the exam-oriented education in China.

Key words: aesthetic view on moral education; moral education through aesthetic appreciation; educational alienations; aesthetic freedom

The Concept and Dimensions of "History of Pedagogy"

Cheng Liang

(*Department of Education*, *and Institute of Schooling Reform and Development*,
East China Normal University, *Shanghai* 200062, *China*)

Abstract: Historically, the history of pedagogy was originally construed as the intellectual history of education or the history of educational doctrines, while it has been gradually transformed into the category of history of discipline since the middle of the 1980s when Chinese scholars set off their reflections on pedagogy as a discipline. As a field of study, the history of pedagogy was formed in the 1960s in general, and later stepped in the critical period of the 1990s when it involved the multiple national studies and the prospective of social history and cross-cultural studies, and furthermore, with the characteristics of monographic studies as well as institutionalization. These studies can be classified into three interrelated dimensions: the evolution of the signifiers of pedagogy, the development of educational knowledge construction, and the history of institutionalization of pedagogy.

Key words: pedagogy; history of pedagogy; institutionalization

Educational Foundation of the View of Children and Some Reflections on the Issues

Li Jinyu

(*College of Education*, *Northwest Normal University*, *Lanzhou Gansu* 730070, *China*)

Abstract: The view of children is the primary issue in children education. The human beings have witnessed a glorious history of hardships and passion for the understanding of the view of children. The views of children always change with the cognition development of human beings and also have been focused on and reflected continuously, shifting from "discovering children" by Jean-Jacques Rousseau to "children-centered" by John Dewey, to "the child is father of the man" by Maria Montessori, to "the child is teacher of the man" revealed by the way of intergeneration culture transmission by Margaret Mead, and to "the disappearance of childhood" exclaimed by Neil Postman for the obscure boundary between adult and child in the context of information era. Children's survival and background become more and more complicated so that a deep crisis of the view of children has already threatened the education of human beings particularly in the modern increasingly changing times. Therefore, a right view of children is a solid foundation for child education. So as it were, there would be hopes and prospects only when we have the right views of children and actions. To this end, the right views of children should be formed, the cultural self-consciousness of human beings should be aroused, and so it is necessary that an enlightenment of civil and rational views of children should be experienced.

Key words: children; view of children; children-centered; enlightenment of view of children

Discussion on the Reform of Curriculum and Instruction in Contemporary China

Yang Jiuquan

(*Research Center for Basic Education*, *National Institute of Education Sciences*, *Beijing* 100088, *China*)

Abstract: The reform of curriculum and instruction since China's reform and opening-up is the most important part of curriculum and instruction in New China. Launched in 2001, the new curriculum reform was the main subject of the curriculum and instruction reform and development since China's reform and opening-up. The reform of curriculum and instruction during this period embodied preferable hierarchy and transitivity. The reform shows different forms: the leap transform, the inheritance transform, as well as the development transform. The process of reform is also the process of reinforcement of the main characteristics from the field of curriculum and instruction, and the process of continuous establishment of principal position of the main subject. It has obtained significant achievements such as improved quality, richer connotations, and broader influence in the field of policy, theory and practice. Since China's reform and opening-up, especially since the new curriculum reform, the idea "people-oriented and quality education" has been recognized and established as the core value and objective. A new curriculum system of basic education which meets the requirements of quality education has been preliminarily established. A series of achievements are made: the operating mechanisms including the interaction and complementation of the forms "from bottom to top" and "from top to top" have been gradually formed, which offered important ecological environment for the democratization and professionalization of the curriculum decision-making; the teaching methods and learning styles have changed profoundly; the curriculum-oriented and learning-centered teaching concepts have become a tendency; the policy of teacher development has been carried out persistently, and high-quality teachers team construction has been strengthened continuously. Although we have got great achievements in curriculum and instruction since China's reform and opening-up, we also face many structural and global problems. The conflicts between quality education and exam-oriented education remain the fundamentals of the development of curriculum and instruction. We should continuously deepen the comprehensive reform in the field of education, improve the transform profoundly and make an integrated development of curriculum and instruction.

Key words: curriculum and instruction; curriculum reform; people-oriented; quality education

Exploring Teacher Training for Over Two Decades

Zhang Tiedao

(*Beijing Open University*, *Beijing* 100081, *China*)

Abstract: With the sponsorship of the Australia-China Cultural Exchange Foundation, I had a chance to study at the University of Queensland in Australia pursuing my master degree of education management from 1986 to 1987. I did theoretical learning and practical exploration with a focus on the professional development of school principals, which led me into the academic field of adult learning. I finished the seminar on the improvement of school education by means of promoting principals' professional development and the design of practical action plan. In 1988, I began to work in Gansu Institute of Education Sciences, undertaking a series of educational reform projects cooperated with UNESCO. Then, I began the practical exploration of the localization of international education experience for more than 20 years. This paper is a narrative account of teacher training practical processes and experiences cooperated with my co-workers for many years.

Key words: adult learning; teacher training; international knowledge; localized practice

New Solution to the Five Problems of Chinese Teaching Reform

Zhou Zhengkui

(*People's Education Press*, *Beijing* 100081, *China*)

Abstract: Chinese education in primary and secondary schools has many basic theoretical issues. People have little consensus, and there have been conflicts between different perspectives up till now. This paper analyzes several basic theoretical issues. The direction of Chinese education reform is to achieve modernization; the path of reform is to approach scientification; the basis of reform is to insist nationalization. The fundamental nature of Chinese curriculum is "basic tool", whose basic task is to improve the students' ability to understand and use their native language. The goal of Chinese teaching is the improvement of students' Chinese literacy based on the knowledge of Chinese language, cultural education and life experiences, guided by ideology and morality, quality of thinking and aesthetics with a focus on Chinese language proficiency. The capacity development rules are to improve students' listening, speaking, reading and writing skills by stages. Reading abilities include recognition, interpretation, analysis, appreciation and exploration. Writing skills include five aspects: writing, choice of words, paragraphing, composition planning and conception determination. The textbook reform is to change "anthology combination" to "a training system"; to change "reading standard" to "obtaining knowledge from various sources"; to change "stylistic cycle" to "level progressive"; to change "reading centered teaching" to "guidance for private study".

Key words: Chinese education; nature characteristics; teaching goals; capacity development law; textbook reform

A Review of James Mill's Utilitarian Educational Thought

——Focusing on the Analysis of His Masterpiece *Education*

Xiao Lang

(*College of Education*, *Zhejiang University*, *Hangzhou Zhejiang* 310028, *China*)

Abstract: In the 19th century, utilitarian educational thought was an important school of educational thoughts in Britain, and James Mill was the main representative figure. Mill inherited the tradition of British empiricist philosophy representatively from John Locke, and accepted the educational thought of French Enlightenment thinkers, such as Claude A. Helvetius, and so on. In his masterpiece *Education*, using the utilitarian principle of "the most happiness of the most people" and the theory of associationist psychology to research education problems, Mill put forward the concept of educational purposes and general education, aiming at pursuing and achieving personal and other's "happiness". Mill considered that the emphasis of education was to cultivate people with "intelligence", "temperance", "justice", "generosity" and other spiritual qualities, and advocated that we should realize the goal by means of "domestic education", "technical education", "social education", "political education", etc., which make the utilitarian educational thought as well as the ethical thought, legal thought, political thought and social thought of Utilitarianism, become an important part of the ideological system of Utilitarianism and therefore has a great influence on the British educational reform and development of the time. Studying and analyzing James Mill's utilitarian educational thought will help us understand and grasp the main points, basic features and historical status of this educational thought, which also has reference to the current educational reform and development in our country.

Key words: James Mill; utilitarianism; educational thought; *Education*; associationist psychology

Tsunesaburo Makiguchi's Value-creating Pedagogy

Zhou Hongyu, Cai Xingfu

(*School of Education, Central China Normal University, Wuhan Hubei* 430079, *China*)

Abstract: Tsunesaburo Makiguchi was a famous contemporary Japanese educator. Having engaged in the cause of education all his life, Makiguchi put forward the comparatively systemic theory of "value-creating pedagogy", which had made a positive impact on the reform of contemporary Japanese education. With its greater realistic and historical significance, the theory merits intensive study.

Key words: Makiguchi; theory of value-creating; function

(Editor: Fu Lei)